让法律被信仰

新时代创新司法保障丛书

杨临萍 总主编

基本解决执行难理论探索与实务指引

杨临萍/主编

法律出版社
LAW PRESS·CHINA

总　序

国无常强，无常弱；奉法者强，则国强，奉法者弱，则国弱。党的十八大以来，以习近平同志为核心的党中央高度重视法治工作，将全面依法治国作为战略布局的重要组成部分，形成了习近平总书记关于全面依法治国新理念新思想新战略。人民法院公正司法作为全面推进依法治国的重要环节，具有举足轻重的意义。党的十九大发出了夺取新时代中国特色社会主义伟大胜利的动员令，开启了社会主义现代化建设的新征程。在习近平同志为核心的党中央的坚强领导下，我们解决了许多长期想解决而没有解决的难题，办成了许多过去想办成而没有办成的大事，党和国家事业取得了新的历史性成就，全面推进依法治国取得显著成效。

昨夜江边春水生，此日中流自在行。法院审判执行工作是充满政治智慧的技术工作，也是需要高超司法技术的政治工作。重庆法院全体干警以习近平新时代中国特色社会主义思想为指引，认真学习习近平总书记视察重庆重要讲话精神，围绕“努力让人民群众在每一个司法案件中感受到公平正义”的要求，积极发挥司法职能，为经济社会发展大局贡献司法智慧与力量，用实际行动将习近平总书记的殷殷嘱托全面落实在重庆大地上。我们根据中央、最高人民法院、重庆市委部署，推进司法体制综合配套改革，落实司法责任制改革，完善各项单项改革，发挥“制度优势＋技术优势”，构建人力与科技深度融合的司法运行新模式，推动司法质效和公信力全面提升。

习近平总书记指出："实践决定认识，是认识的源泉和动力，也是认识的目的和归宿。"重庆法院全体干警深学笃用习近平新时代中国特色社会主义思想，坚持总体国家安全观，推进平安重庆建设；坚持贯彻新发展理念，服务保障中心大局；坚持以人民为中心，满足群众多元司法需求；坚持深化改革创新，主动拥抱智慧时代，为实现"两点"定位、"两地""两高"目标贡献力量，为推动高质量发展，创造高品质生活提供司法保障。全面依法治国是国家治理的一场深刻革命。重庆法院全体干警在这场气势磅礴的革命实践中形成了大量经验、方法和技术，这些经验、方法和技术经过理论升华，生动诠释了中国特色社会主义法治理论。

法，国之权衡也，时之准绳也。审判执行是法院的核心业务，但不是唯一业务。作为国家审判机关，法院在维护宪法法律尊严的前提下，必须充分发挥审判职能，参与社会治安综合治理，服务经济社会发展大局，服务党和国家中心工作，履行好维护国家政治安全、确保社会大局稳定、促进社会公平正义、保障人民安居乐业的职责任务。法律是对权利义务的确认与分配，司法案件往往体现了各种社会利益的冲突。法院在审判执行工作中能够较直接地了解法律问题背后的社会问题。法院受理的案件往往由法律问题和社会问题交错，法官们需要通过解决法律问题实现对社会问题的化解，为人民群众的行为提供预期，从司法角度实现法的指引、评价、预测和教育功能。重庆法院的法官们在法院审判、执行、管理、改革等各方面表现出卓越智慧与丰富经验，并取得了喜人成绩。

一花独放不是春，万紫千红春满园。为及时总结审判经验与司法规律，指导司法实践，更好地发挥新时代司法保障发展的功能，我们编辑出版了这套"新时代创新司法保障丛书"。首批推出《新时代司法促进良法善治的实践》《人民法院法律适用与司法政策审判指导与参考》《司法体制改革与智慧法院的实践与探索》《基本解决执行难理论探索与实务指引》《供给侧结构性改革司法实践——破产重整与和解的最新理论及实务》《人民法院解决"一带一路"贸易争端的司法实践与探索》，旨在反映人民法院在审判实务、司法体制改革、智慧法院建设、基本解决执行难、司法服务中心工作等方面的一些实践与思考。丛书既有对重大司法问题的宏观考量，也有对具体规则的微观分析。"新时代创新司法保障丛书"是锻炼人才、发现人才的重要平台，是进一步促进法院队伍革命化、正规化、专业化、职业化建设的重要手段。我们衷心希望这些成果能够对促进我国司法工作发展起到一定作用。

实践无止境，理论创新无止境。“新时代创新司法保障丛书”是开放式文丛，我们将及时总结法院工作中的司法智慧，并纳入丛书出版，为我国审判理论的丰富和发展添砖加瓦，为法学研究、法学教育和司法实务提供参考。

2019 年，正值中华人民共和国成立 70 周年，“新时代创新司法保障丛书”是重庆法院全体干警对中华人民共和国 70 华诞的隆重献礼。祝福祖国繁荣昌盛，国泰民安！

是为序。

2019 年 1 月

序

执行的目的是确保生效法律文书确定的权利义务得以履行,当事人的合法权益得以实现,国家的法律权威和尊严得以彰显。执行是我国司法制度的重要组成部分,如果说司法是保证实现人间正义的最后一道屏障,那么执行则是确保实现司法公正的“最后一公里”。党的十八大以来,以习近平同志为核心的党中央高度重视人民法院执行工作。党的十八届四中全会提出要“切实解决执行难,依法保障胜诉当事人及时实现权益”。为贯彻落实党中央这一重大决策,自2016年3月,最高人民法院组织开展“基本解决执行难”,要求全国法院经过2~3年的努力,实现“被执行人规避执行、抗拒执行和外界干预执行现象得到基本遏制”“人民法院消极执行、选择性执行、乱执行情形基本消除”“无财产可供执行案件终结本次执行程序标准和是指标准把握不严、恢复执行等相关配套机制应用不畅的问题得到基本解决”“有财产可供执行案件法定期限内基本执行完毕”,使人民群众对执行工作的满意度显著提升,人民法院执行权威有效树立,司法公信力进一步增强。

经过3年的砥砺前行、不懈攻坚,人民法院“基本解决执行难”取得重大成效,执行工作在制度建设、行为规范、执行公开、执行质效等方面成效显著,执行面貌大为改观,人民群众的获得感、幸福感不断增强。但是,解决“执行难”是社会系统工程,远非人民法院单打独斗就可以实现的,受社会、经济、文化等诸多因素制约，切实解决“执行难”依然任重而道远。这就要求我们在习近平新时代中国特色社会主义思想指引下，坚持以社会主义法治理念为指导，持续巩固“基本解决执行难”的成果，不断破除执行体制机制障碍，不断解决执行实务问题，健全完善强制执行法律制度，建立健全执行长效机制，推动执行工作在更高层次上长远发展，更好地维护司法的权威，维护社会的公平和正义。

新时期的法院执行人，应当是具备社会主义法治理念，谙熟执行工作规律，综合素质较高，能够不断适应新形势、解决新问题，善于思考、善于总结、充满睿智的执行队伍群体。长期以来，我国执行理论研究明显薄弱，没有形成独立而相对完善的理论体系，缺乏对执行实践有关问题的准确把握和回应，难为民事执行改革创新和民事强制执行立法提供充分和科学的理论支持，难为执行实务操作提供精准的指导，制约了执行工作的科学长远发展。加强执行理论研究、夯实执行长效机制基础，专家学者重任在肩，法院执行人责无旁贷。

在最高人民法院有力指导下，重庆法院执行人开拓进取、勇于创新，在建立统一的民事财产保全中心、强化执行“三统一”管理、组建司法评估拍卖团队、成立执行事务中心、推行部分执行权社会化行使等方面大胆探索、成效明显。在总结归纳执行实践经验、理性思考的基础上，针对执行理论和实务中的突出问题，认真开展研究，形成了这本以“基本解决执行难理论探索与实务指引”为主题的文集。希望书中所展示的对执行工作的视角、思考和观点，能够为同行办案提供有益参考，能够为人民法院与社会各界的交流沟通架起桥梁，能够为强制执行理论和强制执行立法贡献力量。

是为序

2019年1月

目　录

经验荟萃

理论探索

实务指引

执行改革

经验荟萃

重庆法院“基本解决执行难”工作的调研报告

重庆市人大常委会重庆市法院“基本解决执行难”工作调研组*

党的十八大以来，以习近平同志为核心的党中央高度重视人民法院执行工作，党的十八届四中全会提出要“切实解决执行难，依法保障胜诉当事人及时实现权益”。党的十九大报告明确指出，全面依法治国是国家治理的一场深刻革命，必须坚持厉行法治，推进科学立法、严格执法、公正司法、全民守法。最高人民法院为贯彻落实党中央决策部署，在2016年3月第十二届全国人民代表大会第四次会议上提出“用两到三年时间基本解决执行难问题”，2018年已到决胜之年。为全面掌握重庆市“基本解决执行难”工作情况，深入分析存在的问题及原因，有针对性地提出对策建议，按照重庆市委“兴调研转作风促落实”的工作部署，结合重庆市人大常委会5月听取和审议重庆市高级人民法院执行工作情况专项报告的工作安排，重庆市人大常委会组成以重庆市人大常委会副主任刘学普为组长的调研组对重庆市法院“基本解决执行难”工作情况开展了专题调研。2月下旬以来，调研组赴重庆市第一中级人民法院、第三中级人民法院、

---

* 调研组组长：刘学普；副组长：林育均；成员：李燕、张晓川、李晓华、苏福、王欣竹、章俊程。

第五中级人民法院3个中级法院和涪陵、江北、九龙坡、南川、綦江5个基层法院开展了实地调研，考察了法院执行指挥中心、执行办案部门和执行联动单位等，先后召开8场专题调研座谈会，听取了重庆市高级人民法院、部分中基层法院以及重庆市检察院、重庆市发展改革委、重庆市公安局等40余家市区两级执行联动单位的工作汇报；听取了重庆市委政法委和相关区县人大常委会、区县政法委的情况介绍；听取了30余名市区人大代表、专家学者、律师和人民法院基层一线执行干警的意见建议，查阅了部分执行案件案卷，随机向执行案件当事人了解了情况。调研组对调查了解到的情况、意见建议进行了系统梳理和分析研究，在此基础上，形成本调研报告。

一、重庆市法院执行工作基本情况

我国《宪法》规定，中华人民共和国人民法院是国家的审判机关。根据我国《人民法院组织法》《法官法》等相关法律的规定，人民法院的任务是通过行使审判权，惩罚犯罪，解决纠纷，保护各种合法权益，监督行政机关依法行使职权，维护国家安全和社会秩序，维护社会公平正义，维护国家法制统一、尊严、权威。其中执行工作是人民法院司法职能的重要组成部分，是生效裁判文书得以兑现的关键环节，是实现司法公正的"最后一公里"，在中国特色社会主义司法制度中举足轻重。

人民法院的执行工作包括刑事案件执行、行政案件执行和民商事案件执行。刑事案件执行因被执行人处于国家机关绝对控制之下不存在"执行难"的问题。因此，本调研报告所指的执行是指行政案件执行和民商事案件执行，其中主要是民商事案件执行。

近年来，重庆市法院在习近平新时代中国特色社会主义思想指引下，在中央和重庆市委的坚强领导下，在最高人民法院的指导下，充分发挥职能作用，不断加大执行工作力度，执行工作总体呈现向好态势。

（一）执行案件办理情况

近年来，重庆市法院执行案件呈逐年高速增长趋势。2013～2017年全市人民法院分别受理执行案件65,279件、76,021件、120,776件、202,383件、250,033件，分别占同期法院受理案件总数的15.9%、17.1%、20.5%、27.5%、30.5%，同比分别增长12.4%、16.5%、58.9%、67.6%、23.5%，其中执行结案分别为59,091件、66,415件、108,516件、183,726件、221,436件，实际执行到位的分别为44,450件、46,501

件、58,221件、65,073件、76,322件。2013~2017年,执行案件申请执行标的额分别为102.2亿元、171.9亿元、449.3亿元、987.38亿元、1321.52亿元,分别执行兑现78.1亿元、104.17亿元、227.13亿元、388.24亿元、474.91亿元。

(二)执行队伍配置情况

截至目前,重庆市三级法院共有政法在编人员6979人,其中三级法院执行局在编人员864人,占12.38%,尚未达到最高人民法院15%的比例要求。在员额制法官配备上,重庆市实有员额制法官2719人,占所有政法在编人员总数的38.96%;其中执行局有员额制法官268人,占执行局在编人员的31.02%。在调研中,三级法院特别是区县基层法院普遍反映近几年案件持续高速增长,而法院编制人员管理很严、很难增加,"人案矛盾"呈加剧态势,执行工作方面尤其突出,干警加班已是常态。

(三)执行保障情况

在以信息化为支撑的执行指挥中心建设上,目前重庆市所有法院均已建立执行指挥中心,有的法院正在改建、扩建。在执行基本装备配备上,除12个法院由院里根据需要统一派车外,其他法院均配备执行专用车辆,共配备238辆。同时,重庆市法院共配备了712台单兵执法仪等装备。

(四)执行工作机制建设情况

重庆市三级法院按照最高人民法院的要求,紧密结合自身实际,坚持问题导向,推动执行体制机制改革。重庆市高级人民法院紧紧围绕财产调查标准、网络评估拍卖、执行案款管理、重点疑难案件办理等执行重点工作,不断填缺项补短板,先后出台68件执行规范性文件,建立健全了财产申报制度、财产保全制度、执转破衔接机制、执行公开机制、繁简分流办案机制、执行救助机制;不断深化审执分离机制;探索无财产可供执行案件退出和恢复执行机制;强化执行监督机制等。改革的深化和制度规范的建立健全,为人民法院执行工作增添了动力活力。

(五)执行联动机制建立情况

目前,重庆市高级人民法院已经与55家部门、单位建立了执行联动机制。其中主要的包括:与重庆市委组织部、重庆市委统战部建立了相关人员候选党代表、人大代表、晋升重要职务函询信用、犯罪信息机制;与重庆市发展改革委建立了将失信被执行人纳入重庆市公共信用信息共享平台并利用该平台实现联合信用惩戒机制;与重庆市财政局建立了限制失信被执行人参与政府采购机制;与重庆市公安局建立了限制失信被执行人入住四星级以上宾馆以及被执行人户籍、车籍、暂住、出入境、水电气信息查询等机制;与重庆市工商局建立了查询被执行人工商登记信息、股权冻结、过户、纳入企业联合征信系统机制;等等。

虽然重庆市各级法院加大工作力度,不断推动执行工作向好发展。但从社会各方面反映的情况来看,当前,“执行难”仍然是法院工作中的难点和“痛点”,也是社会关注的焦点和热点。在实际工作中“执行难”主要表现为“四难”:被执行人难找、被执行财产难寻、协助执行难求、应执行财产难动,集中体现在胜诉当事人的合法权益难以及时实现,成为法律“白条”。

“执行难”现象并非重庆市特有,而是全国法院长期面临的一个大难题。“执行难”一词首次出现在1988年4月1日第七届全国人民代表大会第一次会议《最高人民法院工作报告》中;1999年7月7日《中共中央关于转发〈最高人民法院关于解决“执行难”问题的报告〉的通知》(中发〔1999〕11号)要求,各级党委、人民政府要站在推进社会主义民主和法治建设进程的战略高度,充分认识解决人民法院“执行难”问题的重要意义;党的十六大报告要求“切实解决执行难问题”;党的十八届四中全会《中共中央关于全面推进依法治国若干重大问题的决定》明确要求“切实解决执行难,依法保障胜诉当事人及时实现权益”;党的十九大报告提出要“让人民群众在每一个司法案件中感受到公平正义”,对执行工作提出新的、更高的要求。为贯彻落实中央决策部署,在2016年3月第十二届全国人民代表大会第四次会议上,最高人民法院庄严承诺“用两到三年时间基本解决执行难问题”;重庆市也将“基本解决执行难”纳入贯彻落实全面依法治国、推进依法治市的重点工作。

二、重庆市“基本解决执行难”工作取得明显阶段性成效

自“基本解决执行难”工作开展以来,重庆市做了大量扎实艰苦细致的工作,已经取得明显阶段性成效,并形成了一些好的做法和经验。2017年重庆法院执行工作综合质效排名全国第三,为重庆市如期达到“基本解决执行难”目标要求奠定了良好基础。

(一)重庆市委高度重视、坚强领导,综合治理“执行难”工作格局初步形成

一是重庆市委坚决贯彻中央重大决策部署,先后下发《贯彻落实〈关于加快推进失信被执行人信用监督、警示和惩戒机制建设的意见〉任务分工》《关于进一步解决人民法院执行难问题的通知》等文件,召开推动“基本解决执行难”工作会议,对解决“执行难”工作作出具体安排部署,“党委领导、政法委协调、人大监督、政府支持、

法院主办、部门配合、社会参与"的综合治理"执行难"工作格局已经初步形成,确保了重庆市"基本解决执行难"各项工作在党的坚强领导下奋力前行。重庆市委政法委充分履行对人民法院"基本解决执行难"工作的牵头职能,将"加大生效裁判执行力度"工作纳入切实保证公正司法工作年度重点任务进行部署推进,定期听取人民法院执行工作专项汇报,研究解决"基本解决执行难"工作中的重大问题,加强督查考评,推动工作落实。二是重庆市人大常委会就监督支持重庆市法院"基本解决执行难"工作听取了专项汇报,出台了专题纪要,提出了加强和规范执行工作、建立和完善联合惩戒机制、强化执行工作监督等方面的意见建议。三是重庆市政府及其相关部门为人民法院"基本解决执行难"提供了必需的编制、人员、资金、装备等保障,对可能影响经济发展、社会稳定的重大敏感案件,加强与人民法院沟通、协调,依法妥善处理,争取最佳社会效果。四是重庆市绝大多数区县以党委、人大、政府的名义出台文件支持法院执行工作,部分区县党委、人大常委会定期听取当地法院执行工作报告、开展视察调研,部分区县将"基本解决执行难"纳入年度重点工作任务、纳入社会治安综合治理和法治政府建设考核内容,部分区县党委、政府还搭建平台处置涉企涉党政机关的执行案件。

(二)重庆市法院依法履职、主动作为,推进"基本解决执行难"工作有力有效

重庆市三级法院围绕最高人民法院关于"用两到三年时间基本解决执行难"的总体要求和"四个基本""四个90%"的具体目标,对照第三方评估体系,出台实施方案,细化量化标准,有力、有效地推进执行工作。一是不断加大执行力度,积极开展涉民生案件"迅雷"行动、"集中执行攻坚"行动和"基本解决执行难"铁拳行动等专项行动,集中攻坚破解执行顽疾。2016年以来,重庆市法院通过专项执行活动执结各类案件405,197件,执行到位标的额875.93亿元,影响重庆市经济发展、民生民利和社会稳定的涉晋渝、雅高国际、富侨项目等重大疑难执行案件得到依法稳妥处理。2016年以来,重庆市法院共拘留被执行人8243人、罚款930.47万元,纳入失信被执行人名单242,003人,限制出入境172人。二是大力推进信息化建设,按照"坚持一个标准、同用一个系统、共享一个平台"的思路,将审判、执行、财产保全、评估拍卖、案款管理、涉执信访系统"无缝对接",融入重庆法院综合管理平台;把财产查控、评估拍卖、案款收支、涉执信访等集成于执行系统界面,并与案件一一对应,办案过程"全程留痕";深度升级执行系统,使之集执行办案、执行管理、数据分析等功能于一体;深度共享信息资源,执行系统对内与审判、人事、后勤等系统连接,对外可查信息范围不断拓展。三是狠抓执行规范化建设，围绕案件办理节点管控、财产调查标准、执行案款管理等执行廉政风险点出台规范性文件68件，加强执行廉政风险防范。对照第三方指标体系查漏补缺、及时整改，建立台账通报制度，实行定期督查制度，全方位监督规范执行行为。四是创新执行工作机制，在全国率先推行并不断深化执行权运行机制改革，逐步推进以“审执分离”为核心的执行体制机制改革；建立民事财产保全中心并由执行局管理，集中办理财产保全工作；成立执行事务中心或组建执行事务团队，集中办理执行事务，提高执行案件质效；建立“执行110”备勤值班制度，针对春节、元旦等特定时段不定期开展夜间执行，进一步加大了查人、查物力度；有条件的法院推进案件繁简分流，实现简易案件快速执结、集团案件重点化解、疑难案件包案清理。五是努力营造执行工作良好社会氛围，重点围绕“客观展示执行工作、正确评价执行难、理性对待执行不能”开展形式多样的执行普法宣传。设立“重庆执行”微信公众号，出版《重庆法院执行工作》刊物，组织拍摄微电影、宣传片、执行公益广告；在中央电视台、新华网、《重庆日报》等主流媒体广泛报道重庆市执行工作；各区县同步开展“千名法官全市联动”基本解决执行难大型主题宣讲活动，参加群众200余万人次；邀请800余名人大代表、政协委员见证人民法院“基本解决执行难”工作。

（三）各个部门积极配合、协同作战，执行联动机制基本建立

市和区县涉执行工作相关部门和单位积极支持配合法院执行工作，建立健全执行联动工作机制，协同推动解决“执行难”问题。目前，重庆市高级人民法院已经与重庆市发展改革委、重庆市国土房管局、重庆市公安局、重庆市工商局、重庆市民政局、重庆银监局、相关银行等55家单位建立了执行联动机制，通过重庆市高级人民法院“点对点”系统能够查询被执行人银行存款、不动产、对外投资权益、车籍、人口户籍、婚姻配偶、出入境证件、水电气登记等信息，且绝大多数已实现实时查询。重庆市高级人民法院与重庆市公安局建立“临控”联动机制，依托公安大情报系统，实时接收被执行人住宾馆、进网吧等信息。重庆市纪委监委与市高级人民法院建立党政机关及公职人员涉执线索移送机制，及时有效地打击了特殊主体规避执行行为。重庆市发改、财政、金融、工商等单位与法院联合，共同建立失信联合惩戒机制，将失信被执行人名单信息纳入本部门工作系统，强化了对失信被执行人在任职表彰、项目审批、出入境、高消费等多领域的限制，促使失信被执行人履行法律义务。部分区县法院与执行联动单位建立了部门协作会议、联席会议机制，定期研究执行工作难题，及时推动问题解决。

三、重庆市“基本解决执行难”存在的问题及原因

从这段时间调研的情况来看，重庆市法院执行工作虽然取得了明显阶段性成效，但与习近平总书记关于“努力让人民群众在每一个司法案件中感受到公平正义”的重要指示、与“基本解决执行难”工作“四个基本”和“四个 90%”的要求以及人民群众的期盼相比，还有不小差距。“被执行人难找、被执行财产难寻、协助执行难求、应执行财产难动”的难题尚未根本破解，“基本解决执行难”工作还面临一些困难和问题。

（一）综合治理“执行难”工作格局亟待进一步完善

一是综合治理“执行难”工作格局亟待进一步明确工作牵头部门，强化牵头协同职能，各相关成员单位责任任务亟待细化、实化、硬化，已有的规定还没有全部落实。二是对人民法院“基本解决执行难”的保障力度还应进一步加大，重庆市法院执行指挥中心升级建设项目预算尚未落实，有的执行工作推动不顺利。三是有的地方和部门以“信访维稳”“兑现民工工资”为由怠于支持人民法院依法保全和执行。四是个别特殊主体不主动履行法院生效裁判。2013～2017 年被执行人为党政机关、公职人员、国有企事业单位等特殊主体的执行案件达 11，796 件、涉案标的额 12.15 亿元。五是执行外部监督制约机制还不完善，人大法律监督、政协民主监督和社会监督等外部监督亟待进一步加强。

（二）法院主体作用还需进一步发挥

一是案件审判质量有待进一步提升。执行案件的执行依据既包括人民法院作出的生效法律文书，也包括仲裁裁决和调解书、赋予强制执行效力的公证债权文书和法律规定应当由人民法院执行的行政决定书。其中，有的说理性不强，有的内容不明确具体。进入强制执行程序后，个别被执行人认为执行依据不当而抵制执行。二是有的案件“应执未执”。有的执行人员怠于核实当事人提供的财产线索，对应当处置的财产没有及时处置，执行财产“应查未查”“应执未执”现象仍然存在；部分案件对拒不履行法律义务的被执行人采取拘留、罚款、纳入失信名单、限制高消费、限制出入境等强制措施运用不够，个别案件在有可供执行财产的情况下就作终结本次执行程序处理，距离“有财产可供执行案件在法定期限内执行到位 90% 以上”“终结本次执行程序案件合格率达 90% 以上”的目标还有较大差距。三是执行不规范情

况仍然存在。执行人员消极执行、怠于执行、选择执行问题尚未彻底解决，执行违法违纪现象仍有发生。2016 年、2017 年，重庆市法院有 14 名执行干警被依法查处，其中 1 名被追究刑事责任。四是执行保障还需加强。部分法院执行干警人数没有达到规定配置；有的法院执行指挥中心功能不齐、流转不畅、实体化运用程度低；有的法院执行硬件及经费保障不能完全满足执行工作需要。

（三）执行联动机制运行还不够顺畅

一是执行财产查控机制还需进一步完善，“总对总”“点对点”的执行查控系统尚未实现财产范围与财产类型的全覆盖，尤其是对银行理财产品、投资型保险、微信支付宝等新类型财产至今无法有效查控，部分本地银行尚未完善“总对总”网络查控系统，被执行人难找、被执行财产难寻等问题仍未彻底解决。二是人民法院与相关部门在查找被执行人、查控财产、实施联合信用惩戒等工作的配合中，信息查询不及时、联动反应慢、共享不全面等问题仍不同程度存在；有的联动单位对于人民法院参与执行联动的请求，以单位内部规定、保护客户隐私等为由拒绝或变相拒绝。个别联动部门对人民法院信用信息资源共享不畅，存在“执行信息孤岛”。三是政法各机关在查控被执行人、司法拘留、打击拒不执行人民法院判决裁定罪等方面已建立的工作机制亟须落到实处，相互配合的力度需要进一步加大；公安机关实施拘留的程序有待进一步简化；人民法院、检察院、公安机关对拒不执行判决裁定罪的构成、立案标准等的认识不够统一，导致对拒不执行判决裁定罪认定困难、打击乏力。四是执行转破产工作开展较困难，符合条件的涉执“僵尸企业”不能通过破产有序退出市场，涉案矛盾纠纷长期得不到彻底解决。

造成上述问题的原因是多方面的，既有法院自身工作的因素，也有外部环境的影响，既有客观现实的制约，也有主观工作问题。

在思想认识层面，有的单位和部门政治站位不够高，没有把“基本解决执行难”提升到推进全面依法治国、实现国家治理体系和治理能力现代化的高度来认识，没有将其置于重庆市改革发展稳定工作大局中来谋划。有的执行联动单位认为执行工作是法院一家的事情，与己无关，将执行联动责任、协助义务视为“友情帮忙”。有的法院认为，执行工作就是执行局的事情，没有将执行工作放在全院“一盘棋”中来考虑。全社会对执行工作的认识还有偏差，特别是部分干部群众不能正确区分“执行不力”与“执行不能”的界限，客观上放大了“执行难”案件的影响。

在法规制度层面，相关法规制度供给不足，有的可操作性不强。相关涉执法律规范缺失导致很多执行措施“无法可依”，执行工作难以推进，规避执行行为得不到依法制裁。“协助执行”规定过于原则，当依法执行生效法律文书或者依法协助执行生效法律文书可能影响自身利益时，协助部门或单位不愿履行协助义务，人民法院对此缺乏足够制裁手段。破产制度不健全，尚未建立个人破产制度，法人破产制度规定不完善，实施破产渠道不畅通，使大量本可以通过破产方式彻底终结的执行案件只能以终结本次执行程序方式结案，无法彻底退出，致使未实际执结案件越积越多，加剧“执行难”。

在法院工作层面，执行工作队伍存在数量、素质“双欠”现象。由于历史的原因，人民法院执行队伍整体素质相对低于审判部门；少数法院没有按照司法改革的要求挖掘潜能、再生动力，没有完全遵循执行规律调整、配齐配强高素质、职业化的执行队伍，少数执行人员的能力水平不能完全适应执行工作的需要，消极执行、选择执行、错误执行等情况不同程度存在，涉执违法违纪时有发生。

在社会参与层面，全民法治意识亟待进一步提高，尚未形成尊重服从生效裁判、主动履行生效裁判的社会氛围。社会诚信体系建设不完善，部分被执行人诚实守信意识淡薄。部分当事人风险防范能力不强，将交易风险转嫁到诉讼风险，将诉讼风险转嫁到执行风险，对因市场风险、交易风险导致的权益损失归结于法院执行不力。一些有履行能力的被执行人无视法律尊严，采取拖、赖、躲、逃等手段规避执行。

在经济因素层面，近几年，在经济下行压力加大、实体经济经营困难的情况下，部分企业缺乏支付能力；人民群众消费观念发生转变，信用卡消费、小额贷款类执行案件猛增，银行坏账增加，这些都在一定程度上导致法院执行案件数量持续增长，执行难度加大。

四、推进“基本解决执行难”的对策及建议

“基本解决执行难”问题既是一个法律专业性很强的司法问题，也是一个动态复杂的社会系统工程；既是人民法院的法定职责，又是各级党政、各有关单位都必须高度重视、协同作战的应尽之责；既要以决胜的精神状态和措施坚决完成“用两到三年基本解决执行难”的阶段性目标任务，又要以长期作战、久久为功的韧劲和毅力，着力于从根本上解决“执行难”问题。当务之急是要对标对表党的十九大“严格执法、公正司法”和党的十八届四中全会“切实解决执行难，依法保障胜诉当事人及时实现权益”的要求，按照重庆市委第五届四次全会关于法治德治建设部署和最高人民法

院“四个基本”“四个90%”的目标，聚焦发力，精准施策，步步紧逼，狠抓落实，确保重庆市如期实现“基本解决执行难”目标。

（一）进一步提高政治站位，切实增强“基本解决执行难”的政治责任感和历史使命感

要牢固树立“四个意识”，不断增强“四个自信”，坚持以习近平新时代中国特色社会主义思想为指引，认真贯彻落实党的十九大精神，深入贯彻落实党的十八大和党的十八届四中全会部署，把“基本解决执行难”作为推进全面依法治国的必然要求；作为认真贯彻落实习近平总书记参加重庆代表团审议时的重要讲话精神和重庆市委五届四次全会关于加强法治德治建设部署的重点任务；作为坚持以人民为中心的发展思想，维护群众合法权益、实现人民对美好生活向往的民生工程；作为营造国际化、法治化的营商环境、推动重庆市经济高质量发展的重要保障，从政治和全局的高度深刻认识打赢这场攻坚战的重要意义，自觉将“基本解决执行难”工作置于统筹推进“五位一体”总体布局、协调推进“四个全面”战略布局中来谋划，通过扎实有效地推动“基本解决执行难”，努力让人民群众在每一个司法案件中感受到公平正义，切实提高人民群众的幸福感、获得感。

（二）进一步加强党对“基本解决执行难”工作的绝对领导，健全完善综合治理“执行难”工作新格局

实践证明，坚持党的领导是攻坚克难的根本保障。当前，执行工作存在的一些问题和困难仅靠法院是无法解决的，必须始终坚持把党的领导作为攻坚“基本解决执行难”的根本政治组织保障，进一步形成综合治理执行难的强大合力，确保如期完成目标任务。一是各级党委要进一步加大对“基本解决执行难”工作的领导力度，把“党委领导、政法委协调、人大监督、政府支持、法院主办、部门配合、社会参与”的要求制度化、清单化、常态化，各级党委政法委要牵头成立“基本解决执行难”领导协调小组，建立常态化的工作机制，统筹解决“基本解决执行难”的重大问题，协调处理疑难复杂执行案件，牵头化解单靠人民法院无法解决的重点疑难执行案件，着力构建综合治理“执行难”工作新格局，形成“基本解决执行难”工作新合力。重庆市各级法院要始终坚持党的领导，依靠党的领导，定期向党委汇报执行工作，主动争取领导和支持。二是各级人大常委会要强化监督，通过听取审议专项报告、开展视察调研、跟踪督办等形式，加强对法院执行工作的监督，督促各区县、各相关部门贯彻落实重庆市人大常委会印发的《监督支持全市法院基本解决执行难工作专题纪要》。各级政协、人民检察院要切实履行各自监督职能，监督人民法院依法高效开展执行工作。三是各级政府要将执行人民法院生效裁判情况纳入法治政府建设考核体系，将解决“执行难”问题作为社会治安综合治理目标责任进行考核。政府各相关部门要积极支持配合法院执行工作，将其作为本部门的重要职责落实，进一步加强对人民法院“基本解决执行难”工作的保障。四是重庆市委、重庆市政府督查室等部门要将重庆市委办公厅、重庆市政府办公厅《关于进一步解决执行难问题的通知》《关于贯彻落实〈加快推进失信被执行人信用监督、警示和惩戒机制建设的意见〉任务分工》纳入重大事项督查范围，督促各区县、相关单位逐项分解、逐一细化落实。各区县也要采取相应措施，跟踪督查支持人民法院解决“执行难”的各项部署的落实。五是法院要正确引导律师、行业协会、社会组织参与法院执行工作，充分调动全社会的力量破解执行难题。

（三）进一步提升法院执行工作水平，切实担当起执行工作的主体责任

重庆市各级法院要依法忠实履行法定职责，担负起执行工作主体责任，将其作为“一把手”工程、系统工程、长效工程来抓，制定时间表、路线图，层层传导压力，层层落实责任，全力冲刺，贴身紧逼，确保如期实现“基本解决执行难”目标，并为从根本上解决“执行难”打下更为坚实的基础。一是加快提升执行科技信息化水平。以大数据智能化为引领，促进信息化与执行工作深度融合。加快推进执行指挥中心升级建设，确保重庆市所有法院执行指挥中心都达到最高人民法院的标准要求，加大对执行指挥中心的运用力度，实现重庆市三级法院执行工作的统一管理、统一指挥、统一协调。加强通信系统等信息化设备保障，为执行执法人员配齐配强单兵执法仪及其他必需装备。不断完善执行网络查控系统，进一步拓宽查控范围，实现对所有财产类型的全覆盖，健全功能，提高效率，切实做到实时查询、及时冻结、依法划转。全面推行网络司法拍卖，提高执行财产变现率，最大限度地保障胜诉人权益。加强执行信息公开，依法公开执行过程、执行节点、执行结果、执行文书，实现阳光执行，既争取社会理解支持，又促进执法司法公开，提高执行司法公信力。二是加强执行规范化建设。建立健全管人、管事、管权制度，完善执行权力约束长效机制，及时发现执行案件流程、执行案款发放等方面存在的问题，有效防范选择执行、消极执行、乱执行行为。全面推行执行案件系统管理，加强全流程和全节点管控，确保所有执行案件、执行节点网上流转、全程留痕。严格落实财产申报、财产保全、财产调查、财产处分、执行款物发放等制度规定，做到每个程序都有章可依、遵章办事。严格把握终本案件标准,规范无财产可供执行案件退出和恢复执行机制,完善终本后限高、惩戒等跟进措施,畅通恢复执行渠道。深入开展涉特殊主体案件执行、执行案款清理等专项整治行动,依法惩治消极执行、规避执行、抗拒执行等各种违法犯罪。三是强化执行工作队伍建设。重庆市高级人民法院、各中级人民法院和基层法院要分别按照全院在编人数10%、15%、18%的比例配齐配强执行人员,在员额制法官配备上,执行局法官员额比例总体应不低于其他业务部门。大力加强执行队伍能力素质建设,特别是要着力提高执行人员法律适用能力、信息技术应用能力和做群众工作的能力。探索适合各级法院实际的执行团队配置模式,支持确有必要的法院采取政府购买服务、提供实习岗位等方式增加执行力量,缓解人案矛盾。加强对执行人员的廉政警示教育,严格落实执行工作"十个严禁""十条红线",建立健全执行监督与纪检监察的无缝衔接,坚决查处违纪违法行为。四是创新执行工作机制。坚持标本兼治,坚定不移深化司法体制改革,加大推进"以审执分离为核心"的执行体制机制改革力度,着力构建更加科学的执行制度机制。及时总结推广执行案件线索发现、繁简案件分流、执行风险管控、执行警务保障等方面的成功做法,不断丰富完善并固化为制度机制。建立健全上级法院对下级法院的指导、督导机制,综合运用指标考核、先进表彰、定期检查等方式,推动各级法院加大执行工作力度。建立职责明晰、相互配合、有效衔接的"立、审、执、破"一体化机制,引导诉讼财产保全,加强执行风险预防;在审判中全面加强调解工作,提高裁判文书质量,做到说理充分、判项明确;加快推进执行转破产审查工作,保障执行程序与破产程序有序衔接。

(四)进一步健全完善执行联动工作机制,细化、实化、硬化各单位职责任务

一是由党委政法委牵头,进一步健全完善和落实执行联动工作机制,细化、实化、硬化已经出台的执行联动相关部门的职责任务,大力解决执行工作"联而不动"的问题。整合社会治安综合治理网格员、人民调解员、诉讼联络员等资源,建立健全相应工作机制,支持人民法院核实、查找被执行人及其财产线索,进一步提高查人找物的真实性、准确性、全面性。二是各级政府及其部门要按照中央和重庆市委的要求,进一步加大对法院执行工作的支持力度,带头尊重和履行法院生效裁判,协助法院清理涉党政机关、涉民生执行案件;建立"执转破"案件政府与法院衔接机制;为法院执行信息化建设提供财力保障,加强执行救助与社会救助的有效衔接,帮助有实际困难的申请执行人及时解决问题。财政、国土房管、公安、工商、民政、银监、保监、通信管理、银行等部门和单位要加强与法院网络连接,实现信息共享,畅通对被执行人及其财产的发现、处置机制。各级法院要积极与联动部门加强沟通协调，依法使用相关信息数据并严格按规定做好安全保密工作。三是加快全社会信用体系建设，发展改革部门要牵头建立健全信用信息共享平台，整合各有关部门和单位信息资源，实现对失信被执行人信息的自动比对、自动拦截、自动监督、自动惩戒，切实发挥联合惩戒系统作用，真正实现被执行人“一处失信、处处受限”。四是公检法各部门要加强协作配合，统一对执行拘留、打击拒执犯罪的标准，构成要件的认识，畅通公诉打击拒执犯罪的渠道，依法简化执行拘留审批程序，加大对拒执罪的打击力度。

（五）进一步凝聚共识，大力营造全社会攻坚“执行难”的良好氛围

一是加强全民法治意识、诚信意识培育。落实“谁执法谁普法”责任制，切实加强全民普法教育，推动全社会形成遵从法律、崇尚法治的良好风气。深入贯彻落实重庆市委第五届四次全会精神，既讲法治又讲德治，重视发挥道德教化作用，把法律和道德的力量、法治和德治的功能紧密结合起来，把自律和他律紧密结合起来，引导全社会增强诚实守信意识。二是加强执行工作宣传教育。采取以案说法、法律讲堂、法治短片等有效措施，加强对公民的风险意识教育，提高公民风险防范能力。加大执行工作宣传力度，教育引导社会公众理性认识执行工作，正确区分“执行不力”与“执行不能”，努力形成全社会理解执行、关注执行、协助执行的氛围，积极构建良好司法生态。三是加大对失信被执行人的曝光力度。综合运用新闻媒体、官方自媒体、户外广告、流动宣传车等平台对失信被执行人进行曝光，在全社会营造“守信光荣、失信可耻”的氛围，促进全体公民自觉履行法院生效裁判、积极配合协助法院执行。四是注重源头治理。进一步健全党委领导、政府负责、社会协同、公众参与、法治保障的社会治理体系。深化多元化解社会矛盾纠纷机制，充分发挥人民调解、行业调解、行政调解、司法调解的作用，运用法治思维和法治方式多元化解矛盾纠纷，从源头上逐步减缓执行案件数量增长给“基本解决执行难”带来的工作压力。

参阅材料

一、名词解释

1.“基本解决执行难”。这是“用两到三年时间基本解决执行难问题”的简称。在2016年3月第十二届全国人大四次会议上通过的《最高人民法院工作报告》，要求全国法院利用2～3年时间，全面推进执行体制、执行机制、执行模式改革，加强正规化、专业化、职业化执行队伍建设，建立健全信息化执行查控体系、执行管理体系、执行指挥体系及执行信用惩戒体系，不断完善执行规范体系及各种配套措施，破解执行难题，补齐执行短板，基本解决执行难问题。

2.“四个基本”。这是最高人民法院确定的实现“基本解决执行难”要达到的目标。即被执行人规避执行、抗拒执行和外界干预执行现象得到基本遏制，人民法院消极执行、选择性执行、乱执行的情形基本消除，无财产可供执行终结本次执行程序标准和实质标准把握不严、恢复执行等相关配套机制运用不畅的问题得到基本解决，有财产可供执行案件在法定期限内基本执行完毕。

3.“四个90%”。这是最高人民法院对全国法院“基本解决执行难”提出的新要求，即90%以上有财产可供执行案件执行到位、90%以上无财产可供执行案件进入终本程序符合要求、全国90%左右的法院基本实现上述两个目标、执行信访案件办结率达到90%以上。

4.实际执结。也称“执行完毕”，是指生效法律文书确定的执行内容，经被执行人自动履行、人民法院强制执行，已全部执行完毕，或者是当事人达成执行和解，且执行和解协议履行完毕。

5.终结本次执行程序。这是执行案件的一种结案方式，指人民法院穷尽执行措施，未发现有可供执行的财产，经申请执行人签字确认或者经执行法院院长批准，该执行案件予以结案。终结本次执行程序后，人民法院不再执行。但是，如果申请执行人发现被执行人有可供执行财产的线索，可以再次申请执行，且不受申请执行时效期间的限制。

6.“执行不能”。申请执行人和被执行人不能提供可供执行的财产线索；或者虽然提供了财产线索但人民法院穷尽了法律规定的所有执行措施，均不能找到被执行人有可供执行的财产，导致申请人的债权不能实现。这是申请执行人应当承担的商业风险和法律风险，在任何国家、任何时期均不能解决。据初步统计，在人民法院受理的执行案件中，属于“执行不能”情形的案件大约占全部执行案件的40%。

二、相关图表

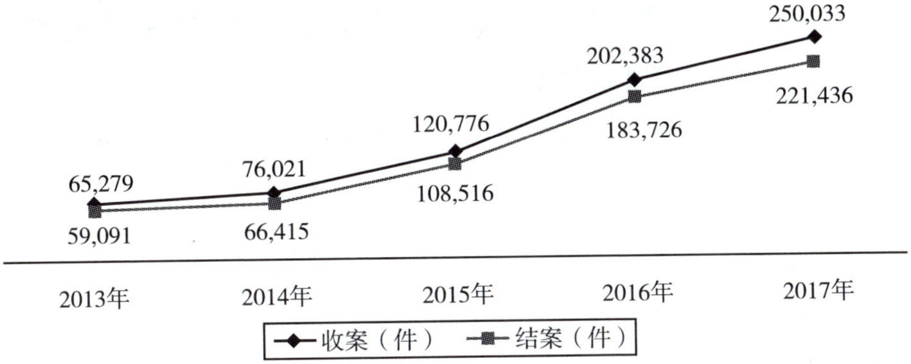

图 1　2013～2017 年重庆市法院执行案件收、结案件数量的统计

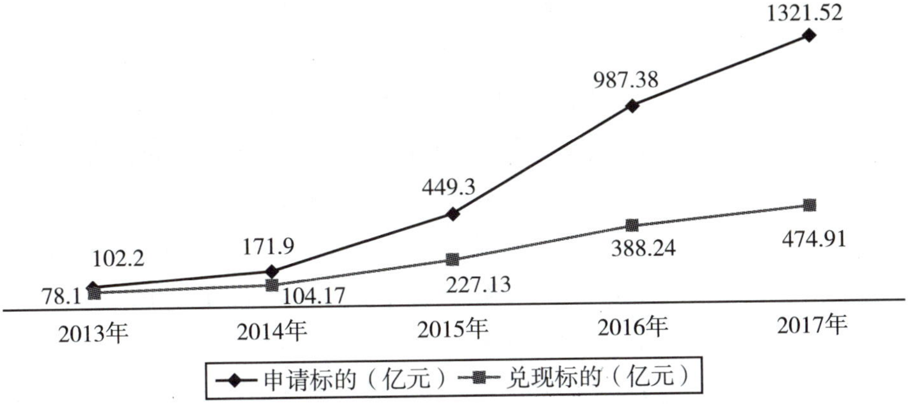

图 2　2013～2017 年重庆市法院执行案件申请、兑现标的统计

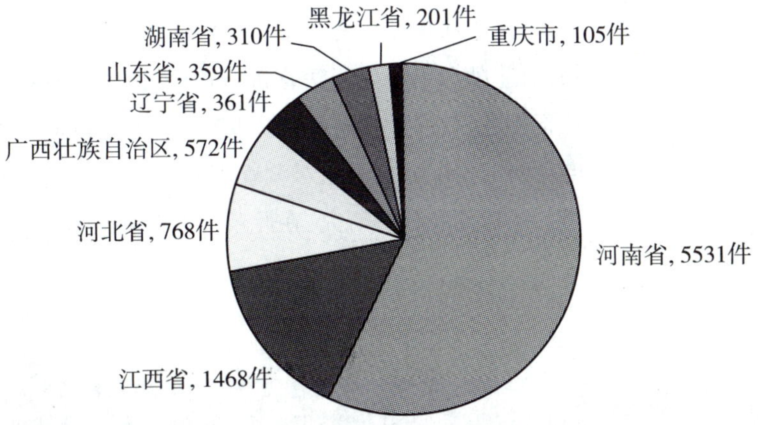

图 3　2013～2017 年全国部分省市打击拒执犯罪统计

重庆法院执行异议复议案件办理情况的调研报告

重庆市高级人民法院课题调研组*

“基本解决执行难”，其中一个基本目标就是“人民法院消极执行、选择性执行、乱执行的情形基本消除”，即厘清监督管理机制，推进执行规范化。执行异议复议，正是人民法院内部对执行的监督程序和补救措施，也是执行当事人和利害关系人救济权利的程序保障。① 为进一步理顺执行监督机制，深入剖析重庆市执行异议复议工作存在的问题，有针对性地提出对策建议，完善机制流程，重庆市高级人民法院组成调研组对执行异议复议情况开展专题调研。2018 年 3 月以来，调研组在重庆市 5 个中级人民法院和渝中、九龙坡、长寿、忠县、垫江、石柱等 15 家基层法院实地调研，召开专题座谈会，听取执行法官关于执行异议复议案件办理情况的汇报，对律师和一线执行法官进行访谈；调阅部分执行异议复议案件卷宗，深入了解个案办理情况，并随机向案件当事人电话访问情况。调研组对调查了解到的情况、意见建议进行了系统梳理和分析研究，在此基础上形成本篇调研报告。

---

* 课题组成员：张晓川、苏福、龚道伟、郑荣聪、顾鲁晓、李沙、谭振亚。

① 参见李永秋：《执行复议程序的法律特征及其运行模式》，载《人民司法》2008 年第 11 期。

一、重庆市法院执行异议复议工作运行模式

重庆法院自2010年起实行执行局负责审查执行标的异议复议案件、审判监督庭负责审查处理执行行为异议复议案件的执行异议复议工作模式。①

执行标的异议案件由执行局负责审查处理并作出裁定。按照我国《民事诉讼法》第227条之规定，如果案外人、当事人对裁定不服，认为原判决、裁定错误的，依照审判监督程序办理，即由审判监督庭处理；与原判决、裁定无关的，可以自裁定送达之日起15日内向人民法院提起诉讼。重庆法院将执行异议之诉、分配方案异议之诉交由民事审判第一庭条线负责审理，个别案件结合实际情况由受案法院确定由其他庭室审理。值得注意的是，如果执行标的异议申请被驳回（而不是异议被驳回），当事人对此不服，则应向上一级法院执行局提起复议。

执行行为异议案件由审判监督庭负责审查处理并作出裁定。如果当事人、利害关系人对裁定不服的，可以自裁定送达之日起10日内向上一级人民法院申请复议。在重庆法院，该复议由上一级法院的审判监督庭具体负责审查处理。

2016年重庆法院统一设立民事财产保全中心，统一办理所有民事财产保全事务。根据《重庆市高级人民法院财产保全工作流程的规定（试行）》的规定，保全执行的标的异议与执行行为异议，均由案件受理法院的执行局审查。

由此可见，重庆法院的执行异议复议运行模式在流程设计上较复杂。执行局既审理执行标的异议案件，又审理保全执行中的执行行为异议案件；审判监督庭审理执行行为异议案件；民事审判第一庭审理执行异议之诉、分配方案异议之诉。与此对应，执行行为异议的复议案件由上一级法院的审判监督庭审理，保全执行行为异议的复议案件由上一级法院的执行局审理。

由于执行行为争议发生频率高，对当事人的利益影响大，执行系统内部监督难以避免"自我手术"的合理怀疑。因此，由法院内部执掌终端监督权的业务部门负责审查执行行为异议复议案件，其优势在于有效隔离了执行主体与监督主体，避免了自我监督。但是，在实务中其缺点也逐渐显现：异议人提出的异议诉求不明确、难以分清属于标的异议或是行为异议时，容易出现推诿现象，本就短暂的审查期限会被

① 参见谢晓曦、王洋：《重庆法院积极探索执行监督新机制》，载《人民法院报》2011年1月30日，第1版。

人为耽搁。复杂的程序设计，在实务中造成了一系列的弊端，案件不能得到及时处理，最终影响了当事人的合法权益。

二、重庆市法院执行异议复议案件办理情况

（一）执行标的异议与执行异议之诉

自 2015 年至 2018 年 4 月，执行标的异议案件立案、结案总数分别为 10,457 件和 10,193 件。自 2015 年起案件逐年快速增长，2015 年立案、结案数量分别为 1274 件和 1112 件；2016 年案件数成倍增长，立案、结案数量同比增长 131% 和 156%；2017 年立案、结案数量同比增长 50% 和 60%。10,193 件已结案件中，驳回异议或申请的占 34.53%，准予撤回异议或申请的占 12.96%，异议成立的占 37.90%，其他结案方式占 14.61%（见图 1、图 2）。

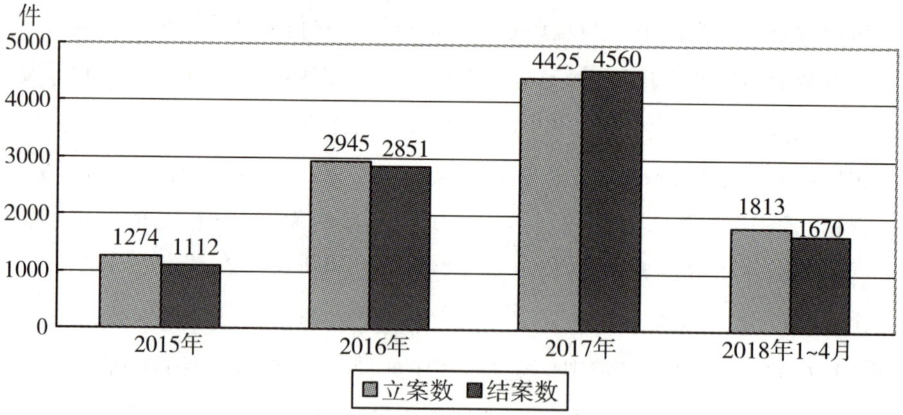

图 1　重庆市执行标的异议案件统计

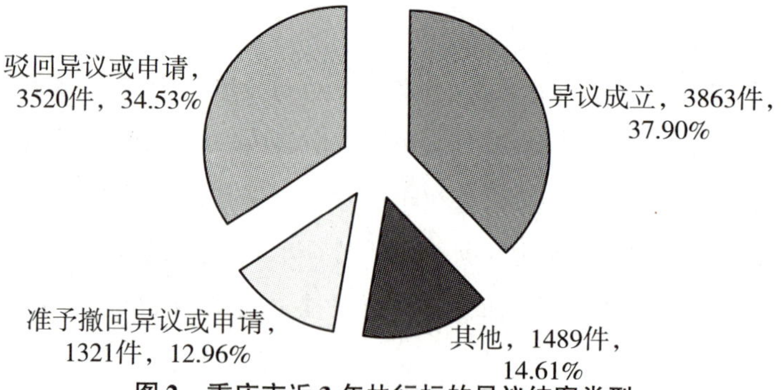

图 2　重庆市近 3 年执行标的异议结案类型

自2015年至2018年4月，执行异议之诉立案、结案总数合计分别为2292件和1790件；2015年立案、结案数量仅为265件和170件；2016年立案、结案数量同比增长约70%和130%；2017年立案、结案总数分别达到1018件和888件，同比增长均达到127%（见图3）。

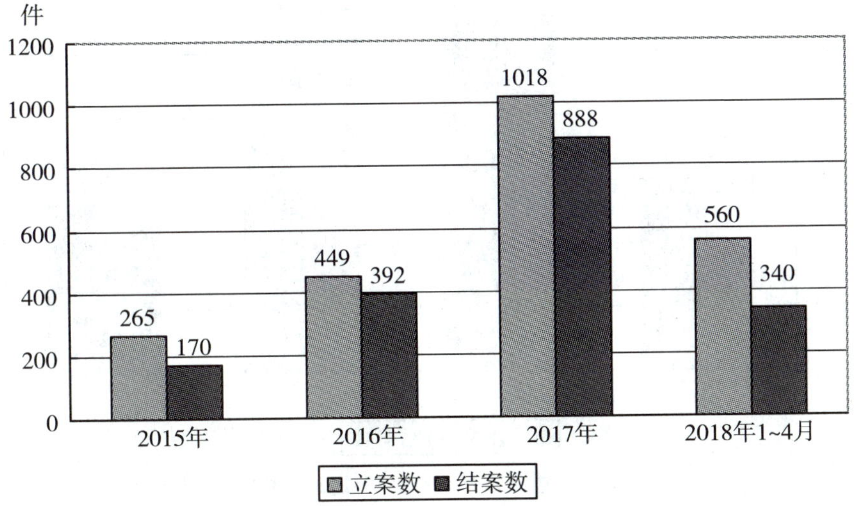

图3 重庆市执行异议之诉案件统计

综合上述数据分析，可以小结如下：一是执行标的异议案件逐年快速增长，与执行实施类案件的比率为1.67%。其中，2015年该比率为1.05%，2016年上升为1.45%，2017年为1.77%。换言之，每年的执行实施类案件中，每100件案件有将近2件案件，利害关系人提出了执行标的异议。二是除去准予撤回异议或申请的案件，实际有87%的案件需要异议审查。经异议审查程序后，有21.92%的案件进入执行异议之诉程序。相当于每5个异议案件中，经审查可以过滤4个案件。由此，我们不宜否认异议审查环节的实践意义。三是异议审查发现异议成立的案件占37.90%，该比例不低，应引起重视。另外，逾60%的案件当事人存在滥用异议权的嫌疑。

（二）执行行为异议与执行复议

执行行为异议案件自2015年至2018年4月，立案、结案数量分别为1772件和1694件。2015年立案、结案数量分别为332件和299件；2016年立案、结案数量分别为559件和548件，同比增长68%和73%；2017年立案、结案数量分别为570件和

582 件,同 2016 年基本持平。1694 件已结案件中,驳回异议或申请的占 55.55%,准予撤回异议或申请的占 25.32%,异议成立的占 13.16%,其他结案方式占 5.96%(见图 4、图 5)。

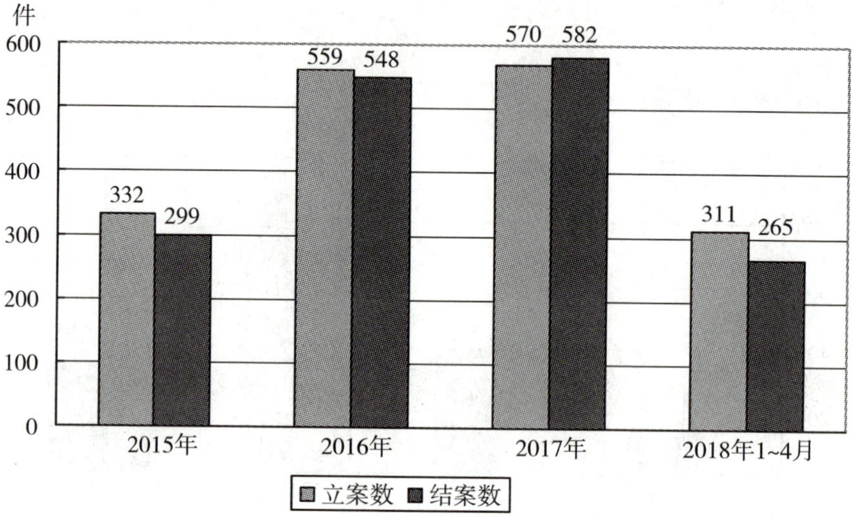

图 4　重庆市执行行为异议案件统计

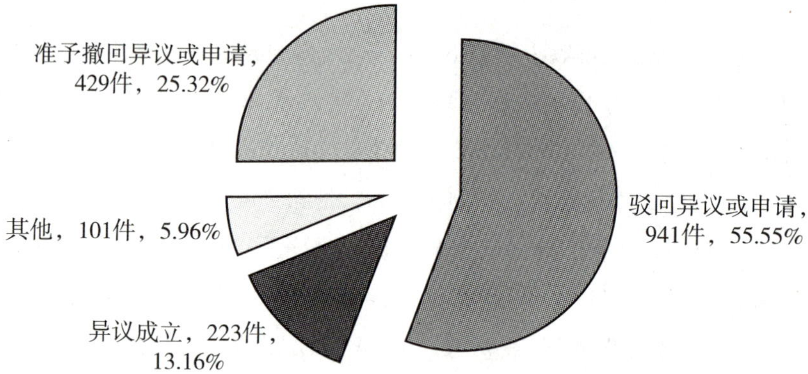

图 5　重庆市近 3 年执行行为异议结案类型

执行复议案件自 2015 年至 2018 年 4 月,立案、结案数量分别为 833 件和 788 件。2015 年立案、结案数量分别为 146 件和 110 件;2016 年立案、结案数量分别为 262 件和 276 件,同比增长 79% 和 51%;2017 年立案、结案数量分别为 277 件和 280 件,同 2016 年基本持平。788 件已结案件中,驳回复议申请的占 68.91%,准予撤回申请的占 7.49%,裁定发回重审 6.73%,撤销或变更异议裁定的占 6.98%,其他结案方式占 9.90%（见图 6、图 7）。

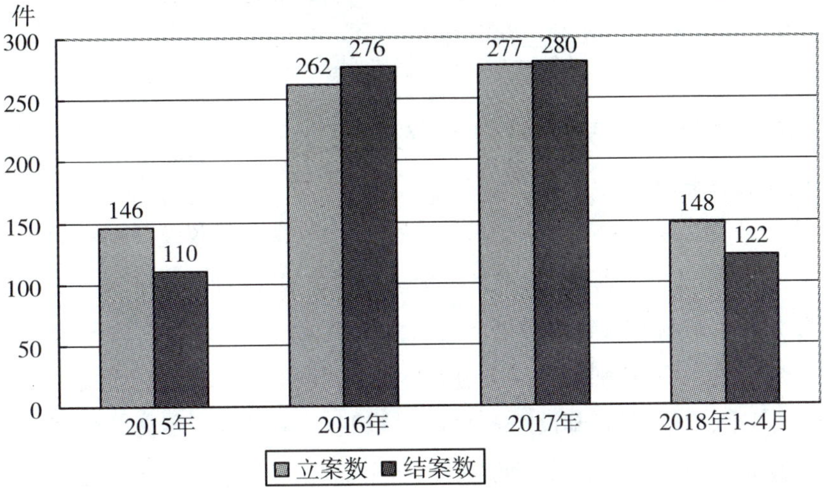

图 6　重庆市执行复议案件统计

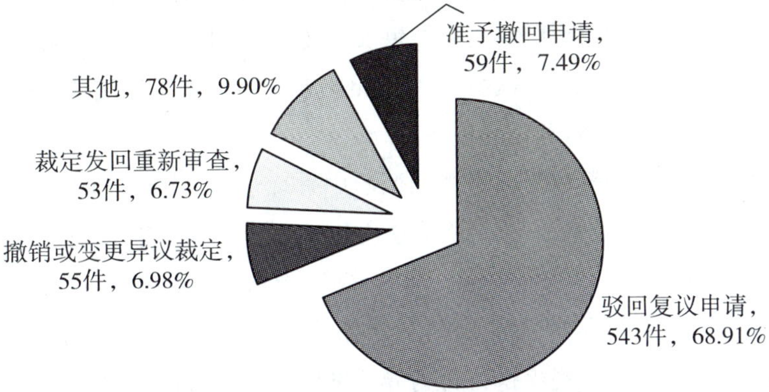

图 7　重庆市近 3 年执行复议结案类型

综合上述数据分析，可以小结如下：一是执行行为异议案件的数量整体上保持平稳，尽管 2016 年行为异议案件量同比增长了 68% 和 73%，但是当年执行实施类案件立案、结案数量实际同比增长 67% 和 69%。故，从行为异议案件与执行实施类案件的比率上看，行为异议案件数量保持在相对稳定状态，甚至有所下降。可见，随着“基本解决执行难”工作的深入开展，执行行为得到进一步规范。二是案件进入行为异议程序，有 25% 的案件撤回了异议或申请，13% 的案件异议成立，55% 的案件被驳回异议。而这些驳回异议的案件中，有超过 80% 会提出复议，复议得到支持的仅有

6.9%。案件经异议复议后，当事人的诉求得到支持的有16%。这要求重庆市法院一方面要进一步规范执行行为，另一方面在行为异议程序中要做好当事人的释明工作，让当事人息诉服判，减少司法成本耗费。

三、重庆市法院执行异议复议工作存在的主要问题

（一）立案受理环节

1.执行异议受理渠道不通畅。调研中发现，由于执行异议复议工作运行模式复杂化、由多部门分工，且异议申请不是直接递交到立案窗口，这就导致当事人难以分清异议复议申请材料向法院的哪个部门或人员提交。案件当事人或利害关系人拿着申请材料求告无门，特别是异议申请人诉求不明确时，各部门相互推诿；有的执行人员收取了异议申请材料，却没有及时处理、移送立案，造成了不良影响。

2.异议是否应予立案审查不明确。调研中发现，有的法院对案件是否属于执行异议案件的受案范围不明确，不属于受案范围却立案受理，该予以立案受理的没有及时立案。例如，案外人对于轮候查封标的物提出异议，由于没有法律法规或司法解释予以明确，各地法院操作不一，存在争议。又如，有被执行人对是否应当受理执行案件提出异议，认为判决书未送达、执行依据尚未生效，但是法院却误认为是对执行依据的异议、不符合执行异议受理条件。

3.标的异议与行为异议界限不清。调研中发现，执行异议专业化较强，多数当事人，甚至部分律师不清楚、不熟悉法律法规和司法解释的规定，提交的异议申请不规范、不明确、模棱两可，需要向异议人询问了解，影响审查效率。而且，由于对标的异议和行为异议的区分存在不同认识，加之标的异议与行为异议的办理部门不同，分歧更加突出。在当事人提出执行行为异议的问题上，无混淆之处，所需要注意的是通过执行行为异议进行救济和通过执行监督程序进行救济的适用问题。但是作为利害关系人提出执行行为异议，法律条文在相关问题上则交代不清。实践中，对提起行为异议的“利害关系人”与提起标的异议的“案外人”界分不明确。因此，同一主体重复或混淆提起两种异议的情况多有发生，从而程序反复，执行过程中纠纷不能及时和彻底得以处理解决。

（二）审查裁决环节

1.异议审查及其期限设定是否合理。调研中，各法院普遍反映执行异议审查15日的期限太短，认为应延长审查期限，并明确规定可以扣除审查期限的情形。异议

审查虽为形式审查，但是仍要核实相关情况。如果当事人异议申请表述不清晰，需要与当事人沟通、甄别。有的案件情况复杂，需要询问当事人、举行听证。有的案件需要当事人提交证据原件或手机证据，15 日的期限显得过于仓促。此外，有的执行法官认为可以直接取消标的异议的审查，认为标的异议审查没有实质意义，反而导致当事人滥用程序权利，故意拖延执行。

2. 异议复议案件合议庭成员资格如何确定。调研中，有的法院反映了异议复议案件合议庭成员资格问题：《关于人民法院办理执行异议和复议案件若干问题的规定》(以下简称《异议、复议规定》)第 11 条的第 1 款所述的"合议庭"能否包含人民陪审员？第 3 款所述"办理执行实施案件的人员"是指执行实施案件承办人，还是包括合议庭其他成员，还是包含所有曾参与过实施案件的人？在基层法院，执行干警本身数量不足，员额制后入额执行法官稀缺，使办理执行异议复议案件的法官往往不足以组成合议庭。各基层法院建议，引入人民陪审员或由其他执行实施法官参与异议审查。

3. 异议复议案件审查规则存在若干困惑。调研中发现，各法院对异议审查标准的把握不够准确。第一，采用形式审查将与执行时采用的原则相雷同，如果实质审查不妥当，现有期限限制又与执行异议之诉的审查方式重复。第二，对案情复杂、争议较大的案件，应当进行听证，但是听证程序没有具体规定，实务中各行其是。第三，标的异议审查期间，执行行为是否应予停止？多数执行法官认为，原则上不应停止执行，但是如果不停止，一旦采取处分性措施并且以后被认定为不当，将难以执行回转。第四，执行异议与执行异议之诉中，举证责任如何分配，尤其是被执行人承认一方当事人的权利主张，是否足以免除该方当事人的举证责任。诸如此类的疑惑令基层执行法官备感困扰。

(三)结果处理环节

1. 驳回异议申请与驳回异议请求混淆。调研中发现，有的法院在结案时将驳回异议申请与驳回异议请求混淆使用的情况。如某法院在审查案外人异议之后，裁定该异议人的理由不足以排除强制执行的权益，驳回异议申请。显然，该裁定主文表述有误。驳回异议申请是指不符合异议受理条件而被驳回；驳回异议请求则是符合受理条件，但请求不受支持而被驳回。在标的异议中，驳回异议申请，其救济程序为向上一级法院提出复议；驳回异议请求则是提起执行异议之诉。

2. 救济途径与工作衔接需予明确。调研中发现，有的当事人不熟悉异议后的救济程序,法院如不及时告知,可能会影响当事人权益。异议裁定作出时,应当在裁定主文之后明确告知案件当事人下一步救济程序,提出复议或执行异议之诉的期限,告知当事人的权利义务及行为后果。调研中还发现,有的法院内部缺乏衔接机制,执行实施法官不能及时掌握异议、复议、异议之诉的结果,拖延了执行期限。法院内部应进一步明确异议、复议、执行异议之诉的工作衔接机制,各部门之间及时反馈结果。

3. 缺乏滥用异议权利的制裁措施。调研中,基层法院反映实务中存在当事人、案外人滥用异议权利的现象,但是缺乏制裁滥用异议权利的手段和措施。

四、完善重庆市法院执行异议复议工作的对策及建议

(一)重构执行异议复议工作运行模式

调研组建议,调整当前执行异议复议工作运行模式,结合重庆市当前工作实际,可以设立统一的执行裁判机构,将标的异议、行为异议、执行异议之诉统一归口该执行裁判机构办理。在实务中,案源不足的,可以将追究拒不执行判决裁定罪、执行转破产等相关涉执案件也归口于执行裁判机构办理。理由如下:一是可以消除多部门审查导致相互推诿的情况,当事人将异议申请材料提交执行实施法官,执行实施法官收到材料后3日内转交执行裁决裁判机构立案审查,执行裁判机构与异议人及时沟通作出裁判,可以最大限度地维护当事人的权益。而且,异议立案审查后,如果发现混淆了行为异议与标的异议,合议庭可以直接向当事人释明后,采取适当的程序,没有必要流转到其他部门重新审查。二是归口办理更加符合相关法律和司法解释的条文精神。例如,《异议、复议规定》第23条第1款第5项规定:“异议裁定对应当使用民事诉讼法第二百二十七条规定审查处理的异议,错误适用民事诉讼法第二百二十五条规定审查处理的,裁定撤销异议裁定,发回作出裁定的人民法院重新作出裁定。”按照该条文精神,标的异议案件错误按照行为异议处理,为了避免程序拖沓耗费时间,直接由作出裁定的人民法院重新作出裁定,不再审查。如果将行为异议与标的异议归口办理,那么由原来了解案情的合议庭直接重新作出裁定,显得更加顺理成章;而分别由不同部门办理行为异议与标的异议则在逻辑上存在矛盾,原办理行为异议的合议庭实际无权对标的异议作出裁决,而标的异议办理部门则无法在不审查案件时直接作出裁定。三是实施权与裁决权分立已是理论界与实务界的共识,由执行裁判机构对执行实施部门的行为作出审查、裁决,已实现了执行主体与监

督主体分隔的目的。四是将执行标的异议、执行行为异议、执行异议之诉等统一由执行裁判机构处理,从实务上讲,更方便沟通联系,便于统一观点、消弭分歧,有利于推动审判专业化。值得注意的是,标的异议与异议之诉放在同一执行裁判机构来处理,应注意合议团队的区分;一方面,标的异议程序与异议之诉的审查方式不同,前者是形式审查,后者是实体审查;另一方面,标的异议程序是前置程序,异议之诉实质上具有程序监督之功能,故审查人员应予区分。在员额制改革、执行团队改革与司法责任制改革的背景下,审理者裁判、裁判者负责,从理论上讲,合议团队区分后可以形成有效制约。

(二)分清行为异议与标的异议的受案范围

针对实务中行为异议与标的异议区分不清的情况,应予进一步明晰。适用我国《民事诉讼法》第225条规定按执行行为异议进行审查的案件类型有:(1)最高人民法院《异议、复议规定》第5条第1~5项、第7条;(2)最高人民法院《关于变更和追加执行当事人的若干规定》第10条至第13条,第14条第1款,第15条至第16条,第23条至第25条;(3)最高人民法院《关于刑事裁判涉财产部分执行的若干规定》第14条。除此之外,还应当包括下列范围:(1)当事人或利害关系人主张对执行标的物享有抵押权或不能阻却执行的留置权、质押权的;(2)当事人或利害关系人主张对执行标的物享有法定优先权的,如建设工程价款优先权、船舶优先权、税收优先权、划拨土地使用权出让金优先权、民用航空器优先权、受教育者学杂费用优先权、剩余价款优先受偿权等;(3)当事人或利害关系人主张对被执行人享有普通债权的;(4)当事人或利害关系人主张对执行标的物虽享有租赁权,但强制执行不影响租赁权的行使,或该租赁权形成于抵押、查封之后的;(5)其他程序性权益和不足以排除执行的实体权利等情形。案外人主张对执行标的享有阻却执行的实体权利,请求排除执行的,适用我国《民事诉讼法》第227条规定按执行标的异议进行审查;这些权利主要包括:(1)所有权;(2)共有权;(3)用益物权;(4)部分可以阻却执行的留置权、质押权、价差担保物、行权担保物、履约担保物等特殊担保物权;(5)合法占有;(6)查封、抵押前设立的租赁权;(7)最高人民法院《关于适用〈中华人民共和国民事诉讼法〉的解释》第501条第2款中规定的利害关系人对第三人享有的到期债权;(8)最高人民法院《关于人民法院办理执行异议和复议案件若干问题的规定》第28条、第29条规定的不动产买受人的物权期待权和消费者物权期待权;(9)最高人民法院《关于人民法院民事执行中查封、扣押、冻结财产的规定》第17条规定的需要办理过户登记的财产或财产性权利;(10)法律、司法解释规定的其他可以阻却执行的实体性民事权益。

(三)构建执行异议复议工作的基本原则

审理执行异议复议案件,应当遵循如下基本原则:一是效率优先原则。效率优先、兼顾公平是执行程序的一项主要原则。作为执行程序的衍生产物,执行异议复议案件的审查理所当然地也应当坚持这个审查原则。执行异议之诉案件的审理直接关系到被执行主体、执行标的财产的确定以及执行程序的顺利推进,其审理原则在追求公正的同时也应提高效率。其中,有三层主要含义:其一,审限法定,即严格遵守法律及司法解释规定的办案期限,审查期限不予扣除或延长;其二,以书面审查为主、公开听证为辅,即执行异议复议案件应原则上实行书面形式审查,根据权利外观表征来予以判断,只有在案件复杂、争议较大的案件才听证;其三,有限救济,异议复议案件的提出,应当在执行完毕或执行程序终结前提出;此后提出的,由执行监督程序予以救济。

二是分权制衡原则。即执行实施权受执行审查权的制衡。包含两层含义:其一,办案人员的分离,即要求办理执行实施案件的人员不得参与相关执行异议和复议案件的审查;其二,审查事项的分离,即对程序事项的异议和对执行标的的实体权利异议应当通过异议程序或诉讼程序由执行裁判机构最终裁决。

三是权利保障原则。即为当事人、利害关系人和案外人依法行使异议权、维护自身合法权益提供保障。包括两层含义:其一,确保依法应当受理的异议都能够被及时受理和审查,方便当事人寻求救济;其二,权益平衡,异议复议审查要处理好申请执行人与被执行人之间,申请执行人与案外人之间,当事人、案外人与执行标的受让人之间的权益平衡。

(四)完善执行异议复议工作程序规则

1.关于标的异议审查及其期限设定的问题。调研组结合调研情况建议按照现有规定操作、不予变动。理由如下:一是异议审查程序尽管背负着拖延程序的嫌疑,但是就前述实务数据分析,其过滤掉了大部分执行异议案件,避免这些案件大量进入诉讼程序,故从学理上讲其存在仍有现实意义。二是15日的审查期限不宜延长。标的异议审查应坚持以形式审查和书面审查为主。执行程序中对于案外人异议审查,应坚持形式化原则,执行机构只需根据权属登记、占有等证据来认定权属,并作出应否予以执行的判断。关于实体权属的判断,需要通过随后执行异议之诉的实质审查来解决。异议审查设置的目的主要在于以短暂期限内对权利外观进行形式审查来过滤、防范异议权利滥用的行为。所以,基于效率优先原则,如果设置期限延长或者扣除期限,则难以达到该目的。

2. 关于异议案件受理及救济途径衔接的问题。调研组结合工作实际,建议如下:当事人、案外人以及利害关系人提出异议的,向该执行实施案件的承办法官提交异议申请材料,执行法官应在收到异议申请之日起 3 日内将异议申请及相关材料移交执行裁判机构,同时移送作出该执行行为的主要依据等。执行裁判机构在收到执行异议申请之日起 3 日内。执行裁判机构在执行异议裁定书送达当事人后 3 日内将该裁定书副本送交实施案件的承办法官。理由如下:一是由承办法官接收材料,有利于及时掌握异议复议的情况,避免程序盲目推进损害当事人及利害关系人的权益。二是由承办法官接收材料,便于判断所提异议的类型,及时移送审查,避免在立案环节耽误过长时间。

3. 关于合议庭成员资格确定的问题。第一,最高人民法院《异议、复议规定》第 11 条排除了独任制在异议、复议程序中的适用。主要的原因在于,在查明事实方面,合议制比独任制更慎重稳定;合议制比独任制更能把握法的精神,统一适用法律;通过合议庭成员平等行使裁判权来制约和防止独任法官权力的滥用和不当行使,预防廉政风险。第二,该条第 3 款所述"办理执行实施案件的人员",应予限定为执行实施案件中的合议庭成员。执行实施案件中,合议庭对执行行为作出决定、裁定,具体的实施工作则通常会协作配合,以降低办案成本,达到高效快捷的目的。如果将之扩大解释为所有曾参与过实施案件的人,则不符合实际,可能导致异议、复议案件不能及时得以办理。由于员额制改革后入额执行法官稀缺,引入人民陪审员组成异议审查合议庭参与审查的建议,应予支持。因为这样的设置并不妨碍合议制的目的和初衷,也更契合实务。

4. 审查程序规则的问题。一是对案情复杂、争议较大案件听证程序应予细化,赋予当事人、利害关系人及案外人的参与权,实现当事人请求权和执行机构裁决权的互动,以解决执行程序中的实体性和程序性纠纷。主要程序为:听证准备阶段、辩论阶段、评议和认证阶段、评议裁决。值得注意的是,执行听证应讲求效率,既要考虑规范性又要考虑灵活性,不能用无休止的听证来拖延执行,且不宜用庭审标准来要求异议、复议程序中的听证。二是标的异议审查期间,执行行为是否应予停止?建议在原则上不应停止执行行为,但是对执行标的的处分行为应予停止,除非申请执行人提供足额有效担保。三是执行异议与执行异议之诉中，举证责任的分配问题。案外人对执行标的提出执行异议及执行异议之诉的，应当就其对执行标的享有足以排除强制执行的民事权益承担举证责任，包括但不限于执行标的转让或受让的相关合同的订立与履行情况、资金往来情况以及其他与执行标的相关的基础性法律关系的证据等。申请执行人提起执行许可之诉的，案外人应当就其对执行标的享有足以排除强制执行的民事权益承担举证责任。申请执行人应对其诉讼主张承担初步的举证证明责任，包括具有执行内容的生效法律文书以及执行标的在被执行人名下的证据等。被执行人承认一方当事人的权利主张的，不能免除该当事人的举证责任。

消极协助执行现象及其对策的调研报告

重庆市第二中级人民法院课题调研组*

随着“基本解决执行难”工作的深入开展，人民法院外部各单位对执行工作给予大力支持。尤其是中共中央办公厅、国务院办公厅联合印发《关于加快推进失信被执行人信用监督、警示和惩戒机制建设的意见》（以下简称《信用机制建设意见》）之后，在各地党委、政府的领导和支持下，各部门高度重视，加强联合惩戒失信被执行人，组织实施有序、工作保障有力。民事协助执行领域协助义务主体明显拒绝执行、对抗执行的情况明显减少，但是以内部规定、内部管理等各种借口为由委婉拒绝协助执行请求、拖延配合执行任务的消极协助执行情况却时有发生，在一定程度上成为执行工作的障碍。消极协助执行现象给执行工作带来了哪些困扰，如何认识消极协助执行现象的问题根源，进而对症下药、有针对性地提出解决问题之道，是“基本解决执行难”决胜阶段值得研讨的课题。对此，重庆市第二中级人民法院调研组专题开展调研，召开专题调研座谈会 1 场；在辖区范围内向执行人员发放调查问卷 150 份，回收有效问卷 123 份；对辖区 20 余名执行法官进行访谈；走访联动协助执行单位，听取意见建议；收集典型案例等。调研组对调查了解到的情况、意

---

* 本文系重庆市第二中级人民法院重点调研课题“民事协助执行中消极协助问题研究”的阶段性成果。课题组成员：张镇勇、郝伟光、张瑞武、冉成林、郑荣聪、李志祥、李临风；执笔人：郑荣聪。

见建议进行了系统梳理和分析研究，在此基础上形成本篇调研报告。

一、实践之惑：消极协助执行现象的实证分析

（一）典型案例引发的思考

【案例一】甲法院两名执行员前往A农商银行柜台，向该银行出示了执行干警的工作证、执行公务证及协助冻结通知书、执行裁定书后，要求银行协助冻结被执行人账户，该银行工作人员以执行员未提供个人身份证为由拒不协助，并在协助通知书回执上予以注明。随后，执行员到该行综合办和财务部协调，得到的答复仍是该银行系统内部要求，不提供执行员个人身份证则不予协助。经交涉未果，甲法院对A农商银行依法罚款50万元。

【案例二】乙法院两名执行员带齐证件、执行裁定书、协助扣划存款通知书、生效裁判文书前往B农信社办理存款扣划手续。该农信社工作人员以“根据农信社上级部门规定，法院要划拨客户存款，须先办理冻结手续；农信社冻结存款后，法官来划款时，还要办理解冻手续，才能划走客户的存款”为由，不积极履行协助义务。乙法院对该农信社作出罚款10万元决定。

【案例三】丙法院两名执行员到C银行某网点扣划款项。该银行经办人员以领导外出开会、无法签字为由拒不办理。执行人员当即明确指出：银行内部规章不能对抗现行法律，任何单位和个人都有协助法院执行的义务，不得以任何理由拒绝，更不能对抗人民法院执行公务，并再次督促工作人员立即办理。但是，该经办人员仍予以拒绝。丙法院随后向该行发出了《司法建议书》，建议该行加强法律知识培训，提升工作人员业务能力，积极履行法定义务，共同维护法律权威。该行收到后对网点负责人和经办人落实内部问责，并组织员工学习协助司法机关办理查询、冻结和扣划业务相关法律法规知识。

【案例四】丁法院两名年轻执行员到D车管所办理车辆查封手续，被工作人员告知根据内部规定，要经车管所领导签字才能办理，并要求执行员自行找该所领导签字。此外，执行员出具执行裁定书、协助执行通知书查封被执行人名下多部车辆，却被告知对每一部车辆都需要单独提供一份执行裁定书、协助执行通知书，以便其归档管理。为及时查封车辆，执行员找到该所领导签了字，并积极争取先查封后补齐文书副本。执行员回院反映情况后，该院领导主动与车管所领导沟通，建议取消不合理规定，双方建立联动协作机制，D车管所为丁法院开通司法协助绿色通道。

【案例五】戊法院两名执行员到E国土房管局查询某被执行人名下土地情况，该局工作人员以该地区土地情况尚未落实信息化管理、纸质卷宗难以查询为由拖延办理。经耐心沟通，最终执行员将查询文书留在该局，该局工作人员予以查询，3日后将查询回执邮寄法院。

【案例六】己法院执行法官李某为查找被执行人谢某下落，但苦于法院与公安机关双方没有建立联动协作机制。因执行法官张某与公安机关的负责人熟识，经沟通，公安机关同意帮忙协助查找被执行人下落。后该院与公安机关签署了协作备忘录，双方联动执行规范化。

【案例七】庚法院在执行过程中拍卖一房屋并裁定过户，执行员持过户裁定及协助执行通知书至G不动产登记中心办理产权变更登记至买受人名下的手续。G不动产登记中心认为按照我国《税收征收管理法》及相关税收征管行政法规规章，其负有协助征税义务，要求补充出示完税凭证，否则无法当场完成变更过户登记。当事人缴纳税费、获取完税凭证后，完成房屋变更登记手续。

案例小结：

1. 我国《民事诉讼法》第242条第二款规定，“人民法院决定扣押、冻结、划拨、变价财产，应当作出裁定，并发出协助执通知书，有关单位必须办理”。最高人民法院、中国人民银行《关于依法规范人民法院执行和金融机构协助执行的通知》第1条规定：“人民法院对查询到的被执行人在金融机构的存款，需要冻结的，执行人员应当出示本人工作证和执行公务证，并出具法院冻结裁定书和协助冻结存款通知书。金融机构应当立即协助执行。”上述案例一至案例三中，执行员出具了工作证、执行公务证、必要的法律文书，A、B、C三家金融机构应当予以配合。其设置的管理规定、拖延履行协助义务的理由违反了法律规定和司法政策性文件，要求执行公务的执行员出具个人身份证件、对执行员摄像等行为均依法无据，妨碍了执行程序的正常推进。在沟通无效时，采取司法建议或强制处罚措施取得了良好的司法效果。案例四中，笔者访谈了执行员，他们认为应当尊重内部的审签手续，但是这样的审签手续属于内部流程，由执行员来转呈显然不合理；至于内部档案管理的问题，可以复印文书后存档，不能要求法院必须提交多份，特别是如果外地法院要求协助执行，矛盾将更加突出。案例五中，内部管理效率低下，不能成为不予协助执行的理由，职能部门仍应积极提供协助。案例七中，协助执行义务与协助征税义务发生了冲突，协助义务机关引用我国《税收征收管理法》第5条规定为依据，有理有据。那么，是否能够在实践中构建一条规则，以帮助执行员明确在何种情况下对协助义务人的哪些理由借口可以据理力争，对哪些管理规定应予适当尊重？

2. 从案例四至案例六中可见，在协助义务人消极协助执行时，往往要求执行员拥有较丰富的社会经验和工作技巧来缓和矛盾。因为人民法院应适当尊重理解各协助单位的内部管理规定，而这个适当的度则更多需要经验与技巧来把握。阅历经验丰富的执行员能够较好地在个案中解决消极协助执行带来的阻碍，但是年轻执行员则会显得不知所措、茫然无奈。案例六还反映了联动执行中的一个现象，就是公事私办式的熟人联动。执行员与协助单位工作人员关系好，工作推进就方便顺利，但单纯的工作关系却不起作用。于是，如何构建一套运作有序的联动协助机制就显得尤为重要。

（二）对 123 份调查问卷的分析

调研组在辖区范围内向执行人员发放了 150 份调查问卷，实际收回有效问卷 123 份。调查问卷设计了 12 道题目，其中 11 道选择题，1 道工作建议问答题（非必答）。调查结果如下：

受访者在执行条线工作年限：未满 2 年的 29 人，占比 23.58%；2 年以上不满 5 年的 41 人，占比 33.33%；5 年以上的 53 人，占比 43.09%。有 50.40% 的受访者表示经常遇到无理由拒不协助执行、借口各种理由拖延协助执行的情况，45.53% 的受访者表示偶尔遇到，4% 的受访者表示没有遇到。超过 80% 的受访者认为，在当前的执行过程中，协助义务人“消极协助执行”比“抗拒协助执行”明显得多。有 20% 的受访者坚持认为近两年协助“执行难”的情况没有改善，大多数受访者认为协助“执行难”情况得到改善，但消极协助执行现象在工作中仍经常遇到。

针对消极协助执行，受访者通常会选择妥协，按照协助义务人的不合理要求补充完善材料后再请求协助；有的受访者则考虑到工作方便及对方工作人员的难处，先多说好话，寻求解决路径，实在行不通时，再据理力争；有的受访者也会判断协助义务人的要求是否符合法律规定，如缺乏合理合法依据，当场据理力争；但是会对之坚决予以处罚的受访者明显减少。

仅有 35% 的受访者对不合理现象提出司法建议，但仅有 12% 的受访者表示其提出的建议促使协助单位改正，有近 40% 的受访者表示想给协助单位提司法建议，但最终由于觉得问题太小、自身工作也忙等原因而搁置。将近 70% 的受访者从未处罚过不予协助的行为，对消极协助执行行为处罚过的受访者不到 10%。颇有意思的是,在提建议的问答题中,绝大多数作答者认为解决协助“执行难”应对协助义务人加大处罚力度。换言之,受访者一方面认为应该惩戒拒不履行协助义务者,另一方面却并没有采取实际处罚措施,意识与行动之间存在巨大反差。

问及没有采取处罚措施的原因时,受访者表示主要原因是处罚程序烦琐,不想自找麻烦;规则不够完善,欠缺处罚依据。再者就是认为可以努力沟通解决,在经常需要对方协助的情况下,处罚效果不佳,处罚反而容易伤及情面。

(三)对123份调查问卷的小结

1.“基本解决执行难”工作整体上在营造了全社会关注执行、理解执行、尊重执行、支持执行的良好氛围,协助“执行难”情况有所改善,尤其是野蛮式抗拒执行明显锐减,执行权威提高;但是消极协助执行仍然在一定程度上存在,成为协助执行矛盾中的主要方面。

2.调查问卷结果表明,对待消极协助执行现象,执行员们在实务上通常是采取灵活变通的方式来化解矛盾,他们不会倚仗司法强制力而采取僵硬的应对手段或直接采取惩戒措施。他们更愿意借助技巧、经验和智慧来与协助义务人沟通,认为这更利于长期工作协调。从长远计,司法建议似乎是一项不错的选择,但调查问卷的结果显示事实并不乐观。因此,结合案例及访谈的情况来看,法院与协助单位之间,应建立联动协作机制规范双方行为,让双方在长期的协作中形成良性互动,而且,在信息密集时代这种机制应该在更新、更高的层面来建立完善。

3.调研结果显示,执行员有惩处拒不协助执行者的意图,特别是对借口理由明显不合理者。调研组认为,法律事实上并不缺乏对拒不协助执行义务人的处罚规定;相反,强制措施的适用权限受到法律的严格规范和制约,这才令执行员感到程序烦琐,不想自找麻烦。结合访谈发现,执行员所认为的规则不够完善,更实质的是,期待有一条可靠的判断规则,以便执行员判断哪种内部规定是不值得尊重、应据理力争、可严肃惩戒的。一旦消极协助执行造成不良影响、严重后果的,执行员明显表现出坚决处罚的意图,此时更关键的是规范执行行为,克服想处罚却不愿做事、害怕麻烦的心态。

二、追根溯源:消极协助执行现象的原因考察

调研组对执行法官、协助义务单位的工作人员进行访谈,进一步分析总结消极协助执行的原因。

(一)法律意识淡薄,误解法律规定

协助义务主体,常见为金融机构或掌握公民资产信息的国家机关职能部门,如公安机关、车辆管理部门、土地房屋管理部门。这些单位的工作人员具有较强的行政规矩意识,但是法律素养与法院等专门司法机关工作人员相比存在一定差距,对法律法规的理解与适用与原意相比存在偏差。当内部规定与法律法规发生冲突时,有的协助义务单位工作人员不明白法律渊源的效力层次问题,僵化适用内部规定。案例二中农信社的规定属于曲解法律的原意。对于银行存款、各类资金以及其他不需要变价的财产,查封(冻结)并不是必经程序,可以直接扣划。先冻结再解冻再扣划,是金融机构内部系统设置与操作上出现的问题,应在内部协调解决。对此,最高人民法院在《关于适用〈中华人民共和国民事诉讼法〉的解释》第486条中予以明确"对银行存款等各类可以直接扣划的财产,人民法院的扣划裁定同时具有冻结的法律效力"。有的协助单位工作人员担心,所协助的执行行为如果出错,自己也要跟着承担责任。这是一种法律误解,这种误解会导致他们实质审查协助执行法律文书的倾向。其实,如果执行行为存在问题,当事人及利害关系人可以通过异议复议程序解决。而执行行为不当,应由执行法院负责。非明显违法时,协助单位不需为所协助的执行行为负责。

(二)机制不够健全,执行联而不动

与审判程序不同,执行程序需要在一个开放的空间中进行财产调查、控制与处分,这一系列活动缺乏协助义务人的互动是不可能完成的。执行联动机制本应是解决"执行难"的一剂良方,但这一被寄予厚望的机制在实际运行过程中却并不顺畅,联动单位的配合都存在不同程度的打折扣现象,实际效果不尽如人意。存在的问题有:第一,无论是最高人民法院与中央19个部门联合会签的《关于建立和完善执行联动机制若干问题的意见》(以下简称《联动意见》)或是《信用机制建设意见》,其中对于联动机关的协助义务规定得过于宽泛,此类高层次的文件仅为原则性的规定,对于实际执行工作中出现的具体问题如何解决、执行联动如何对接操作并没有细化规定,需要地方法院依照原则性的意见去做好具体协调工作。但地方法院却缺乏相应的能量来落实与部门的联动协调工作,此时能否得到地方党委政府的领导与支持、地方党委政府是否重视,就成为地方联动机制建立完善的决定性因素。第二,由于高层的原则性意见下发后,地方重新会签文件,这些文件的效力层次降低,也会给实践造成一定的困扰。甲地法院与联动部门签署的文件乙地法院是否也适用,如果

相应的规定不尽合理，对乙地法院协助执行的要求造成影响，该如何处理。而且，重新会签文件能否得到落实，也与联动部门行政首长个人好恶和关注程度密切相关。第三，在具体的联动协助中，联动机关能否积极协助还受制于执行员与联动机关人员的私人关系。前述案例六就反映了这个问题，最后形成了公事私办式的熟人联动。

（三）注重部门利益，存在懒政思维

在协助执行领域，协助单位存在两种负面倾向：一是自我膨胀、期望用手中的资源保护自身利益的倾向；二是在其位不谋其政、懒政的倾向。前者多发生于权益伴生领域，后者多发生于义务伴生领域。前者多出现在银行等金融机构，因为金融机构普遍存在揽存任务的规定，揽存量的多少直接影响部门的效益和个人的收入。为此，有的金融机构担心法院将客户存款扣划走会使储蓄量减少，以后客户可能不再来存款，影响收益。此外，银行业常常规定扣划存款只能在开户银行进行，加大执行成本。开户银行工作人员与被执行人如果相互较为熟悉甚至是重要客户，就可能出现阻挠法院执行，通风报信的行为。懒政的倾向则多发生在公权力机关。协助义务主体很难在协助执行过程中获得正向利益，其考虑的是如何排除自己的责任，让负担变得更小。前述案例四和案例六就体现了日常工作中工作人员懒政引起的消极协助行为。而当社会矛盾突出之时，协助义务机关更会出现多一事不如少一事的想法，考量自身的免责问题。一方面，协助义务主体有责任、有义务按照协助执行通知书载明的事项完成协助内容；另一方面，又想尽可能地让案件当事人觉得协助义务主体没有责任，不会因为自身提供了执行协助而将纠纷矛头指向自己，甚至引发信访压力。

更加本质的原因是，除拘留罚款的处罚措施外，缺乏一个激励或制约协助义务主体的有效机制。与申请执行人对执行案件的推进有密切利益关联不同，协助执行与否、执行案件标的到位率如何，对协助义务人没有任何影响，既不存在执行标的款项的分成，也不存在年终工作测评的绩效加分。换言之，协助执行事项本身不会对联动协作机关及其成员带来任何收益。这样就存在一个制度供给上的不足，无法调动协助单位联动协作的积极性；加之各地执行联动机制建立之后，也没有形成责任制的制约，难以长期有效地发挥联动机制的优势，导致个案的执行联动协助仍然需要部门领导牵头或执行员凭个人私交寻求协助便利。

（四）管理不够健全，工作效率低下

协助执行单位不够科学、效率低下的管理制度令工作人员也颇感为难。有的协助单位采取过于复杂烦琐的科层化管理模式,又小事物都要多层审签,加大了工作人员的负担,影响了协助执行的效率。另外,随着信息化技术的快速发展,大多数部门都实现信息化、数字化管理,大大节约了人力物力,但是有的部门提供的信息查询手段单一,不能实现多样化信息查询方式,起不到应有的作用;个别协助单位甚至仍然采用纸质档案管理数据。

(五)执行员执行规范程度的影响

调研组还发现另一个影响协助执行单位配合的因素。有意思的是,这个影响来自要求协助执行的执行员,其执行规范程度在一定意义上影响协助执行单位配合的积极程度。在访谈协助单位工作人员时,他们表示,如果执行员着制服执行时,他们会更加重视,没有身着制服又未曾认识,他们首先会担心执行员的身份问题。在另一例子中,年轻执行员被协助单位委婉拒绝了,回院汇报后,执行法官决定带上执法记录仪前往固定不予协助执行的证据。可是协助单位工作人员一见执行员身着制服、佩戴执法记录仪,二话不说当即迅速协助配合。此外,个别执行员工作态度不认真,曾有执行员出具的一份不到两页的执行法律文书上盖了6个校对章,协助单位表示此种做法确实难以接受。这类情形下,实不宜认为协助单位消极协助执行。

三、完善之道:消极协助执行现象的化解对策

针对上述问题,调研组经讨论后提出下列对策建议:

(一)构建消极协助执行判断规则

判断消极协助执行的关键在于协助机关提出的理由是否正当。对此,调研组提出了合法性与不良影响相结合的判断规则。合法性原则判断是指协助机关提出的理由是否符合法律法规、司法政策文件的规定。如果符合,则应认定理由正当,不属于消极协助执行。前文案例七中房管中心提出的协助征税义务合法,应予支持。如果法律法规、司法政策文件没有明确规定,则需进一步考量不良影响原则。不良影响原则是指人民法院执行应当尊重协助义务人的内部管理规定,但是该内部管理规定不应对执行造成不良影响。为简化判断与操作,可按紧急程度分类对待,一是财产查控与无须变价的财产处置,二是信息查询与财产变价后的协助处置。财产查控与无须变价的财产处置比较紧急,如果不能及时采取措施,可能导致可供执行财产流失,即易造成不良影响、严重后果。信息查询与财产变价后的协助处置可以根据实际情况适当延缓,造成不良影响的概率较小。违反合法性和不良影响判断规则

的，即可认定为消极协助执行；执行法官可以结合案件其他具体情节决定采取惩戒措施。

（二）完善执行联动协作机制

人民法院应当积极主动，立足地方实际，最大限度争取党委领导、人大、政协监督以及政府支持。平时，通过采取召开座谈会、形成会议纪要等形式，就协助执行工作的目标、要求和程序，与联动协助部门充分协商、达成共识，形成常态化的联动协作工作机制。从实践理性的角度来看，全国性的联动协作文件作出的多为原则性规定，具体操作性规定宜在省级层面予以确立，因为，实务表明过低层次的地方性文件也不利于落实。此外，应积极争取党委政府的支持，由地方政府将协助执行情况纳入地方综治考核办法，以此建立激励与约束协助义务单位的机制。再者，省级以下地方法院要发挥能动作用，多与联动单位沟通，借助工作人员已形成熟络的情感资源，及时建立完善正常化、规范化的交流机制，变“公事私办的熟人联动”为“公事公办的联动机制”。

（三）实现信息共享的网络执行

进入互联网大数据时代，数据管理在信息化技术的推动下日趋完善，信息共享的技术壁垒逐步被打破。未来执行工作借助网络技术，实现基于信息共享的网络执行模式已是不可阻挡的趋势。事实上，网络查控、曝光失信被执行人、网络司法拍卖均已在实践中取得了良好成效。人民法院通过网络查控平台，可以在极短时间内将被执行人在各全国性银行的存款情况完整查询、控制。失信被执行人曝光后，各金融机构即可接收到相应的信息，有力地约束了失信被执行人。网络司法拍卖则最大限度地实现了拍卖过程的公开、透明、充分竞价，保障了双方当事人的权益最大化。

但是，实现信息共享的网络执行还有漫长的路要走。目前全国网络查控平台仅仅实现全国性银行及部分地方银行的存款查询、控制，少数银行开通了划拨功能。各省级的地方查控平台也存在查询信息的类似局限性。除了银行存款，房屋、土地、车辆、船舶等财产均应纳入查控系统。将这些财产信息形成庞大信息网，需要每一单位做好信息数据管理工作，更离不开国家层面的顶层设计与统筹。可以预见，全国网络查控平台的完善，将改变过去协助执行中柜台衔接的模式，由系统程序消除人为原因引发的协助“执行难”。

（四）规范执行行为

解决“执行难”，人民法院首先要以身作则，从己身做起。本质上，落实执行规范化最直接的效果是治理执行乱。治理执行乱象，以扎实的工作作风和规范的执行行为开展工作,人民法院在协助单位面前才更有底气与震慑力,才更能树立执行权威与执行公信力,在此意义上讲,规范执行行为在一定程度上可以缓解协助“执行难”。应通过司法解释和司法政策文件,对执行工作的每个环节每个动作作出具体规定,确保执行行为有据可循。执行员之所以不敢、不愿惩戒消极执行行为,其中一个重要的原因就是担心自身的工作存在瑕疵或程序不到位,对消极协助执行单位所作出的处罚决定就可能被撤销。执行员应规范执行行为,严守执行程序,佩带执法记录仪,全程留痕,一旦消极协助执行造成不良影响、严重后果的,坚决克服想处罚却不愿做事、害怕麻烦的心态,坚决处罚,维护执行权威。

理论探索

论"执行难"中的"思想认识统一难"及其解决

——以加强和改进执行宣传工作为视角

张晓川[*]　董如易[**]

"用两到三年时间基本解决执行难问题",首要必须弄清楚什么是"执行难",即执行难在何处,什么原因造成,用什么方法破解,拿什么标准衡量"基本解决执行难"。对这一命题,不同的人认识不同,看法各异,执行当事人、人民法院、党政机关、人民群众等不同群体都有各自不同的认识和理解。这些不同的认识和理解,与"执行难"一并诞生,相伴随行,可以称为"思想认识统一难"。笔者认为,这是"执行难"表现中的被执行人难找、执行财产难寻、应执行财产难动、协助执行人难求"四难"之外的"第五难"。在"执行难"的诸多表现中,"思想认识统一难"一直客观存在却被长期忽略,导致人民法院"基本解决执行难"的艰辛和努力难以外化为社会共识,无法动员全社会自觉与人民法院"基本解决执行难"工作合拍共振,更谈不上与人民法院一道齐心协力,共同攻坚,一致到达"基本解决执行难"的成功彼岸。这个"难"不首先加以解决,实现"基本解决执行难"将困难重重。本文将从社会各界对"执行难"的不同认识着手,厘清

---

[*] 重庆市高级人民法院党组成员、执行局局长。

[**] 重庆市石柱土家族自治县人民法院法官助理。

存在这种现象的缘由，并提出执行宣传是解决“执行难”思想认识的重要路径，并深入阐述了如何通过开展“执行宣传”解决“思想认识统一难”。

一、问题提出：“思想认识统一难”——长期被忽视的“执行难”表现

对“执行难”及衡量解决“执行难”的标准认识不统一，是造成“执行难”长期无法根本解决的重要因素。同时，“思想认识统一难”本身也是“执行难”的重要表现，严重阻挠“执行难”问题的解决。但是，“思想认识统一难”长期以来未受到应有的重视，更不用说采取切实措施加以解决。

（一）不同群体对“执行难”的认知混乱

每个人在社会中所扮演的角色不一样，对事物的认识也不一样，这是思想难以统一的根源。法院工作人员认为，由于自身执行不够规范或者被执行人恶意逃避、阻挠执行等因素影响，使应当执行的案件而未被执行到属于“执行难”，否则就不是“执行难”。然而，法院以外的不同的社会群体从不同角度出发，对法院工作，尤其是执行工作的理解看法并不一致，因此，造成了对“执行难”混乱的思想认识。普通公民认为到法院“打官司”既然打赢了，理所当然法院应当将裁判内容兑现，至于如何兑现，不是自己应当的考虑的事情。一旦没有达到他们心中的期望，就认为是“执行难”。政协委员、人大代表认为被执行人逃避执行、阻碍执行，未能将裁判文书兑现就是“执行难”。律师认为法院作为维护公民权利的专门部门，未能做到就属于“执行难”。党委、政府领导认为法院的主要职责是化解矛盾，既然案件进入了法院就应当将其彻底解决，在执行的最后环节仍未解决就属于“执行难”。这些观点都有一个共同的“标签”，即人民法院只要没有将生效法律文书确定的权利义务兑现就属于“执行难”。

（二）“执行难”思想认识统一难反思

通说认为，“执行难”的表现为四难，即被执行人难找、执行财产难寻、应执行财产难动、协助执行人难求。笔者认为，这种关于“执行难”表现的论断是不完整的，忽略了“执行难”的另一个重要表现，即思想认识统一难，它应当是“执行难”的“第五难”，并且这也是最重要且需首先解决的“首难”。这一“难”不解决或解决不好，其余“四难”也不能解决好或者说难以真正的成功。之所以出现“执行难”思想认识统一难，不同群体角色知识认知限制是一部分原因，但更重要的原因在于全社会对“执行难”没有形成符合执行工作规律的统一认知，往往是各说各的，各做各的，自说自

话，人民法院为“解决执行难”的付出难以获得广泛一致认同。

（三）思想认识不统一严重影响解决“执行难”的实现

任何难题的攻克，不找准其根源都无法实现。正是由于不同社会群体对“执行难”认识的混乱，长期难以对“执行难”形成科学、理性、统一的认识，久而久之普遍形成一种误解，认为：“人民法院作为纠纷解决的最终途径，其作出的具有执行内容的生效判决所确定的债权必须予以实现，否则就是‘空调白判’，就是打‘法律白条’。”①虽然，这种观点并不符合客观执行规律，但是长期以来，案件当事人乃至社会公众都把正常的民事风险推到法院，进而转化为“执行难”。由于有些案件客观上是无法执行的，法院无论如何加大执行力度，都不可能达到人们所期望的状态。长此以往，实现广泛认可的“基本解决执行难”将难上加难。因此，就“基本解决执行难”而言，花大力气解决“执行难”及其“基本解决执行难”的“思想认识统一难”也是应有之义，且是应当首先攻克的“第一难”。

二、破解之道：建立符合司法客观规律的“执行难”的认知观

要解决“执行难”，必须首先解决社会不同群体对“执行难”认识统一难的问题，达成对“执行难”及其“基本解决执行难”的共识。而要解决思想认识统一难，关键是要引导不同社会群体从符合司法客观规律的角度理性认识“执行难”。

（一）认识“执行难”必须自觉以司法规律为指引

列宁说：“规律的概念是人对于世界过程的统一和联系、相互依赖和整体性认识的一个阶段。”②“司法规律”作为事物规律的其中之一，第一次出现在2016年最高人民法院院长向全国人大工作报告当中。中国应用法学研究所蒋慧岭所长指出：司法改革必须严格遵循司法规律，体现司法的独立性、职业性、公正性、权威性。③ 由此可见，司法规律是司法哲学上的指导理论。执行工作作为民事诉讼活动的最后一环节，是司法的重要组成部分。“执行难”一直是执行工作中备受关注和争议的热点问题，也是司法工作应当研究的重点问题，其必然属于司法哲学的范畴。因此，认识

---

① 认为“空调白判”“法律白条”，这是“执行难”中当事人思想认识统一难的具体体现，引发的直接结果就是不断的信访。

② ［俄］列宁：《哲学笔记》，中共中央马克思恩格斯列宁斯大林著作编译局译，人民出版社1960年版，第158页。

③ 参见蒋慧岭：《回归司法规律的司法改革》，载《法制日报》2016年3月16日，第9版。

"执行难"应当以符合司法规律为前提，尤其不能违背执行工作自身规律。这种规律即是：大部分案件能执行，但存在少部分案件是客观上不能执行，其属于交易风险、市场风险的范畴，不能归责于法院，更不应属于常说的"执行难"之内涵。

（二）正确区分"执行难"与"执行不能"

从司法规律来看，诉讼活动在严格依法进行的前提下有败、有胜才属正常；从执行工作来说，大部分案件能执行，但存在小部分案件执行不能客观存在。定义"执行难"必须在符合司法规律尤其是符合执行工作自身规律的基础上进行。

从执行工作实际出发，结合最高人民法院《关于落实"用两到三年时间基本解决执行难问题"的工作纲要》确定的"基本解决执行难"总体目标。① 笔者认为，对"执行难"应当从两方面理解：一方面，是指被执行人法制观念淡薄，法律判决生效后，不依法履行法律文书确定的义务，采取软拖、硬顶、躲避，甚至以死相要挟等手段规避执行，抗拒执行、阻挠执行，有能力履行而不履行，导致案件难以执行；另一方面，受执法环境、执行立法不到位因素等影响，执行人员消极执行、拖延执行、选择性执行、乱执行和外界干预执行，使执行案件该走的程序未走，该调查的线索未调查，该处置的财产未处置，该采取强制措施而未采取等，最终导致可以执行的案件未执行。对那些因客观原因不能执行的案件，不应当属于"执行难"，而属于"执行不能"的范畴，解决"执行难"必须要正确区分认识"执行难"与"执行不能"。

（三）共识的形成需要通过宣传广泛传播

明确"执行难"的定义，仅仅是走出了解决"执行难"之思想认识统一难的第一步。如果这种认识无法受到广泛的认可，统一思想认识的目标仍然难以实现。因此，需要寻找一种方式，通过将法院定义的"执行难"广泛传播，让社会不同群体的人都能接受这种信息，进而认可这种观点，最后形成对"执行难"统一的思想认识。通过会议上传下达，通过人与人之间的自然传播等，是可选的方式，但是这些方式的受知面都十分狭窄，无法达到预期目标效果。随着现代社会科技的迅猛发展，媒体作为信息传播的重要载体，并且伴随着新兴媒体的出现，这些载体越来越多，越来越重要。因此，要想改变社会大多数人对"执行难"固有的认识，塑造起新的统一的思想

---

① 最高人民法院《关于落实"用两到三年时间基本解决执行难问题"的工作纲要》提出，"基本解决执行难"的四个总体目标：被执行人规避执行、抗拒执行和外界干预执行现象基本得到遏制；人民法院消极执行、选择性执行、乱执行的情形基本消除；无财产可供执行案件终结本次执行的程序标准和实质标准把握不严、恢复执行等相关配套机制应用不畅的问题基本解决；有财产可供执行案件在法定期限内基本执行完毕。

认识，必须通过宣传工作的开展，在用好、用活这些传播载体的同时，不断探索新的传播方式，来实现引导社会客观评价执行工作，正确认识“执行难”，理性对待“执行不能”的目的，这就是执行宣传。

三、应然抉择：运用执行宣传统一“执行难”认知

执行工作因其对被执行人的强制性及“执行难”对申请执行人的司法负累而常陷入困境。[①] 面对困境，法院要不断规范自身的执行行为，加大执行工作力度，优化执行措施，将真正的“执行难”问题解决，即将能执行的案件快速高效执行兑现；还要尽一切努力让社会对“执行不能”的案件形成理性认识，尊重法院，理解法院。执行宣传就是对“执行难”的思想认识统一的应然选择，对这部分“执行不能”的案件，也只能靠执行宣传来获得执行申请人和社会的理解。

（一）执行宣传价值属性由双重性质决定

“宣传”普遍定义为一种专门为了特定议题，运用各种符号传播一定的观念以影响人们的思想和行动的社会行为。执行宣传对于“基本解决执行难”尤为重要，其价值作用应当区分于一般司法宣传，其不仅是展示执行工作，而且要通过执行宣传解决“执行不能”的问题。执行宣传的价值属性应从两方面理解：其一，通过执行宣传工作充分展示执行工作成效，同时通过宣传为执行培养良好的社会舆论氛围，引导达成尊重执行、理解执行、协助执行的社会共识。其二，执行宣传工作本身就是执行工作的重要组成部分。司法宣传是人民法院群众工作的重要组成部分，是沟通联络民意的重要平台。[②] 执行宣传也是沟通联络民意的重要平台。客观上有相当比例的案件不能执行兑现，这部分案件只能依靠执行宣传来让当事人理解、信服。正是因为执行宣传工作这样的价值属性，决定了对“执行难”思想认识的统一必须要通过执行宣传进行。

（二）执行宣传是执行公开的重要内容

孟德斯鸠说过：“一切有权力的人都容易滥用权力，这是万古不易的一条经验。”不受制约的权力极易产生腐败。执行公开是规范执行行为，防止腐败滋生的有效手

---

① 参见杨攀：《“基本解决执行难”背景下执行宣传工作价值解析》，载重庆法院网：http://cqfy.chinacourt.org/article/detail/2016/12/id/2366935.shtml，最后访问日期：2018 年 2 月 16 日。

② 参见关升英、郑红军、闫继勇等：《大数据背景下法院宣传工作探析》，载《山东审判》2015 年第 31 卷总第 226 期。

段，也是让人民群众近距离接触执行工作，了解法院执行的手段。执行宣传则是执行公开的重要方式。马克思在《“新莱茵报”审判案——马克思的发言》一文中讲道：“报刊按其使命来说，是社会的捍卫者，是针对当权者的孜孜不倦的揭露者，是无处不在的耳目，是热情维护自己自由的人民精神的千呼万应的喉舌。”①只有通过电视媒体、纸质报刊等载体将执行工作充分展示出来，加大执行宣传，才能进一步深化执行公开，强化舆论监督力度，实现“阳光执行”，让社会真正认识执行，才能引导人民群众真正认识“执行难”，进而接受法院宣传的内容，逐步统一对“执行难”的思想认识。

（三）执行宣传是赢得支持的内在要求

破解执行难题非一朝一夕之事，需要社会各界、各部门及人民群众的长期支持。如何让社会准确解读“执行难”，从而支持人民法院的执行工作，要先通过加强对“执行难”的理性认识的宣传，让社会更多地了解执行工作，让社会公众认识到，被执行人无财产可供执行、丧失履行能力的案件虽然在形式上表现为生效法律文书确定的权利义务未能最终实现，但其本质上属于当事人应当自己承担的商业风险、交易风险或法律风险，不属于应由人民法院解决的“执行难”。只有了解才谈得上理解，只有理解才谈得上支持。由此，执行宣传已经成为执行工作赢得社会支持、树立执行权威、提升人民群众对执行工作的满意度、增强司法公信力的内在要求。② 因此，破解“执行难”思想认识统一难，执行宣传将是一件重要“法宝”。

四、策略思考：执行宣传破解“执行难”思想认识统一难的路径

如何才能通过执行宣传让“执行难”的真正内涵被社会不同群体所接受，破解“思想认识统一难”，看似容易，但真正去实施，必须要找准定位、认真谋划，否则就会陷入粗糙简单的执行宣传模式。

（一）必须消除一般新闻宣传的误区

1. 要消除为执行“涂脂抹粉”的误区。随着新闻宣传的不断发展和竞争，越来越多从事宣传工作的人员，认为宣传就是对工作的“粉饰”，但这种思维是不对的。从

---

① 《马克思恩格斯全集》（第6卷），人民出版社2016年版，第275页。

② 参见唐学兵：《执行宣传是破解执行难的重要手段》，载《人民法院报》2016年8月12日，第2版。

事执行宣传的人员，要树立起一种基本意识，即执行宣传应当是基于客观存在的事实，加以整理后以广受欢迎的形式向外推广；它的根本目的在于让社会了解执行工作，真正认识执行工作，认清什么是“执行难”，学会区分什么是“执行不能”，从而支持执行、协助执行、理性对待执行。

2. 要消除简单传达执行工作的误区。执行宣传并非仅仅为了向社会展示我们的工作成绩，这只是其基本职能，必须树立起执行宣传是为了统一社会对“执行难”的思想认识，引导区分“执行难”与“执行不能”，实现社会对执行不能案件的理解和支持。

3. 要消除“报喜不报忧”的误区。任何工作，取得成绩的同时必然也将面临各种困难，执行也是如此。在展示执行工作成绩的同时，也要真实地将执行的困难向群众展示，如此才能让社会公众进一步真正认识“执行难”，更便于思想认识的统一。若一味“报喜不报忧”，不仅会给人一种不真实的感觉，更会让人觉得“执行如此容易，‘执行难’就是法院不作为”的误解。

（二）建立一支素质过硬的宣传队伍

任何工作的成败关键在于人，新闻宣传工作的效果与从事宣传的人员素质密切相关。执行宣传与一般新闻宣传相比虽然有一定的特殊性，因为执行宣传除了展示工作成绩外，还肩负着引导社会正确认识“执行难”，理性对待“执行不能”的重任，但也正因如此，对从事执行宣传工作的人员素质要求更高。回看现下执行队伍人员素质的现状，因执行工作对人员处理具体案件、化解现实矛盾的素质要求高，对文字材料的撰写没有受到应有的重视，这就造成了法院执行条线的人员在文字材料、调研、信息稿件的整理相对较弱的现状。鉴于此，为了用好执行宣传这一利器，以达到破除思想统一的目标，一方面，可以从其他部门抽调综合素质好、文字功底过硬的人员充实到执行宣传队伍；另一方面，可以在法院执行条线挖掘一批基础较好的人员，并加强执行宣传能力培养，以专兼结合的方式组建执行宣传团队承担执行宣传工作。

（三）在宣传的内容形式上多作思考

1. 要考虑能否为群众所接受。新闻宣传成功的关键在于大众的认可和喜欢，可见宣传工作不是为少数人服务，也不是自娱自乐，其根本在于外部大众的认可。执行宣传亦是如此，要扩大宣传影响范围，让更多的社会群众认可，从而实现统一思想认识的预期效果，最基础的一点就是执行宣传的内容形式本身要被群众所接受。

2. 内容上要突出执行宣传的主题。执行宣传工作开展，任何时候不能忽略宣传的初衷，所有的执行宣传报道都不能超脱“客观展示工作成绩与困难，引导社会正确认识‘执行难’，理性对待‘执行不能’”的宣传主题，并且内容上对主题思想要明确突出，以求思想认识上实现统一。切忌将毫无新颖、主题混论、记载流水工作的报道向外推送。同时在报道内容的质量上，必须严格把关，不仅要主题明确，而且要力争产出精品，最重要的是不能偏移宣传方向，防止造成负面影响。

3. 形式上要多样结合。执行宣传要实现群众认可，统一“执行难”思想认识的目标，宣传形式的选择不可谓不重要。宣传形式太单调，内容太乏味，无法引起受宣对象的关注和兴趣。因此，最好是与人民群众喜闻乐见、便于接受的宣传形式相结合，要将内部宣传和外部宣传相结合。既通过新闻媒体加强对外的宣传，也在法院内通过专报、简报、信息等方式加强内部宣传。要将传统宣传和新媒体宣传相结合。在加强与传统媒体合作，充分利用电视、广播、报刊等宣传载体，占据传统宣传工作主要阵地的同时，强化在网络、微信、微博、手机报等新兴媒体上的宣传。要将常规宣传和特色宣传相结合。在坚持以新闻报道、文章发表、案例剖析、工作专报等方式做好常规宣传的同时，充分发挥主观能动，多思考、多组织能够吸引群众关注的特色宣传活动，如歌舞、公益广告、重大集中宣传活动等。要将新闻宣传和影视宣传相结合。在通过电视新闻、纸质报刊、网络、微信、微博强化新闻宣传的同时，充分抓住影视宣传的生动性特点，多拍摄微电视、多制作宣传动画、多制作执行纪录片等。

（四）要调动社会各界全面充分参与

破解“执行难”是一项系统工程，非法院就可以完成的工作，需要全社会各行各业共同参与，形成齐抓共管的大格局。最高人民法院周强院长在贯彻落实全面深化司法体制改革推进会精神专题视频会上强调，“要继续完善综合治理执行难工作格局，主动加强与有关职能部门的沟通联系，形成齐抓共管的长效机制和工作合力”。因此，开展执行宣传不能仅仅局限于法院内部，要积极争取全社会各行各业的支持和参与，只有各个执行联动单位、党委、政府、政协委员、人大代表、律师、一般群众、当事人等全社会各行各业的代表都参与到执行宣传中，执行宣传的效果才能更好，也只有通过如此才能将社会不同群体对“执行难”的思想认识统一起来，才能赢得社会对“执行难”的理解和支持。

结　语

“执行难”一直是社会关注的热点问题，也是困扰人民法院工作的突出问题之一。解决“执行难”既是人民群众的热切期盼，也是法院工作的时代必需。对“执行难”思想认识统一难，是“执行难”的重要表现之一，因为思想问题不能解决，其他“难”的解决就难以实现。“一张报纸抵得上三千毛瑟枪”，虽说当下的执行宣传工作尚未完全实现对“执行难”思想认识的统一，但不可否认执行宣传是破解“思想认识统一难的重要路径”，绝不能忽视了执行宣传的巨大作用。只有看清问题的关键，准确定位，将执行宣传抓实、做好、用活，才能向“基本解决执行难”目标不断靠近。

执行权“深化内分”的理论正当性和实践合理性

——以“审执分离”为核心的路径设计

苏　福*

当下,有的学者通过论证执行权属于司法权、行政权或者其他权力,得出执行权应当在法院内部“深化内分”或者从法院分离出去的结论。这值得商榷。权力配置是一项非常复杂的系统工程,绝非单纯的理论命题,也非纯粹的逻辑推理。它既需充分的理论证成,更需反复考量可行性、改革成本、历史传承等诸因素,“谋定而后动”,绝不能仅依据对执行权属性的抽象分析就配置权力。基于该逻辑路径,笔者认为,执行权应当在法院内部与审判权彻底分离。

一、执行权“深化内分”的理论正当性

执行权属于司法权,是与审判权并列、性质不同的司法权。

(一)执行权属于司法权——执行权由法院行使的逻辑起点

首先,审判权、执行权等权力共同构成完整的司法权。司法权以解决具体的社会矛盾纠纷为己任,存在的意义不仅

---

* 西南政法大学行政法学院宪法学与行政法学博士研究生,重庆市高级人民法院执行局裁决处处长,三级高级法官。

在于将法律适用于具体的矛盾纠纷，确认寻求解决纠纷当事人的权利义务，还在于在当事人不自觉履行义务的情况下，使用公权力强制实现胜诉权利，使因矛盾纠纷破坏的社会秩序得以恢复。因此，司法权应当包括从提起诉求、到作出裁判、再到强制执行的整个矛盾纠纷化解链条，不仅指裁判权、还包括执行权，具有完整性、终局性。否则，司法化解矛盾纠纷的任务就无法完成。其次，司法权包含执行权是司法权不断丰富的结果。在国家成立之初，所有权力都集中在最高统治者手中。随着国家事务的不断增多，国家权力进行分工，逐渐被划分为“立法权”和政治学说史意义上的“执行权”。最后，“执行权”被分离成了“司法”与“行政”两项相对独立的权力，形成现代意义上的立法、行政、司法等权力。基于历史的局限和研究的视角，司法权被西方经典作家解读成判断性权力即审判权，司法权中的执行权能处于被遗忘的状态。但是，随着经济社会不断发展变化，执行问题日益受到重视，司法权的内容也从审判权能拓展到司法立法、司法行政、司法执行等领域，司法立法权如违宪审查权、司法解释权，司法行政权如某些国外法院对非诉社会事务的管理权。因此，从权力变迁视角论，执行权是从司法权内部派生的实现生效法律文书确定的权利的权力，已成司法权的重要组成部分。执行权由法院行使具有坚实的理论基础。

（二）执行权不同于审判权——“深化内分”的必要性

审判的功能在于确认、宣告双方权利义务关系，其任务是通过既定的程序产生明确具体的权利义务结果，它追求的目标是程序和结果的正义性；执行的功能在于实现已被确定的权利义务，以迅速、不折不扣地实现已经被宣告的权利为追求目标，其要义是及时实现权利者的合法利益，进而将维护法律的权威和社会的秩序“落地生根”。执行与审判不仅是诉讼活动先后进行的不同环节，而且他们各自要完成的任务和追求的目标也不一样。同理，审判权与执行权不仅具有时间上的分界，而且他们在功能以及价值取向上也有明显的不同。与以被动性、中间性、超脱性等为特征的审判行为相比，执行行为更具主动性、单方性、强制性等特征。因此，执行权有其与审判权不同的运行规律，与审判权存在本质区别。两者是性质完全不同的权力，应当在法院内部彻底分开，由不同机构按照各自的规律行使。

二、执行权外分——并非明智的改革路径选择

执行权外分，只能是执行实施权从法院分离，涉执审判权仍应留在法院。这是共识，也是常识。但是，如果将执行实施权从法院分离，不仅难有理论支持，实践中

也行不通。

（一）执行权外分缺乏理论正当性

判断一种权力是否属于另一种权力，不能仅凭行为特征是否相似，关键要看内在属性是否具兼容。现代行政权分为具有立法性质的行政立法权、司法性质的行政司法权、执行性质的行政执法权。执行实施权与行政执法权确有“形似”之处，如地位相似，都是执行性权力；行为特征相似，都具有主动性、单方性和强制性等。但是，两者的内在属性完全不同，无法兼容。一是目的不同，行使行政执法权是进行公共管理、维护公共秩序，行使执行实施权是实现债权人权利、保护私权；二是依据不同，执行实施权是直接依据是生效法律文书“照章办事”，行政执法权是依据法律、法规、规章和行政政策，针对特定事项查清事实并依法处理；三是程序要求不同，行使执行实施权必须以严格的法定程序为限，行使行政执法权基于推动经济发展、有效管控社会、改进公共服务等需要便宜行事；四是可诉性不同，同样是对权力的行使不服，不能对执行实施权提起诉讼，但对行政执法权可提起行政诉讼；五是稳定性不同，行政执法权的行使可以根据对象不同、时代变迁而相应变化，但执行实施权必须保持强制性、单方性、主动性，否则就不能称其为执行权。故而，执行实施权不属于行政权，交由行政部门行使缺乏应有理论支撑。

（二）执行实施权“外分”不能更好地破解执行难题

持“应当将执行权从法院分离出去、交由行政部门行使”的论者，除了认为执行实施权属于行政权以外，还认为受自身职能所限，法院缺乏推动执行应有的权威和资源调动力，以致“执行难”长期无法解决，存在“既然法院不行，换换部门也许就行”的思维。持这种观点者除了对我国法治发展现状认识不到位、将执行权行使不规范混淆于体制机制的弊端外，还在于对执行情况了解不细致，对执行规律研究不深入。一般而言，“执行难”包括无财产可供执行的“难”和有财产但未执行“难”。无财产可供执行的“难”属于客观执行不能的范畴，占整个执行案件的40%左右，无论由谁行使执行实施权都无法解决。对于有财产但未执行的“难”，持“执行权应当从法院分离出去”论者还认为，行政部门如公安机关可运用的强制手段更多，“执行难”问题可以迎刃而解。这是不切实际的。首先，公安机关强制手段固然较多，但其权力行使在民事纠纷领域也是受到严格限制的。加之，有财产但未执行的“难”难在“有财产但难以发现”。然而，当前“查找财产难”的根本原因在于我国公民财产登记制度不健全，依靠现有手段无法找全被执行人的财产。这个问题不解决，公安机关也照样“财产难找”，更遑论其他行政部门。至于在执行中因地方保护主义、部门保护主义等导致的“查控财产难动”等问题，如果依法办事、依法行政未成自觉行为，由于行政部门从属于政府，相比超脱性较强的法院，面对当地借信访维稳、保障民生等名义的不当干扰，更难说“不”。故而，将执行实施权交给给行政部门行使，并不优于继续留在法院，甚至可能更差。

（三）执行实施权与涉执审判权相互交织的特性不宜跨系统配置执行权

依法高效、成本最低是执行权的永恒追求。与行政执法权可以按照作出执法决定、实施执法决定“两分法”进行准确界分、分阶段实施不同的是，在执行权的行使过程中，实施权与审判权相互交织、相互转移，无法准确界定运行次序、行使阶段。首先，每个执行流程节点，每个执行实施行为，都可能被当事人提出异议。换言之，只要执行实施权一行使，就可能伴生涉执审判权的行使，并贯穿于案件执行全过程。其次，执行实施还存在该不该执行、采取何种方式执行等重大复杂事项的判断，也属需要法官裁断的范畴；涉执审判既有行为不当引起的纯程序性救济，还有因实体权利受损引发的实体性救济，程序性救济与实体性救济也交织在一起的，非常纷繁复杂。如果将执行实施权从人民法院分离出去，必然出现当事人在执行过程中来回奔波于法院与行政机关之间，且出现法院“只管判不管执”“行政部门执得了就执、执行不了就停”的局面，较全部配置于法院系统，将极大增加执行成本，大幅降低执行效率、明显减弱执行效果。

越南等国执行权外分改革失败的教训就证实了这一点。如果执行实施权留在法院系统，通过建立有效的审执协调机制，可以有效地解决这一问题。

综上所述，将执行实施权从法院分离出去，不仅不具有理论的正当性，在实践中还面临“分离出去不能破解执行难题，执行成本更高、效率更低、效果更差”的风险，必要性不大，更宜在法院内部优化。

三、“审执分离”的改革实践为“深化内分”提供了优良传承

中华人民共和国成立以来，尤其是改革开放开始以来，随着对执行规律认识和研究的不断深入，我国执行经历了逐步“审执分离”的改革历程。首先，执行机构分离。由审判庭室设立执行员到将执行员从审判庭室独立出来设立专门的执行庭，再到升格执行庭成立执行局，在执行局内设立与审判部门平级的各职能部门的变迁历程，逐步建立了高级人民法院对执行工作的“三统一管理”的执行体制机制，推进执

行权纵向上的垂直管理。当前有的法院尝试深化“审执分离”,成立了专门的涉执审判庭,跨区域建立执行实施机构等。其次,职能逐步分化。逐步发现和强调执行权行使的“独特性质”,将审判人员与执行人员、审判部门与执行部门,按属性分类管理,不同属性的人员去做不同要求的工作。要求最高人民法院加强对地方法院、上级法院对下级法院的管理、协调和统筹,凸显执行权的行政性特征。最后,开展以听代审的程序改造。我国《民事诉讼法》对执行程序参与人的救济程序作了较大补充,规定执行听证程序强化对执行当事人权利的救济,以执行程序的效率化行使审判权的部分内容。

客观地说,推进“审执分离”的改革是成功的,是在遵循执行规律的基础上前行的,应当继续沿着该道路前进,不宜抛弃既有传统、另起炉灶。

四、实现“深化内分”的制度设计

在法院系统内部,将执行机构从现行法院系统中独立出来,组建跨现行审判管辖区域、充分体现执行规律的执行实施机构。

(一)组建涉执审判机构

在各级法院内部建立涉执行审判机构,负责处理执行中产生涉及实体权利义务纠纷,审理涉执诉讼案件。各法院根据其案件和事务的数量多寡、任务轻重可设立专门的执行审判庭,也可由审判监督庭兼理,或者在现有审判业务庭中确定专门的审判工作团队办理这些事务。

(二)建立专门执行实施机构

在现行“审执分离”的基础上更进一步,将执行实施权从各法院中剥离出来,设置与现行法院系统相对独立的执行机构,负责行使执行实施权。根据案件数量、地域大小、执行成本等因素,建立跨审判辖区的专门化的执行系统。初步设想是,改造最高人民法院执行局,使其更加符合司法执行规律,强化其行政属性,负责管理、监督、协调全国执行工作;在高级法院下设立相对独立的执行局,在业务上接受所在省、自治区、直辖市高级人民法院的指导,人、财、物由最高人民法院统筹和保障。在执行局下,在中级人民法院层面,本着执行工作需要、案件数量与管辖区域相一致、与司法管辖区相分离的原则,参照行政管理体制,设置若干执行分局。在执行分局内,根据辖区案件数量多寡、执行工作难易,可再设立若干执行分支机构。最高人民法院执行局对地方执行局、上级执行局对下级执行局、执行局与执行分支机构之间参照行政管理模式进行管理。上级执行局对下级执行局具有管理权、复议权和监督权。

(三)明晰执行机构内部职责分工

按照专业化要求确定执行局内部分工。在各级执行局成立和强化执行指挥中心,统筹承担执行指挥、沟通协调、综合后勤、辅助事务办理等执行案件办理以外的所有工作。除此之外,组建由4~7名工作人员组成的若干司法执行团队。每个司法执行团队由四部分人员组成:一是执行法官,管理所在执行工作团队,负责指挥本团队内全部案件的执行,决定案件执行工作的重大事项,裁决本团队办理案件中涉及的矛盾纠纷;二是法官助理(执行员),根据执行法官的指令,采取执行措施和其他执行工作;三是司法警察,为执行工作团队开展工作,采取强制措施提供警务保障,保证团队执行公务安全,制止干扰和破坏执行的行为,排除司法执行障碍;四是辅助人员(含书记员),根据执行法官和执行实施人员的要求,从事辅助执行、现场记录、文书整理等工作。上级执行局因行使对下级执行局的管理权、复议权和监督权,执行法官和辅助人员占团队总人数的比例可高于下级执行局。出于促进司法资源节约、快速实现执行目的、降低权力运行成本等因素考量,与行使执行实施权相关的事务性工作,既可以由执行局行使,也可以交由社会专业机构、当事人及其代理人行使。

限制与平衡：违法执行行为救济制度的修正与建构

朱文林[*]　龚道伟[**]

引　论

执行制度作为民事诉讼制度体系中的重要环节，其处于以公权为基础的国家纠纷解决机制的最终端，直接关涉当事人权利能否兑现、人民法院的地位能否受到尊重、法律的权威与效力能否彰显等问题，其意义不可谓不重大。与略显内敛与保守的审判行为相比，执行行为的强制性更突出，其外溢效应更明显。近年来，各地法院已就执行行为的规范、违法执行行为的矫正与救济等事项进行了卓有成效的探索，但是“违法执行行为的矫正以及如何在弥补权利人的损失与维护执行权的正当行使之间保持平衡”，仍然长期困扰着学术界和实务界。调研表明，规范性程度相对较高的国家赔偿制度，已成为权利人选择的首要甚至是唯一的救济方式。由此引发的担忧在于，隐含了后续追责机制的国家赔偿制度在一定程度上压抑了执行权力的行使，即在事实上加剧了执行权力的行使与当事人权利保护之间的内在紧张关系。与此同时，国家赔偿制度的激活在事实上会架空现有的其他救济制度。因此，本文着眼于

* 重庆市第一中级人民法院执行局局长，二级高级法官。

** 重庆市第一中级人民法院执行局法官助理。

厘清现有违法执行行为救济制度的弊端,希望通过制度修正以消弭现有制度之间的罅隙,借此在违法行为的修正与当事人权利的弥补之间取得平衡。

一、实务之困:执行违法行为救济的实务考察

近年来,各级法院对执行行为的规范和监督进一步加强,重大、明显的违法执行行为并不多见,[①]与此对应,因违法执行行为而引发的国家赔偿案件也较为罕见。以笔者所在的中级人民法院为例,从 2005 年至今,因违法执行行为引发的国家赔偿案件数为 3 件,约占同期国家赔偿案件的 5% (见图 1)。

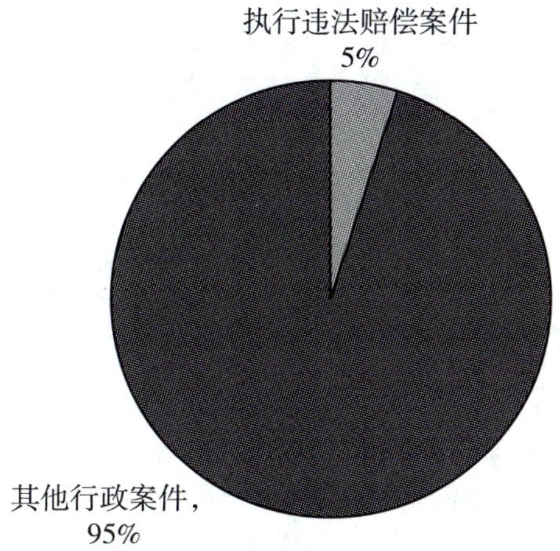

图 1 执行违法行为国家赔偿案占国家赔偿案件的比重

上述情况也从侧面折射出当前执行权力的行使相对规范的实务状况,但是从重庆市第一中级人民法院辖区内仅有的 3 件案例为样本进行分析,则反映了违法执行行为救济制度(尤其是违法执行行为国家赔偿机制)的混乱和缺陷,这在一定程度上制约了对权利人合法权益的弥补,也给执行权力的行使带来了负面影响,由此凸显研究的价值(见表 1)。

① 一些轻微的违法或者不当行为仍然存在,但是通过执行异议、恢复执行等方式能够得到有效的处理。

表1　某中院违法执行行为申请国家赔偿的案例

序号	案情简介	路径选择与困境
案例一	申请执行人曾某,被执行人李某。 曾某因与李某合伙纠纷向某法院起诉,双方在二审中经法院主持达成调解,确认由李某分两次向曾某支付40万元。后李某未履行该调解书,曾某于2001年向法院申请执行。执行法院先后两次分别查封了李某的住房和车库。2008年前述车库采取拍卖措施流标后,法院征得曾某代理人的同意,由被执行人自行变卖所得款项用于归还曾某。双方经对账,确认李某尚欠曾某9.5万元。李某于当日支付了6万元,余款3.5万元于同月30日付清。2008年6月执行法院以双方自愿达成和解且已履行完毕为由,解除了对前述财产的查封。2008年7月李某分两次将已解封之财产转移至其前妻名下	路径:因李某下落不明且无其他财产,曾某以其未放弃迟延履行期间债务利息法院却不予执行为由申请国家赔偿。 困境:现有制度下,无法适用执行回转(向其前妻追偿)制度填补申请人损失
案例二	申请执行人李某,被执行人某建筑公司。 李某因建筑工程施工合同纠纷向某法院起诉某建司,并请求对某建司的房屋(含预期的拆迁款)采取保全措施。法院裁定查封、冻结了某建司价值150万元的财产,并送达了房管所和拟拆迁该房屋的工程指挥部。法院判决后李某申请执行,执行中查明前述房屋已被拆迁,执行法院向负责拆迁的指挥部送达了《履行到期债务通知》,指挥部提出异议表示无此债权。法院裁定对异议不审查,并以无财产可供执行为由,裁定终结本次执行程序。另查明,保全房屋的名义拆迁主体为某市政公司,但该公司无拆迁许可、资金及拆迁补偿方案。拆迁金额的确认以及支付由指挥部与某城建局共同实施	路径:李某以执行法院对诉讼保全的财产拖延执行、不依法采取执行措施导致保全财产流失,造成其重大经济损失为由申请国家赔偿。 困境:对无明显重大违法情形的执行行为能否申请赔偿尚存争议
案例三	被执行人(申请人)某实业公司。 某实业公司将其所有的房产出卖给某旅游公司,但未办理产权过户登记手续,且未付清房款,同时约定由某实业公司在某旅游公司和某市政公司向某银行申请贷款时以前述房屋提供担保。其后,在某银行与某旅游公司借款合同纠纷案以及某银行与某市政公司借款合同纠纷案两案中,某实业公司均因以前述房产提供担保而承担了责任。执行法院在执行中,对某实业公司的房地产进行拍卖,分别由买受人陈某和贺某购得,并办理了过户登记手续。因前述房产此前已出租给某电器公司使用,买受人陈某和贺某遂要求收取相应的租金,执行法院分别通知承租人应停止向某实业公司支付租金,并将相应租金支付给买受人	路径:被执行人以执行错误并造成损害为由,申请国家赔偿。 困境:违法执行行为的认定以及是否可以国家赔偿之外的方式获得救济尚有疑义

二、失衡：违法执行行为及其救济的运行态势

从违法执行行为的特征及矫正的视角进行观察，上述案例提供了难得的切入口。

违法执行行为在司法实务中呈现以下特点：第一，执行案件的违法行为虽然在实务中并不多见，但仍然存在一定数量。① 第二，执行中违法行为表现形式多样，从违法行为的种类看，比较明显的几类违法行为包括：未及时追加被执行人导致财产流失的、未穷尽所有的查控手段导致财产流失的、对查控物品保管不善导致财产受损的、对迟延履行利息等性质认识不足导致在当事人未申请时不予执行或者在当事人未明确放弃的情况下终结执行的、应当予以恢复执行但拖延或者不恢复执行导致财产流失的、未及时查控导致财产流失、不该解除的予以解除查控或者是应该解除查控措施的而不予解除等；从违法行为的方式来看，主要是以积极作为导致损害为主，而消极不作为占有的比例较低；从违法行为侵害的权益看，大部分是对财产权益造成的损害，对人身权益造成损害的情况相对较少；被执行人以及利害关系人更易成为执行违法行为的侵犯对象，而对申请人利益的侵害主要限于对查控财产到期未予控制和迟延履行金不予执行两种情形。第三，规避执行的手段日趋复杂增加了执行权力失范的风险。社会变迁和信息技术的发展不仅使财产的种类和形态发生了显著变化，而且也给被执行人、利害关系人采取各种手段规避执行提供了便利，从而增加了执行的难度。具体体现在以下两个方面：一方面，经济和技术尤其是信息技术的发展，使财产的种类、持有、使用、交易和支付等，②均发生了显著变化。上述变化的趋势导致市场交易呈现出虚拟化、无纸化的特征，财产占有和转移的隐蔽性、机动性增强，对财产的控制和处置带来了挑战。另外，市场的扩大和自由化也促使财产作为生产和生活要素在全国甚至在更大范围内流动、布局，而强制执行手段单一、方式落后、覆盖范围狭窄，已无法适应这一趋势。另一方面，当事人通过设置租赁提前收取租金、设定抵押、低价转让、虚假转让、虚假诉讼等方式来阻碍执行、规避执行。前述规避执行的行为，设置的程序

---

① 司法统计中鲜有执行违法行为的资料，主要有三个方面的原因：第一，一些轻微的、隐晦的执行违法、不当行为未造成损害，并得到了修正；第二，通过其他消除了执行行为的违法性，统计系统无法反映出来；第三，执行行为的规范程度上升。

② 譬如，网络银行、手机银行的普及，增加了财产查控的难度。

和条件复杂,而且多重法律关系交织,给人民法院的反规避行为增添了难度,在执行中极易导致拟查控财产的流失,上述案例二即显示了此种态势;此外,从执行人员的专业素养和主观态度这个维度观察,执行人员对当事人的细微权利重视不够,行为呈现出粗放化的特点、精细化程度的态势,应对突发事件和防范风险的能力相对缺乏。这既有专业素养不高的问题,也有责任心和理念方面的问题。如上述案例一所展示的情势,执行人员对迟延履行金的性质以及行使方式等基本法理认识不足,同时对当事人放弃权利的有效方式未引起重视,导致出现损害申请人合法权益的情形。

随之而来,关于对违法执行行为的矫正以及对受损权益的救济,在实务中大致呈现以下特点:首先,与上述结论一致,从救济程序的启动主体来看,总体而言,被执行人更多地作为权益受损者而启动救济程序,不过上述案例一也表明申请人也极易因权力受损而成为申请方;其次,从权利人选择的救济途径来看,执行违法行为的救济途径狭窄、单一,国家赔偿通常成为唯一的选择;最后,国家赔偿制度与执行监督、恢复或者继续执行、执行异议等制度之间界限模糊,缺少转换衔接机制。

三、审视:违法执行行为救济途径单一的原因和弊端剖析

可以预见的是,随着执行案件的日趋多样化和复杂化,人民法院在实施执行权的过程中遭遇的挑战也日渐增多,违法执行行为的发生难以避免。上述分析表明,国家赔偿已成为执行程序中当事人首选的(甚至是唯一的)救济措施,其他救济制度在一定程度上被国家赔偿制度架空,此种态势在实务中表现得尤为彻底。

当事人选择何种途径来获取救济,很大程度上依赖该救济途径的便利程度以及当事人对现存途径权衡利害后的满足程度。“当事者的满足可以独立于解决的内容,至少是部分地依存于导致解决的程序形式或程序过程本身。所以,某种解决过程给予当事者的满足程度及其有效性,是与当事者是否承认这种纠纷解决样式的正当性紧密相关的。”①救济渠道单一、狭窄的原因何在?这是下文拟考察的重点。

(一)原因分析

1. 理念偏差

在不惜一切代价维护稳定的政治语境下,有的公权机关存在一种认知偏差,即

---

① [日]棚濑孝雄:《纠纷的解决与审判制度》,王亚新译,中国政法大学出版社2004年版,第29页。

对稳定这一政治价值的追求和重视,通常被有的公权机关简单地理解为通过金钱的给付以求“息事宁人”“案结事了”。此种价值偏差会掩盖纠纷的本源(甚至在某种程度上消弭对真相和责任的追查),并在一定程度上损害规范的权威,进而冲击社会的正统体系。这一倾向在执行违法行为的矫正过程中也体现得淋漓尽致。由于效率这一价值在执行权中占有极其重要的位阶,而效率的实现又极大地依赖执行权力的强制性和积极性,循此逻辑产生的结果,执行行为的强制性和主动性越强烈,被执行人相应地抵触、反抗、规避行为也越发强烈。而对于信访制度以及由此形成的考核机制的熟稔,加之获得“法外利益”先例的暗示与鼓动,使部分当事人更直接、充分地利用国家赔偿制度来获得救济,而对于稳定的重视,也使有的人民法院宁愿通过此种方式来解决问题。在此语境下,通过国家赔偿求得纠纷的最终解决似已成为各方共识,当事人和法院似乎达成了某种默契。上述3个案例均反映出这一特点。

2. 制度阙如

造成当前态势的另外一个因素则需要从制度层面和执行权的特殊属性予以剖析。“执行机关无权判断应执行的权利存在与否……由于执行机关不对执行债权进行实体审查,于是难免会产生不当的强制执行。为此强制执行程序中设置了各种申请异议与异议诉讼程序。”①梳理执行程序中现有的救济制度,主要包括执行异议(违法行为异议和案外人异议)、执行回转、执行监督以及国家赔偿(非刑事司法赔偿)4种制度。② 除此之外,尚无其他专门针对执行违法行为的制度安排。前述4种制度针对的情形以及产生的后果又各不相同。具体而言,执行异议制度通常包括违法行为异议和案外人异议两种异议制度,③即权利人对执行行为或者执行标的有异议时,向法院提出停止、变更或撤销执行的请求,其产生的法律后果主要是停止某一种类执行行为,侧重于对违法执行行为的修正,而对当事人权益造成的损害尚无对应措施。执行回转是指在案件执行完毕后,因据以执行的法律文书被依法撤销,由执行人员采取措施,强制一方当事人将执行所得到的利益退还给原来被执行人,恢

---

① [日]中村英郎:《新民事诉讼法讲义》,陈刚、林剑锋、郭美松译,法律出版社2001年版,第9页。

② 我国《国家赔偿法》确立了行政赔偿和刑事赔偿制度。对于执行违法行为的赔偿,则主要由最高人民法院《关于审理人民法院国家赔偿确认案件若干问题的规定(试行)》予以调整,实务界通常将执行违法行为引发的赔偿称为非刑事司法赔偿。

③ 参见我国《民事诉讼法》第202条、第204条。

复到执行程序开始前的一种制度。① 该制度侧重于对错误执行的弥补，遵循的是“当事人—当事人”的逻辑进路，其隐含的前提在于需具备执行回转的条件（“不当得利”之当事人尚有财产可供回转），否则将产生国家赔偿责任。执行监督从严格意义上讲，很难称其为规范意义层面的执行救济制度，它涵摄范围广泛，主要指公安机关、检察机关（当然也包括其他团体、单位、公民以及法院内部的廉政监察机构）对查控、处置等执行行为进行督促并通过抗诉、复议等方式向人民法院提出，并希望纠正不当、错误或者违法的执行行为，但其仍然着眼于行为的纠正，而非损害的弥补。② 制度的缺失还体现在，各种制度之间的界限不明、且相互转化缺少衔接机制。譬如，若某一执行违法行为尚能通过执行回转获得修正，但该案之前已结案，而根据现有的制度安排，则因该案已结案而导致难以恢复执行，此时国家赔偿则成为唯一的路径。凡此种种，说明制度之间的隔阂阻止了实现其他救济方式的可能。现有的几种救济制度的适用范围以及优劣（见表2）。

表2　现有执行救济制度比较

<table>
<tr><th>救济制度</th><th>适用范围</th><th>适用程序</th><th>利弊分析</th></tr>
<tr><td rowspan="2">执行异议</td><td>(1)对违法行为的异议：③当事人或利害关系人认为执行行为违法的，可书面异议</td><td>(1)法院应在15日内审查，并裁定撤销、改正或驳回。申请人不服的，可向上一级法院申请复议；(2)若违法行产生了损害，则引发国家赔偿</td><td rowspan="2">执行异议产生的法律后果主要是停止某一种类的执行行为，侧重点在于对不当、违法执行行为的修正，但不能解决当事人权利受损后如何弥补的问题</td></tr>
<tr><td>(2)案外人异议：④案外人对执行标的的权属可提出异议</td><td>法院审查后，理由成立的，裁定中止执行；不成立的，裁定驳回。不服并认为原裁判错误的，依照审监程序审理；与原裁判无关的，则另行向法院起诉</td></tr>
</table>

① 参见我国《民事诉讼法》第214条、最高人民法院《关于人民法院执行工作若干问题的规定（试行）》第109条、第110条。

② 参见最高人民法院法复〔1995〕5号和法复〔1995〕7号答复、法释〔2000〕16号和法释〔2000〕17号司法解释、法〔1996〕83号司法文件。

③ 实务界通常称为行为异议。

④ 实务界通常称为权利异议。

续表

救济制度	适用范围	适用程序	利弊分析
执行回转	执行完毕后,据以执行的法律文书有错误,被法院撤销的,对已被执行的财产,应当责令取得财产的人返还	(1)法律文书错误被撤销;(2)裁定返还;(3)若拒不返还,则强制执行;(4)若无财产可供执行,则可能转为国家赔偿①	若通过执行回转能弥补权利人之损害,则可消除国家赔偿的风险。但其适用的条件限于执行依据有错误,即针对的是判决行为,而非执行违法行为
国家赔偿	违法实施(包括违法解除)查封、扣押、冻结财产行为;超额罚款、超期拘留的;超标的控制、变卖或者执行可分割的财产的;保管不善造成损失的;其他违法情形②	(1)先向赔偿义务机关提出;(2)赔偿义务机关在2个月内决定是否赔偿;(3)申请人可在30日内向上一级机关申请复议	对于执行违法行为的救济来说,国家赔偿乃最后的屏障。若对违法行为均采用国家赔偿,则会出现增加财政负担、损害执行积极性、客观上减轻了责任人的责任等负面效应

(二)救济路径依赖的弊端

如上所述,违法执行行为的救济,已形成对国家赔偿这一路径的极大依赖。而救济模式的单调以及相关制度之间的僵化,其弊端也显而易见。

1.国家赔偿制度的构造性缺陷不足以弥补权利人的损失。我国国家赔偿制度的构造,并不能充分弥补当事人受损之全部权益,事实上并不能达致纠纷解决的目的。“从我国的立法和实务看,国家赔偿责任属于公法责任。”③此种责任性质表明赔偿费用由国家财政承担,由此也决定了在确定国家赔偿的额度和赔偿范围时,财政的负担能力会成为重要的考量因素。从另一个角度来看,我国国家赔偿制度主要采用的是“违法责任原则”,“结果责任原则”和“过错责任原则”只是补充,而“违法责任原则”虽利于规范公权行为,但会挤压权利人的索赔空间。④ 前述责任性质和归责原则直接投射到法律文本中,从我国《国家赔偿法》第36条第8项的规定可以看出,对于权利人遭受的财产损失,我国国家赔偿制度原则上只赔偿直接损失,不赔

---

① 此情形是针对文书裁判行为的错误提起国家赔偿。
② 具体情形,参见最高人民法院《关于民事、行政诉讼中司法赔偿若干问题的解释》。
③ 江必新、梁凤云:《国家赔偿法教程》,中国法制出版社2011年版,第5页。
④ 同上书,第56~66页。

偿间接损失,此举意味着权利人的财产损失难以获得足额赔偿。质言之,此种方式并不能完全满足当事人的请求。因此,从长远来看,国家赔偿制度并不利于纠纷的最终解决。吊诡之处在于,虽然国家赔偿从制度上无法完全满足当事人的诉求,但是,此种模式或者制度安排在事实上暗示甚至鼓励了当事人通过给公权机构施加压力的方式获取法外利益,弊端相当明显。

2. 不当地消弭(削减)了当事人应当承担的责任,尤其是对于通过各种方式以规避执行的当事人来说,国家赔偿使当事人逃避了其应承担之责任,并将此责任转嫁给了国家(财政),①此种责任的隐遁和转嫁,不仅破坏了公平原则,而且有损立法之权威,同时会助长规避执行的风气,负面影响不可不察。另一个值得关注的负面因素在于,国家承担赔偿责任之后,随之而来启动的对责任人的追责程序,则会在一定程度上抑制执行权的主动性并挫伤执行人员的积极性,增加执行工作的风险和负担;同时,用国家赔偿程序架空、替代其他救济制度的安排,不仅削弱了其他制度的有效性和正当性,而且加重了财政的负担,不利于执行工作的开展。

四、制度构建:摆脱现有路径的依赖

执行中的违法、错误行为难以避免,而救济途径的单一、孤立以及配套性制度的缺失会影响对执行行为的修正,进而影响执行权力的行使,最终不利于及时实现当事人的权益。上述分析表明,当前对执行违法行为救济制度的设计,并未能有效地平衡执行权(力)与当事人权利。如果对执行违法行为给予国家赔偿的准入制度、转化机制设计得过于单薄,则会过度地压抑执行权力,抽空其运行的基础,甚至损害或者削弱正当性。“缺乏正当性或失去了正当性的权利或者权利行使的制度不可能长久维持。”②因此,对现有制度的修正尤为必要。

(一)制度改造的原则

基于上述弊端的分析,对当前单一的救济模式进行改造,并在各种制度之间建立转换、衔接机制,是行之有效的方法。

1. 限制与平衡原则。救济制度设计之初衷在于两点:一是弥补权利人受损之权益;二是规范并矫正违法的执行行为,确保执行权力行使的正当性、规范性和合法

① 实质上由全体守法公民承受了不利之利益。

② [日]中村英郎:《新民事诉讼法讲义》,陈刚、林剑锋、郭美松译,法律出版社2001年版,第9页。

性,二者缺一不可且相互影响。这也正是制度设计应遵循的原则,即在执行权力的规范行使与当事人权利的有效保护之间维持平衡,确保二者之间的张力控制在适度的界限内,避免过度引发二者之间的紧张关系,确保既不会因为对违法行为的矫正放纵责任人,增加执行的负担和风险,也避免权利人合法权益难以得到弥补的窘况。这就需要对当前压倒性地采用国家赔偿方式获取救济的行为予以适当限制,厘清各种救济路径的条件和界限,并在国家赔偿制度的缓冲地带设置合适的前置程序,给执行权的自我补正提供制度空间。

2."穷尽救济手段"和"两个明显"原则

执行程序的启动,隐含的意义在于,当事人双方的权利义务已经确定,此时的核心问题已从权利的确定转化为如何利用公权查找和处置被执行人或者利害关系人的财产以实现前述权利。这一重心的转换意味着,因被执行人或者利害关系人的存在,大部分违法的执行行为可通过由义务人承担责任来弥补权利人损失最终实现矫正违法行为之目的。因此:在进行制度设计时,应当确立"穷尽救济手段及国家赔偿最后适用"的原则。简言之,国家赔偿应成为纠正执行违法行为最后(最终)的救济手段,凡是能通过其他救济方式弥补损害的,则应穷尽此类救济手段后,才能适用国家赔偿制度。此原则的确立,主要在于通过制度设计和转换使当事人的权益能够通过国家赔偿之外的救济方式获得部分甚至是全部的赔偿,优势显而易见。第一,利于减轻财政负担;第二,有利于缓解执行的压力,减轻执行不当给执行造成的效率低下等弊端,提高执行行为的效率。此外,应当确立"两个明显"的原则,即"明显违法的执行应予赔偿"和"当事人遭受明显损失的应当予以赔偿"。法院只对明显违法和明显错误的执行行为承担赔偿责任,这样有利于减轻法院执行的压力。

(二)制度改造的具体进路

遵循上述两个原则,对当前制度的修正应当沿循以下逻辑导向,即从散乱到类型化、从失衡到平衡。笔者认为,应以现存的制度资源为依靠,通过整合、修正与转换,搭建适合我国当前实务状态的执行违法行为的综合性救济制度,借此消弭各种制度之间的罅隙,并构建机制以确保各制度之间能实现无缝衔接、有效转换。制度的修正应着眼于构造综合性的救济制度,并在国家赔偿制度之前设立前置救济程序。

1.扩大现有执行回转制度的范围。现有的执行回转制度主要针对执行依据确有错误而被撤销的情形,并非针对执行违法行为。而执行回转这一行之有效的制度对于落实当事人责任、填补受害人损失、减轻国家(财政)责任,具有积极作用。因此,笔者建议扩大执行回转制度的适用范围。除执行依据确有错误被撤销的情形外,对于执行违法行为导致错误执行的,只要当事人还有可供执行回转的财产,也应当优先适用执行回转制度,通过执行回转以弥补权利人的财产损失,只有在无财产可供回转时,才能启动国家赔偿程序。由此减轻国家的负担,并将违法(错误)行为实施主体的法律主体限定在行政责任领域。

2. 确立终结执行的恢复制度和继续执行制度。对于违法执行行为造成的损害,若能通过执行回转、继续执行、恢复执行等行为来弥补权利人的损害,则需要解决当前制度设计的一个难题,即对已终结执行后的案件如何恢复执行的问题。笔者认为,对于有财产可恢复执行的,应突破“已终结案件不能恢复执行”的桎梏,确立终结执行的例外制度。即若符合有财产可供继续执行、执行回转情形的,应当予以恢复立案继续执行或者执行回转。此种制度安排的价值在于,将各种制度之间僵化的态势打破,在制度之间建立衔接、转换机制,确保国家赔偿成为最终程序。如不属于执行错误、无法执行回转、其他执行违法行为,则应当启动国家赔偿,及时弥补权利人的损失。如此,既能充分保障、填补权利人受损之合法权益,又能减轻执行以及财政的压力,确保执行行为得到修正。

3. 确立执行违法行为救济启动机制的前置程序。与以上改造呼应,为确保执行违法行为国家赔偿制度最终救济原则的落实,笔者建议设立执行违法行为救济启动机制的前置程序。设立执行违法行为救济启动机制的前置程序的目的主要在于通过机制设计来甄别、区分执行违法行为的种类,进而决定采用何种救济制度。前置程序主要包括审查(听证)和“四查”两个制度环节。权利人向人民法院申请国家赔偿后,相关部门应将该申请以及相应文书、资料转交执行部门,由执行部门启动审查(听证)程序。经审查认为属于执行错误的,首先应当启动听证程序,告知权利人拟先启动“四查”程序,即通过查询银行、工商、房产、车管等部门,确定责任人有无财产,若有财产,则恢复(继续)执行(执行回转),若无继续执行或执行回转的可能,则启动国家赔偿程序。修正后违法执行行为的救济(见图2)。

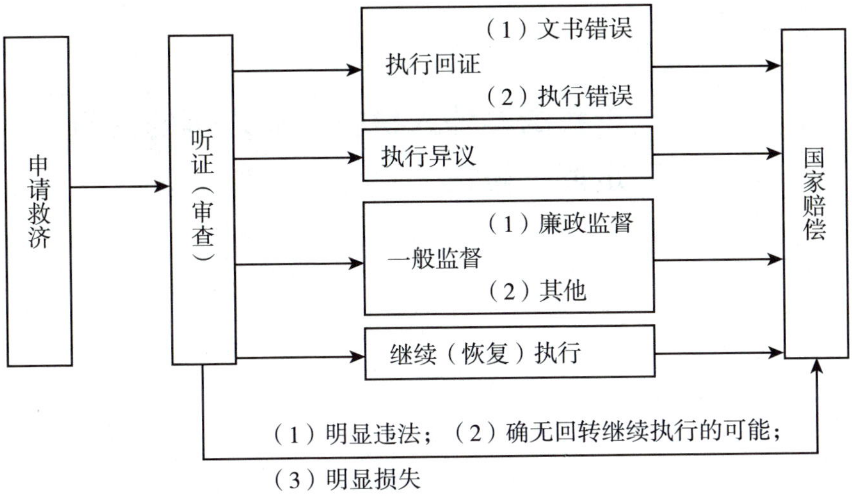

图 2 修正后的违法执行行为救济制度

结 语

执行违法权利救济制度设计的目的在于矫正违法执行行为、弥补受损之权益，现有制度的单一与僵化，难以在执行权力的行使和权利的救济之间维持平衡，事实上不利于执行的开展和权利的救济。遵循限制与平衡原则，确立国家赔偿最终原则，并对现有制度进行修正、转换，进而构建综合性的执行行为救济制度，是平衡各方权益的有效路径。

论我国案外人执行异议之诉的性质定位与修正

蒋晓亮 *

所谓诉，是“以原告向法院提出的诉状作为其外在的形式，并被表示为诉状中记载的原告对于被告的特定权利主张之请求”。① 诉之性质，即一诉区别于另一诉的本质属性，一般以“原告所要求法院之权利保护方式”②作为判断标准。根据诉之性质不同，诉可以分为给付之诉、确认之诉以及变更之诉。不同类型的诉所包含的诉讼标的不同，法院所作判决之既判力范围也是不同的。

案外人执行异议之诉（大陆法系国家和地区称为第三人异议之诉）自设立伊始，其性质便一直处于争论不休的状态，迄今尚无统一之定论。探其争论之症结，有人总结为各论者“对强制执行请求权之基本理论所采之态度不同所致”。③ 究竟强制执行请求权与案外人执行异议之诉的性质有何关系，案外人执行异议之诉又到底是一种什么样的诉

---

* 西南政法大学 2014 级民事诉讼法博士研究生，重庆市第五中级人民法院执行局法官助理。

① [日]高桥宏志：《民事诉讼法制度与理论的深层分析》，林剑锋译，法律出版社 2003 年版，第 55 页。

② 陈荣宗、林庆苗：《民事诉讼法》（上），台北，三民书局股份有限公司 2009 年版，第 273 页。

③ 陈荣宗：《民事程序法与诉讼标的理论》，台北，台湾大学法学丛书编辑委员会编辑 1984 年版，第 4 页。

讼,应该如何构造我国的案外人执行异议之诉,下文将进行逐一阐述。

一、强制执行请求权的"二分法"

(一)抽象执行请求权与具体执行请求权

依杨与龄先生之观点,"强制执行请求权,乃债权人基于执行名义,得请求执行机关行使强制执行权,以实现其执行名义所载请求权之权利"。[①] 从性质上看,强制执行请求权属于公法上的请求权,只有债权人向执行机关提出上述请求,执行机关始得对债务人启动强制执行权。从时间上看,强制执行请求权以执行依据之存在为发生前提。换言之,债权人必须先取得执行依据,而后才享有强制执行请求权,并且这种请求权不能脱离执行依据而存在。从目的上看,强制执行请求权之行使是为了实现债权人在实体法上的请求权。这种实体法上的请求权具有鲜明的私法属性,必须经由执行依据加以确认并载明。

关于强制执行请求权的成立要件,学术界一直存有分歧。根据强制执行请求权的成立是否以实体法上的请求权之存在为前提,可以分为两种学说,即抽象的执行请求权说和具体的执行请求权说。[②] 抽象的执行请求权说认为,强制执行请求权是否成立,仅以执行依据存在与否为前提。执行机关收到债权人的强制执行请求后,只需从形式上审查债权人有无执行依据,至于债权人是否真正享有实体法上的请求权则不在审查范围内。因此,即使债权人根本不享有实体权利(如债权自始不存在)或者不再享有实体权利(如债权已因抵销、清偿而消灭),只要债权人提出了载有其实体权利的执行依据,执行机关便应立即强制执行,不得以上述事由予以拒绝。而具体的执行请求权说则认为,强制执行请求权以满足债权人实体法上的请求权为目的。债权人必先有具体存在之实体法上请求权,而后方有强制执行请求权。因此,债权人申请强制执行时,执行机关不仅要从形式上审查债权人有无执行依据,还要进一步就其是否享有实体法上的请求权进行审查。

在现代社会中,审执分离原则要求审判机关与执行机关各自独立行使实体权利

---

① 杨与龄编著:《强制执行法论》,中国政法大学出版社2002年版,第5页。

② 除上述两种学说外,我国台湾地区的林昇格、陈计男等学者还提出了折中说。由于该学说只是证明了具体的执行请求权说存在不足,而未对如何协调具体执行请求权说和抽象执行请求权之关系的问题作出充分说明,因此折中说并无存在之基础,本文也不再对此展开论述。参见常廷彬:《论强制执行请求权——兼论判决确定权转移受让人的适格条件》,载《政治与法律》2009年第5期。

之确定与执行的司法职能。因此,执行机关无权对审判机关所作出的执行依据加以评价。再加上执行程序以追求高效、快捷为首要价值,因此,执行机关一见执行依据即可实施强制执行,没有必要再对债权人是否享有实体法上的请求权予以审查。基于此,抽象的执行请求权说是德国、日本学术界的通说,也是上述国家强制执行立法的基本原则。

(二)执行请求权理论与案外人执行异议之诉性质的关联

就案外人执行异议之诉而言,学者们最初认为其与债务人异议之诉在性质上具有同一性,即两者的性质定位是一致的。关于这两种诉讼的法律性质,传统学说有形成之诉说、确认之诉说、给付之诉说三种。由于执行请求权理论有抽象与具体之分,因此执行机关在债权人提出强制执行请求时的审查范围不尽相同,当案外人或债务人的实体权利受到执行机关强制执行之侵害时,其提起异议之诉所意欲实现的法律效果也相应地有所区别。从总体上来说,支持抽象执行请求权说之学者,认为案外人执行异议之诉和债务人异议之诉均为形成之诉,而支持具体执行请求权说之学者,则大都认为这两种诉讼具有确认之诉或给付之诉的性质。

具体而言,坚持形成之诉说的学者认为,由于执行机关只审查执行依据之存在与否,因此案外人或债务人在受到执行侵害后,便取得了对抗强制执行之异议权,可以通过提起异议之诉来排除执行依据之执行力。坚持确认之诉说的学者认为,强制执行请求权应以实体法上的请求权之存在为前提,案外人或债务人提起异议之诉是为了请求法院确认债务人不享有强制执行请求权或者不存在实体法上的请求权。而主张异议之诉系给付之诉的学者则认为,债权人基于其实体法上的请求权向执行机关请求强制执行,已对案外人或债务人的实体权利构成侵害,并且因此取得了不当利益。案外人或债务人对债权人提起异议之诉,一是请求不得再行侵害,二是请求返还因侵害所得利益。因此,这两种诉讼均包含给付请求,应属于给付之诉的性质。

二、案外人执行异议之诉性质的"多元论"

关于案外人执行异议之诉的性质,除了传统的形成之诉说、确认之诉说、给付之诉说以外,德国、日本学者后来又提出了救济诉讼说、命令诉讼说、新形成之诉说等学说。近年来,随着我国学者对案外人执行异议之诉研究的不断深入,诸如兼有之诉说、合成之诉说、搁置说等新学说也涌现出来。

(一)各种学说的梳理及简述

1. 诉讼法上的形成之诉说

该说认为,执行机关实施强制执行的前提是执行依据的合法存在,即使执行机关误将案外人的财产作为执行债务人的责任财产加以执行,该执行行为也不当然无效或违法。但是,为了对抗执行机关之不当行为,立法者另赋予案外人在诉讼法上的异议权。案外人凭此异议权提起诉讼,请求法院宣告执行机关之强制执行不合法,并进而排除其执行力。因此,案外人执行异议之诉以诉讼法上的异议权作为其诉讼标的,其胜诉判决是排除执行机关对特定标的物执行行为之诉讼法上的形成判决。至于案外人对执行标的物所主张的足以阻止交付或让与的实体权利,仅仅作为法院所作判决之原因事实,对案外人及执行当事人不产生既判力之拘束。德国、日本的学说和判例均以此为通说,我国唐力教授亦赞同此说。①

2. 确认之诉说

该说可以进一步分为诉讼法上的确认之诉说和实体法上的确认之诉说。前说认为,案外人执行异议之诉旨在确认执行标的物不属于债务人之责任财产,应属于消极确认之诉的范畴。而后说认为,此种诉讼系积极确认之诉,其目的是确认案外人对执行标的物有实体权利存在。一旦案外人的实体权利在该确认判决中得以宣示,执行机关应当尊重该判决并受其反射效力之拘束,不再强制执行该标的物。日本学者兼子一、菊井维大是该学说的支持者。②

3. 给付之诉说

该说以实体法上的排除妨碍之诉为参照,认为案外人执行异议之诉是一种请求法院判令执行债权人不得对该标的物申请强制执行或者命令执行机关停止、撤销或解除已对该标的物实施之执行行为的给付之诉。该诉之诉讼标的为案外人对执行标的物在实体法上之权利主张,法院所作给付判决既有既判力,也有执行力。有日本学者认为,"在形成之诉之类型被人们意识到以及获得承认之前,此种诉讼的多数都被理解为给付之诉"。③ 从这个层面上讲,给付之诉说也曾是学术界的主流学说。

---

① 参见陈荣宗:《民事程序法与诉讼标的理论》,台北,台湾大学法学丛书编辑委员会编辑1984年版,第8页;唐力:《案外人执行异议之诉的完善》,载《法学》2014年第7期。

② 参见百晓锋:《论案外人异议之诉的程序构造》,载《清华法学》2010年第3期。

③ [日]高桥宏志:《民事诉讼法制度与理论的深层分析》,林剑锋译,法律出版社2003年版,第69页。

目前，我国肖建国教授及我国台湾地区的陈荣宗教授主张此说。①

4. 救济诉讼说

该说认为，案外人执行异议之诉无法在传统的诉讼类型中确定其归属，其兼具确认案外人对执行标的物所享有的实体权利和排除执行机关对该标的物执行力之双重机能，可谓是确认之诉与形成之诉的合体，因此，应引进新的诉讼类型即“救济诉讼”予以界定。该说由日本学者三ケ月章所首倡，我国学者李浩、翁晓斌以及最高人民法院第一巡回法庭庭长刘贵祥均主张此说。②

5. 命令诉讼说

该说与救济诉讼说具有相似性，均认为案外人执行异议之诉具有确认实体权利与排除执行力之复合性。不过，这两种学说在胜诉判决与执行机关之间的关系上有所区别。救济诉讼说认为，执行机关之执行行为存在瑕疵是此种诉讼对案外人予以救济的前提条件。一旦确定该瑕疵存在即案外人获得胜诉判决时，执行机关就应当变更或撤销执行行为，以实现对案外人实体权利之救济。而命令诉讼说则无论执行机关之执行行为有无瑕疵这一问题，只要法院作出对案外人有利之判决，执行机关根据该判决命令就不得依执行依据继续执行，同时还应撤销或解除已实施的执行行为。我国学者张卫平支持此说，并认为其“基本上做到了理论上的自洽”。③

6. 新形成之诉说

该说并非一个独立的学说。由于诉讼法上的形成之诉说仅以异议权为诉讼标的，而异议权所依据的实体权利或实体法律关系却不受判决既判力之拘束，因此，存在本诉结束后当事人另行诉讼从而导致重复诉讼和前后判决矛盾之固有缺陷。为了解决该问题，有学者以新诉讼标的理论为基础，引入争点效理论和诚实信用原则，对形成之诉说进行修正，是为新形成之诉说。该说认为，案外人所主张的实体权利或实体法律关系作为判决之原因事实，经各方当事人充分争执并由法院在判决理由

---

① 参见肖建国：《〈民事诉讼法〉执行编修改的若干问题探讨——以民事强制执行救济制度的适用为中心》，载《法律适用》2008年第4期；陈荣宗：《民事程序法与诉讼标的理论》，台北，台湾大学法学丛书编辑委员会编辑1984年版，第21页。

② 参见陈荣宗：《民事程序法与诉讼标的理论》，台北，台湾大学法学丛书编辑委员会编辑1984年版，第12页；李浩主编：《强制执行法》，厦门大学出版社2004年版，第368页；翁晓斌：《民事执行救济制度》，浙江大学出版社2005年版，第165～166页；刘贵祥：《案外人异议之诉的功能定位与裁判范围》，载《人民法院报》2014年6月4日，第8版。

③ 张卫平：《案外人异议之诉》，载《法学研究》2009年第1期。

部分加以认定，因此产生了争点效。当事人在后诉中对上述判断不得再行争执，后诉法院也不能作出相反之认定。新形成之诉说为日本学者斋藤秀夫、中务俊昌、中野贞一郎等人所倡导。①

7. 兼有之诉说

该说由武汉大学的陈娴灵博士在其《我国民事执行异议之诉研究》博士学位论文中所提出。陈博士认为，案外人执行异议之诉应当兼具确认之诉与形成之诉两种性质，因此，救济诉讼说的观点是可取的。不过，救济诉讼说更突出案外人执行异议之诉与上诉、再审等程序所共同具有的救济功能，可是前者与上诉、再审相差甚远，并且“救济”一词内涵宽泛，无法揭示案外人执行异议之诉的真正性质。而兼有之诉，意指两种诉之性质兼而有之，既易于理解，也更贴切，故应以“兼有之诉说”取代“救济诉讼说”之名称。②

8. 合成之诉说

湘潭大学的匡青松博士在其博士学位论文《第三人执行异议之诉研究》中提出该说。该说在本质上仍属于救济诉讼说。以“合成”一词替换“救济”，是为表明案外人执行异议之诉融合了确认之诉与形成之诉的特征，能够凸显其对这两种诉之性质的合成。③

9. 搁置说

该说认为，现有各学说均忽视了界定案外人执行异议之诉法律性质的前提，即案外人在此种诉讼中之诉讼请求的塑造问题。事实上，案外人执行异议之诉在性质上之界定与其所欲实现的诉讼目的以及案外人所提出的诉讼请求是密切相关的。“与其在没有共同基础的情况下讨论案外人异议之诉的法律性质，倒不如把重心放在更为实际的对案外人异议之诉诉讼请求和判决主文的塑造上面，或将二者结合讨论更为合适。”④

（二）对上述学说的评点与分析

学术界和实务界围绕排除强制执行和确认实体权利两大诉讼权能，或选择其

---

① 参见陈荣宗：《民事程序法与诉讼标的理论》，台北，台湾大学法学丛书编辑委员会编辑1984年版，第8页。

② 参见陈娴灵：《我国民事执行异议之诉研究》，武汉大学法学院2010年博士学位论文，第51～53页。

③ 参见匡青松：《第三人执行异议之诉研究》，湘潭大学法学院2011年博士学位论文，第35～36页。

④ 百晓锋：《论案外人异议之诉的程序构造》，载《清华法学》2010年第3期。

一,或合二为一,提出了上述各持其理的案外人执行异议之诉的性质学说。在这些学说中,既有沿用传统诉讼类型的,也有引入新型的特殊诉讼,还有对现有学说进行修正与发展的,但均存在无法圆满解决诉讼目的之达成与诉讼标的、既判力之衔接等问题。

确认之诉说的明显缺陷是无法说明案外人执行异议之诉的胜诉判决具有排除强制执行之效力。具体而言,实体法上的确认之诉说以确认案外人对执行标的物享有实体权利为判决内容,并试图借助反射效理论来说明该胜诉判决可以排除强制执行。但根据日本学者高桥宏志之观点,判决的反射效是判决对与当事人具有实体法上从属关系或者依存关系之第三人所产生的效力。该“第三人”绝无可能是与各方当事人均无实体法律关系之执行机关。因此,该说用反射效理论来解释如何实现排除强制执行之诉讼目的先天之不足。而诉讼法上的确认之诉说作为一种消极确认之诉的学说,除存在确认之诉说的上述通病外,还难以就案外人之确认利益以及当事人适格等问题作出合理解答。

给付之诉说也存在上述无法实现排除强制执行之诉讼目的的问题。依该说观点,案外人执行异议之诉的诉讼标的应是案外人所主张之实体权利或者当事人之间的实体法律关系。即使法院作出胜诉判决,受其既判力所拘束的也只是各方当事人,而代表国家公权力的执行机关则不受其影响,当然也无义务去变更或撤销所实施之强制执行。既然不能排除强制执行,该胜诉判决也就实际上沦为“空判”。此外,债权人申请强制执行是公法所赋予的权利,其对案外人不负不作为之义务。换言之,一边是债权人基于执行依据申请强制执行以实现其实体法上的请求权,另一边是案外人以债权人申请之强制执行对其享有的标的物构成妨碍为由请求予以排除,这两者均享有正当权利,也均可积极行使,因此,无法辨明孰应作为孰应不作为。

救济诉讼说以及其所衍生的兼有之诉说、合成之诉说均认为案外人执行异议之诉应兼具确认与形成两种权能,看似可以举一诉而取两得,实际上其在理论上和实务中却有漏洞存在。首先,该说将两种原本相互独立的诉即确认之诉与形成之诉组合成为一体,虽有理论之创新性,但却为秉持传统诉讼类型之观点的大多数学者所排斥。其次,支持救济诉讼说的学者大多在诉讼标的系案外人主张之异议权还是实体权利或实体法律关系上含糊其辞。若依诉讼标的理论之通说即旧实体法说,该诉之诉讼标的只能作为异议原因的实体权利或实体法律关系,而不包括诉讼法上的异议权本身。基于此,该胜诉判决确认案外人之实体权利毋庸置疑,但若直接判令执行机关排除对特定标的物之强制执行，则必然导致既判力之客观范围超出诉讼标的，而这也是学者们批判新形成之诉说的主要论据。最后，这种将确认与形成两种权能合为一诉的学说可能面临实务操作之困境。最高人民法院刘贵祥亦表示，若法院已作出应否执行之判断但标的物之权属等实体法律关系仍难确定时，判决主文中可仅对应否执行的问题作出判断。由此可见，受当事人诉讼能力、证据资料等因素之制约，救济诉讼说虽有两便之立说初衷，却难以在司法实践中贯彻到位。

至于命令诉讼说，其无法解释以下几个问题：一是在审执分离下，审判机关凭何可以判决之形式对执行机关发布命令？是法院内部的行政管理要求，还是公法上所设定的义务，该说并未明确释明。二是胜诉判决只对执行机关发布新的命令，却没有宣告排除已实施之强制执行，实际上并未达成案外人执行异议之诉的目的。三是该说与救济诉讼说相似，也已突破传统的诉讼类型，不易为其他学者所接受。

搁置说以案外人执行异议之诉的诉讼请求和判决主文之塑造为重心，更具实践上的指导意义。但是，案外人执行异议之诉的性质与其诉讼请求和判决主文密不可分，对后者进行研究是不可能绕开前者的。因此，该说也不可取。

最后，回到诉讼法上的形成之诉说和新形成之诉说上。尽管诉讼法上的形成之诉说是大陆法系国家和地区学术界和立法上的通说，但也遭受到学者们的猛烈批判。依该说之观点，作为异议权基础的实体权利或实体法律关系并非诉讼标的，仅在判决之理由部分加以认定，因此不受既判力所遮断。败诉之当事人可就上述实体争议另行提起诉讼，而法院也有可能对该实体争议作出不同认定，并与在前的案外人执行异议之诉判决产生对立矛盾。事实上，诉讼法上的形成之诉说只重视其形式要素之结果，却忽略了此种诉讼的实质要素，因此并无存在之价值。而新形成之诉说借争点效理论，试图以此遮断判决理由中的实体争议，从而避免前后判决相互抵触现象之出现。但也有质疑者认为，该说虽对诉讼法上形成之诉说的缺陷予以修正，但其将既判力之客观范围扩及至判决理由中所认定的实体权利或实体法律关系，使案外人执行异议之诉的诉讼标的与既判力范围不一致，实难彻底防止判决相抵触。①

三、对诉讼法上形成之诉说的中国本土化之修正

案外人执行异议之诉的诉讼目的，应是通过对案外人是否享有足以阻止交付或

---

① 参见杨与龄编著：《强制执行法论》，中国政法大学出版社2002年版，第202页。

让与之实体权利的判断,来排除执行机关对该标的物之强制执行。而若要达到这种变更或撤销执行机关所实施强制执行之法律效果,只有形成之诉能够做到,确认之诉、给付之诉均无此功能。另外,依诉讼法上的形成之诉说,案外人执行异议之诉的诉讼标的与既判力之客观范围完全一致,其胜诉判决也能产生排除执行机关对特定标的物强制执行之形成力。因此,在当事人不就作为原因事实之实体争议另行起诉并取得与前判相抵触之判决的情况下,诉讼法上的形成之诉说也能做到理论上之自洽。

(一)对诉讼法上形成之诉说之质疑的再回应

除认为诉讼法上的形成之诉说难以避免重复起诉与矛盾判决外,学者们还提出了其他质疑意见,本文将立足于本土法律规定,逐一予以回应。

第一,认为在强制执行开始前,案外人之标的物虽未受到现实之执行侵害,却面临强制执行之威胁,如该标的物已为执行依据判令交付给债权人,但案外人因不享有异议权,没有权利保护之利益,因此不能提起执行异议之诉。笔者认为,其一,据以执行的生效法律文书一般以金钱债权作为给付内容,不直接涉及案外人的标的物,因此在债权人申请强制执行前,该执行依据不会对案外人之财产权利构成威胁。其二,若生效法律文书以物之交付请求权为内容,在债权人申请强制执行前,案外人可以依据我国《民事诉讼法》第 56 条第 3 款之规定提起第三人撤销之诉,以保护其对标的物所享有的实体权利。其三,案外人执行异议之诉必须在执行程序中提出,可是并非每一个给付判决均会进入执行程序。一旦债务人自觉履行给付义务,债权人当然没有必要再申请强制执行。此时,无论案外人执行异议之诉属于哪种性质,案外人均无诉之利益,也不能提起此种诉讼。因此,上述质疑不只是针对形成之诉说,没有说服力。

第二,认为案外人执行异议之诉的被告即执行债权人申请执行机关撤销对标的物之强制执行,并以此抗辩原告即案外人之异议权已不存在,若依形成之诉说,法院应驳回原告之诉讼请求,此举不利于解决当事人之间的实体争议。笔者认为,执行机关依执行债权人之申请撤销强制执行后,案外人提起诉讼之目的已达成,若案外人不同意撤回起诉,法院应以案外人不享有异议权为由判决其败诉。至于作为原因事实之实体争议,当事人可以向有管辖权之法院另行起诉。若依确认之诉说或给付之诉说,尽管执行债权人自动撤销强制执行,法院仍可判决确认实体权利或实体法律关系或者判令执行债权人负有不作为给付。该行为看似一举两得,但却超越了此种诉讼之目的，也与案外人之诉讼请求以及法院之管辖相背。

第三，认为案外人执行异议之诉的争论重点应在于执行机关之强制执行是否合法、案外人之异议权是否存在，这些问题均涉及公法关系。因此，案外人提起诉讼时，应以执行机关作为被告，不应以执行债权人为被告。笔者认为，执行机关对哪一标的物强制执行必须经债权人之申请。执行机关对标的物之强制执行虽属于公法上的行为，但其内核却是执行依据所确定的执行债权人对执行债务人之实体法上的请求权，此请求权属于私法内容。因此，以执行机关作为被告而将执行债权人排除在外实属本末倒置。

（二）对新形成之诉说及争点效理论之再审视

新形成之诉说通过引入争点效理论，有效弥补了形成之诉说存在的可能引发前后判决相互抵触和诉讼不经济之缺陷。但是，争点效理论作为日本学术界所首倡之学说，目前仍未完全成熟、定型，日本实务界至今也未采纳此理论。再加上我国与日本在立法上多有差异，借助争点效理论来定性我国现行《民事诉讼法》中的案外人执行异议之诉并不现实。

另外，按照新堂幸司教授之观点，争点效之产生要求“当事人在前诉中已经对该主要争点穷尽了主张及举证”。① 换言之，判决理由中的要件事实必须作为主要争点为各方当事人认真且严格之争执。就我国之司法现状而言，这一要求难以实现。其一，因承受执行债权人申请强制执行以及案外人主张实体权利之双重压力，执行债务人在案外人执行异议之诉中有可能持消极态度，不仅不会在庭审中积极争执，有时还会下落不明、缺席庭审。其二，执行债务人也有可能与案外人恶意串通，从而出现执行债务人对实体权利直接自认或者双方对实体权利没有争执的情况。其三，执行债权人并非是作为主要争点之实体权利或实体法律关系所关涉之当事人，其对执行标的物之权属的主张及举证能力较为有限。此外，新堂幸司教授还认为，争点效须经后诉之当事人援用始发生效力。在我国实务中，当事人之诉讼能力及权利意识参差不齐，倘若适用该理论，很难保证当事人会意识到争点效并积极加以援用。基于此，我国缺乏争点效理论适用之实践基础。

（三）以已决事实之预决力修正诉讼法上形成之诉说

诉讼法上的形成之诉说符合我国案外人执行异议之诉的诉讼目的，但却难以避

---

① ［日］高桥宏志：《民事诉讼法制度与理论的深层分析》，林剑锋译，法律出版社2003年版，第522页。

免当事人重复起诉以及前后判决相抵触之可能。争点效理论虽可对上述问题加以规制,但在我国却无适用之法律土壤。如何克服形成之诉说之固有缺陷又兼顾我国现有之法治环境,这是一个值得思考的问题。笔者认为,应以我国现有的已决事实之预决力理论作为争点效理论之替换,对形成之诉说进行修正及完善。

所谓已决事实之预决力,也称作已确认事实的预决力、既判事实的预决力,是指已为法院发生法律效力的裁判所确认的事实对涉及该事实之后诉法院、当事人有拘束力。这种拘束力表现在,主张已决事实之后诉当事人无须举证,且无正当理由不得提出与该事实相矛盾之主张,而后诉法院对于已决事实也应直接予以认定,或者不得作出与已决事实相矛盾之判断,除非当事人提供相反证据推翻该事实。[①] 关于预决力之客观范围,由于判决主文所认定之事实已被赋予既判力,具有更严格之拘束力,因此,一般认为判决理由中已为法院所确认之要件事实具有预决力。关于预决力之主观范围,从程序保障角度出发,只有前诉当事人和后诉当事人同一的情况下,已决事实才发生预决力。这里的"同一"亦应包括前诉当事人多于后诉当事人的情况。

将已决事实之预决力理论套入诉讼法上的形成之诉说中,可以作出如下推演:案外人执行异议之诉的诉讼标的是案外人在诉讼法上的异议权,而案外人所主张之实体权利或实体法律关系是该异议权之存在前提。案外人及执行当事人围绕上述实体争议进行主张及举证,法院根据该实体争议之证明程度对执行标的物之权利归属进行认定,并在所作判决之理由部分加以载明。该实体争议作为本诉之要件事实也因此具有了预决力。若案外人与执行债务人就该实体争议另行提起确认之诉或给付之诉,双方当事人对该实体争议均无须举证,后诉法院也应作出与前诉判决相一致之认定。

当然,最高人民法院于2001年颁布的《关于民事诉讼证据的若干规定》第9条第4项以及于2015年颁布的《关于适用〈中华人民共和国民事诉讼法〉的解释》第93条第1款第4项、第2款对已决事实之预决力进行了弱化,即已为人民法院发生法律效力的裁判所确认的事实,当事人无须举证证明,但当事人有相反证据足以推翻的除外。如何理解"当事人有相反证据足以推翻的除外"这一但书条款?若以预决力之绝对效力作为前提,当事人和法院在后诉中均应受到前诉判决对实体争议认

① 参见邵明:《论法院民事预决事实的效力及其采用规则》,载《人民司法》2009年第15期。

定之严格拘束，不会出现前后判决相抵触之可能。而预决力之相对效力则允许当事人提出相反证据以推翻前诉判决之认定，这样仍难以避免后诉法院作出不同之判决。但是，也有论者表示："我们需要在观念上对所谓的矛盾判决持宽容态度，不同判决在判决理由部分，对同一事实作不同判断是一种客观存在，其原因与法官之间认识的不同和当事人的诉讼请求、诉讼理由以及举证的不同等因素有关，并不表明矛盾的判决中即有错误的判决。"①笔者认同该观点。况且在前诉中，如果三方当事人就实体争议未严格争执，或者主动自认，抑或缺席庭审，那么无论预决力具有绝对效力还是相对效力，前诉判决对实体争议之认定均不能拘束后诉法院作出不同甚至相反之判决。因此，不考虑当事人在诉讼中之实际表现以及案件事实、证据之具体情况，一味要求前后判决保持一致、避免矛盾，这本身即是对诉讼规律和客观事实不予尊重之偏执，而学者们以此理由来批判形成之诉说也是没有道理的。

综上所述，将案外人执行异议之诉的性质界定为诉讼法上的形成之诉更为恰当，同时还应引入我国现有的已决事实之预决力理论辅以修正。

① 张自合：《论已决事实的预决效力——以台湾地区争点效的要件为借鉴》，载《山东警察学院学报》2011年第9期。

调解案件“遭遇”执行和解之困

——基于调解案件大量执行和解的反思

王新亮*

引　言

诉讼中,“握手言和”定然“皆大欢喜”,但是,其前提应当是“案结事了”。调解被视为一种较彻底的纠纷解决方式,很多案件经过诉讼程序在法院主持下达成了调解协议,最终以民事调解书方式得以确定双方的权利义务,实现了应然的“案结事了”。然而,在实践中,大量调解案件因为各种原因进入到了执行程序,实然的“案结事了”最终落空。① 面对“执行难”的现状,进入执行程序的调解案件又一次大量被“调解”,使权利人的期待利益“遭遇”执行和解而被“打了欠条”。是权利人的无奈,还是义务人的精明,抑或是法院执行部门的撮合?围绕以上问题,笔者拟通过反思调解案件“遭遇”执行和解之困,分析其原因及危害,寻求其破解之道,以更好地解决当前的“执行难”问题。

一、现象:调解案件大量执行和解的现状考察

考察调解案件的执行和解,应当先对调解案件进入执行

* 重庆市北碚区人民法院法官助理。

① 针对此类现象产生的原因及解决对策,很多学者和法律人士都撰文研究过,本文不再赘述。

程序的情况进行初探,一方面,对调解制度初设的定分止争的司法功能进行反思;另一方面,从调解案件的自动履行率来反映当前“执行难”问题的实际。为此,笔者考察了重庆市北碚区人民法院近5年的民商事案件以调解方式结案的相关情况,并就这些调解案件进入执行程序的有关情况作了进一步梳理,从而分析调解案件申请执行后执行和解的基本现状。

1. 调解案件进入执行程序情况。2012~2016年,笔者所在法院调解结案的案件数量分别为3784件、3175件、3293件、2944件和2746件,进入执行程序的案件数量分别为600件、658件、640件、811件和1307件,进而计算出调解案件进入执行程序的比例介于15.86%~47.60%,平均值为26.24%(见表1)。相比之下,生效判决文书进入执行程序的比例则高达39.79%,高出前者近14%,这也说明调解之于定分止争方面还是存在一定优势,部分案件在法院主持调解下最终“握手言和”,实现了应然的“案结事了”。

表1 2012~2016年重庆市北碚区人民法院调解案件进入执行程序情况统计

案件类型	2012年	2013年	2014年	2015年	2016年
调解案件(件)	3784	3175	3291	2944	2746
进入执行案(件)	600	658	640	811	1307
所占比例(%)	15.86	20.72	19.45	27.55	47.60
平均值(%)	26.23				

2. 调解案件执行和解情况。笔者继续针对2012~2016年的执行案件进行调查分析,着重考察5年间进入执行程序的调解案件的结案情况。从总数来看,5年间共计4016件调解案件进入了执行程序,其中1588件执行完毕。虽说正义是“迟到”的,但最终结果还是有效保障了胜诉当事人的合法权益,捍卫了生效裁判文书的法律权威。笔者还重点关注了这4016件调解案件进入执行程序最终和解结案的比例,即27.37%。我们还应该看到,又有近30%的案件被终结本次执行程序,使胜诉权利被“打了欠条”。这进一步说明,“执行难”问题普遍存在,“执行不能”也实属正常,在债权实现存在诸多不确定因素的情况下,申请执行人选择执行和解,通过“放水养鱼”方式争取实现债权兑现的最大化,是符合理性人思维的(见图1)。

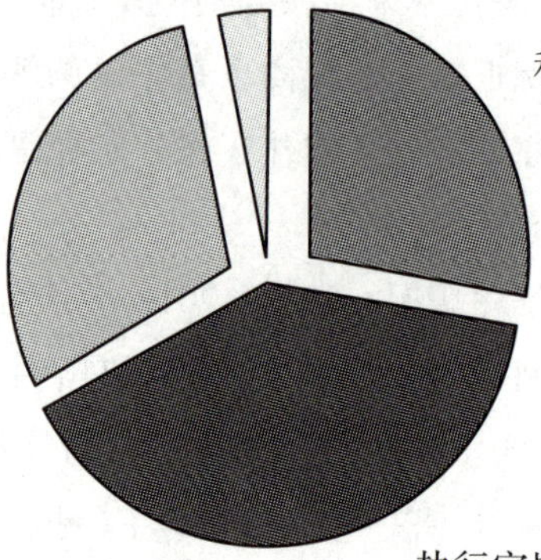

图1　2012～2016年笔者所在法院调解案件执行结案情况统计

二、异化:调解案件大量执行和解的危害透视

无论诉讼案件的“调解”,还是执行案件的“和解”,殊途同归的初衷皆可归于“和文化”,强调“和气生财”“家和万事兴”。从当事人角度来看,一方面可以减轻诉累,节省时间成本和经济成本,使当事人可以规避正式的、严格的程序,通过非正式的、灵活的程序寻求更符合情理的个别正义。① 另一方面可以在当事人相互尊重和理解的基础上协商,实现案件纠纷解决和债权得以兑现的“双赢”。“在对调解的期待中经常表现出来的圆满解决纠纷的思想,而包含了解除情感上的对立、恢复友好关系等强调共同体内秩序的内容。”②

然而,当调解案件大量进入执行程序时,当进入执行程序的调解案件又一次大量执行和解时,笔者开始反思,“调解”与“和解”的优势为何出现异化,换来的是权利人成本增加、义务人因恶获利、法院权威“两次伤害”及涉执信访相对集中。

1. 权利人成本增加

从胜诉当事人角度来看,作为权利人,申请执行人的合法权益已经由民事调解书予以确认,且调解书是建立在与债务人协商基础上的。首先,当被执行人不按生效民事调解书内容履行其义务,权利人申请法院强制执行时,这本身就使权利人时

① 参见姜金良:《调解率的理性反思——调解案件进入执行程序的分析解读》,载《河北科技师范学院学报》(社会科学版)2012年第3期。

② [日]棚濑孝雄:《纠纷的解决与审判制度》,王亚新译,中国政法大学出版社2004年版,第49页。

间成本增加了。如果再经过执行程序，双方达成执行和解，被执行人又未按时足额履行，必然使时间成本再次增加。其次，调解案件若在执行过程被执行和解，申请执行人很大程度上又要将其胜诉的权利适当让步，导致权利"缩水"。因为，很多申请执行人在执行过程中，为了能尽快将"白纸黑字"换成"真金白银"，他们会主动减少或放弃调解书约定的利息或者被执行人应当支付的迟延履行利息，甚至连案款本金都有可能做出让步。① 换言之，权利人的经济成本也增加了。此外，可能发生的申请执行的律师费用也是经济成本增加的方面之一。最后，在漫长诉讼执行过程中，还会增加权利人情感的投入成本。很多权利人为了要债，往往从起诉到申请执行，全程奔走，劳神费力。时间越长，投入的情感必然会越多。尤其是，很多达成的执行和解协议，其履行期限长达几年或者数十年，漫长等待必然使申请执行人产生情感上的焦虑。

2. 义务人因恶获利

法谚有云："任何人不能从自己的过错中获益。"笔者认为，被执行人作为义务人也不能因为自己的过错而获利，因为这有违社会的公平正义。但是，在调解案件执行和解过程中，义务人往往会因恶获利。因为在执行和解过程中，很多申请执行人选择再次向被执行人让步，诸如同意减少调解书载明的给付金额、延展给付的期限、放弃迟延履行利息、接受"以物抵债"等。② 同时，在执行案件和解后，很多被执行人往往是"满口答应"，却没有实际行动，根本不主动按时足额履行。特别是部分有履行能力的被执行人，还会借此和解时机将自己的财产转移或隐藏，进而实现逃避债务履行的目的。甚至，还有些资不抵债的被执行人，往往身陷数案，明知自己无法清偿所有的债务，但每个执行案子都是借口与申请执行人执行和解，期限一到，仍旧不履行执行和解协议。其目的无非就是"拖"，与法院和申请执行人"打持久战"。等到案件终结本次执行程序后，接着与申请执行人"纠缠"，使其尽可能不去恢复执行。或者，即使权利人申请恢复执行，义务人干脆"玩失踪"，使有些案件久拖不决。此外，执行和解短时间执行不到位，长此以往，还会助长债务人恶意逃避执行的不诚信

---

① 陈力在其发表在《法律适用》的《民事调解高反悔率及其解释》一文中曾进行过调查统计，在2005年至2007年上半年，A法院和解结案的执行案件中，申请人放弃部分请求达成和解的案件比例高达74%。

② 参见李浩：《当下法院调解中一个值得警惕的现象——调解案件大量进入强制执行研究》，载《法学》2012年第1期。

行为,形成效仿效应,动摇百姓的法治信仰。

3. 法院权威“两次伤害”

调解案件大量执行和解,还会使法院的司法权威造成“两次伤害”。就本身而言,调解案件进入执行程序,就是对司法权威的一次伤害。毕竟,法院调解的主体来自法院,代表国家司法机关的权威,不自动履行法院生效的民事调解书就表明了义务人对司法权威的蔑视。若执行过程中,在法院见证下,双方达成了执行和解,在权利人眼里,这就是司法权威。但是,一旦执行和解又一次被“爽约”,会使法院的司法权威再遭伤害。从长远来看,这不仅是对司法权威的损害,更会增加百姓对法院执行工作的不信任和不理解,无助于“基本解决执行难”工作目标的实现。

4. 涉执信访相对集中

无论是民事诉讼的调解结案,还是执行程序的和解结案,要么有法院的直接参与,要么有法院的直接见证,在此过程中,法院充当了非常重要的“中间人”角色。所以,一旦执行和解协议,因为被执行人恶意或者非恶意原因,而迟迟无法兑现,作为权利人的申请执行人往往会将此迁怒作为“中间人”的法院和法官,将本来应该自身承担的市场交易风险,归责于办案执行人员,指责他们办案不力,指责他们与对方有利害关系,进而采取信访或者上访等方式,以此向法院施压,谋求非正常的关注或照顾。这在笔者所在法院执行服务大厅接听的当事人投诉或信访电话中也是有所体现,在 2016 年至 2017 年 6 月,接听到的投诉或者信访电话中,曾经案件被执行和解一次的有 239 件,恢复执行后又执行和解的有 65 件。

三、困惑:调解案件大量执行和解的原因分析

笔者在调研中,一直困惑着:面对第一次调解的义务人,申请执行人作为权利人为何又一次接受了执行和解的意愿?经济学里,“理性人”应该都是利己的,每一个从事经济活动的人所采取的经济行为都是力图以自己的最小经济代价去获得自己的最大经济利益。[①] 笔者结合调查研究,并通过与实务中接触到的执行案件的当事人做进一步访谈,试图解读这一困惑背后的原因。

(一)社会大环境:“执行不能”案件大量存在

2016 年 3 月最高人民法院院长周强向全国人民作出承诺:“坚持以人民呼声为

---

① 载 360 百科:https://baike.so.com/doc/5922106-6135027.html,最后访问日期:2018 年 7 月 30 日。

第一信号,向执行难全面宣战……用两到三年时间,基本解决执行难问题,破除实现公平正义的最后一道藩篱。"长期以来,"执行难"问题一直困扰着法院,为此,周强院长代表全国法院向百姓承诺"用两到三年时间,基本解决执行难问题"。如今,经过广大执行干警1年多时间的努力,"基本解决执行难"工作已到攻坚与见效之年。

"执行难"不同于"执行不能"。"执行不能"是指被执行人缺乏履行能力,无财产可供执行或有财产而因客观因素无法处置,导致生效法律文书确定的债权人的权利无法实现。可以说,"执行不能"既是"执行难"的体现,也是其原因。现实中,因为客观因素影响,"执行不能"案件大量存在。作为理性人,申请执行人清楚当前法院执行工作的基本现状,也理解"执行不能"案件大量存在的客观事实。故当案件进入执行程序时,面对被执行人提出分期履行的和解协议时,虽然会经过理性评估,但心中还会抱有"握在手里的钱才是真实"的想法,在被执行人支付一部分案款后,申请执行人还是会接受执行和解协议。可以说,调解案件大量被执行和解,与当前大量案件"执行不能"的现实情况密不可分。毕竟,理性的人追求的是趋利避害,是自身利益的最大化。

(二)法院小环境:破解"执行难"任重道远

执行工作是法院工作的重要一环,是生效法律文书所确定的权利义务得以兑现的关键,也是胜诉当事人合法权益得以保障的"最后一公里"。[①] 现实中,"执行难"已成为长期制约法院工作的痼疾。尽管当前"基本解决执行难"工作正如火如荼推进,但不可否认,破解"执行难"仍任重道远。

当调解案件进入执行程序时,一方面,基于"基本解决执行难"工作压力,受制于各项指标的考核之需,追求案件执结率必然成了法院首要考虑之事。当案件执行程序因为被执行人下落不明或者暂无可执行财产,而执行案件的执行期限一般为6个月,为了在期限内结案,法院往往会选择终结本次执行程序。然而,终结本次执行程序案件,需穷尽各项执行措施,结案条件相当严格,对人均办案几百件的执行人员而言,必然是极大考验。若双方因执行和解方式结案,相对而言,工作量必然会减少很多。加之,与强制执行相比,执行和解方式灵活,程序简便,法律适用要求不高,执行人员工作压力相对较小。[②] 为此,在进入执行程序后,鉴于执行面临的困境,承办人

---

① 参见郑洪明、王新亮:《大数据时代法院如何执行》,载《人民法院报》2016年5月31日,第2版。
② 参见徐小飞:《执行和解中法院的职能和角色》,载《法律适用》2012年第10期。

常常会试图做双方工作,通过双方让步方式,取得双方和解的方案。一旦双方达成了执行和解协议,申请执行人申请结案,承办人的任务就可告一段落,可以不关心和解协议的履行问题。

另一方面,面对“执行难”的社会环境,申请执行人也深知法院执行工作的现状。虽然,随着“基本解决执行难”工作的推进,查控被执行人财产变得越来越容易,查找被执行人的方式日益增多,协助执行人的意识也不断提升。但不可否认,目前法院的执行措施和执行资源,仍无法满足破解“执行难”工作的全面需要。当法院经过一系列执行措施,仍然无法执行到位时,被执行人提出“慢慢还”的提议,对申请执行人来说,也许是一种无奈之举,也可以看作其“放水养鱼”的长久之计。毕竟,从目前来看,和解结案后,申请执行人仍拥有申请恢复执行的权利,且没有时效限制。

(三)权利人“心太软”:风险意识欠缺

当调解案件进入执行时,作为申请执行人的权利人未必是“心软”的。对于义务人的“爽约”,也很“冒火”,极力要求法院对被执行人严惩。随着案件执行的进行,火气慢慢消退,申请执行人很有可能因“心太软”而选择与被执行人以执行和解方式解决事情。其“心太软”主要表现在:(1)申请人碍于情面的“心软”。面对乡土社会的人情世故,很多申请执行人考虑“面子”问题,常常会坐下来与被执行人谈谈,试图以和平方式实现兑现案款的目的。一旦被执行人示弱,作出信誓旦旦的承诺后,申请执行人常常会给对方一个“面子”。于是,和解协议产生了。(2)申请人基于“胁迫”的心软。很多时候,申请执行人常处于弱势一方。面对相对强势一方的被执行人,他们也会基于“大事化小”的想法,接受被执行人的和解方案。尤其是,对方提出“不接受慢慢还,到时候一分钱都没有”时,申请执行人常会选择再相信对方一次。(3)申请人出于利益驱动的“心软”。当被执行人提出暂时无法履行,是否可多支付申请执行人部分利息,给予分期履行的想法时,申请执行人常会考虑额外的利息收入,接受被执行人的分期付款方案。其实,在笔者看来,与其说是申请执行人“心太软”,不如说是其风险意识的欠缺。此外,在他们双方达成的执行和解协议中,近50%的协议并无相应的担保财产或者担保人作为督促被执行人履行义务的保障,也是申请执行人风险意识欠缺的表现之一。

(四)义务人不诚信:法律意识淡薄

调解书一旦生效,作为义务人的被执行人应当按照调解书内容按时足额履行,这是市场参与主体诚实守信的基本要求。然而,由于其不诚信行为,导致申请执行人申请法院强制执行。此时,履行生效法律文书确定的法律义务是被执行人的首要选择或者说是唯一选择。

现实中,有些被执行人法律意识薄弱,基于各种动机,想方设法与申请执行人达成和解协议,然后再考虑其他情形。第一种情形是暂时没钱,与申请执行人达成和解,要求申请执行人让步,以达成少履行或者拖延履行义务的目的。第二种情形是根本没钱,将执行和解作为缓兵之计,与权利人假意磋商,①进而暗中转移财产,逃避法院执行。以上蔑视法律权威的选择都与被执行人法律意识淡薄的不诚信行为密不可分。特别是执行强制措施有限的当今,最严厉的惩罚无非是追究其拒执罪,但拒执罪取证难、定罪难,根本无法对被执行人形成强有力的震慑,使他们铤而走险,导致大量调解案件继续"遭遇"执行和解,执行兑现遥遥无期。

四、管窥:"基本解决执行难"②视野下的对策反思

调解案件越来越多地进入法院执行程序,又越来越多"遭遇"执行和解,执行和解又越来越多地未按时履行,申请执行人再次恢复执行,导致调解的优势出现了异化,和解的目的偏离了方向。因此,需要我们认真对待这一现象,特别是在"基本解决执行难"承诺提出的今天,更需要寻求切实可行的对策来解决调解案件大量被执行和解的现实问题。

(一)解决好调解案件进入强制执行程序问题

当大量调解案件被执行和解,我们不仅要重视并提出切实可行的解决方案,更应该反思调解案件为何会进入执行程序的问题。若调解案件越来越少进入执行程序,义务人的自动履行率越来越高的时候,问题自然迎刃而解。为此,只有将源头问题解决好,才能更好地解决调解案件大量执行和解的非正常现象。笔者认为,这就是解决好调解案件进入执行程序问题,使调解案件生效后,双方当事人能够按照调解书的内容履行,让应然的"案结事了"成为实然。因此,一方面,凸显调解的"比较

① 参见冯一文:《"案结事了"理想的实践障碍及其超越——基于调解案件进入执行程序的实证分析》,载《宁波大学学报》(人文科学版)2009年第6期。

② 为实现"基本解决执行难"的总体目标,最高人民法院制定了《关于落实"用两到三年时间基本解决执行难问题"的工作纲要》。该纲要明确了"基本解决执行难"的工作目标,即"四个基本":(1)被执行人规避执行、抗拒执行和外界干预执行现象基本得到遏制;(2)人民法院消极执行、选择性执行、乱执行的情形基本消除;(3)无财产可供执行案件终结本次执行的程序标准和实质标准把握不严、恢复执行等相关配套机制应用不畅的问题基本解决;(4)有财产可供执行案件在法定期限内基本执行完毕。

优势”,[①]实现法院调解的预期目标;另一方面,也可以提高法律文书的自动履行率,减少调解案件进入执行程序,缓解执行工作日益增长的压力。限于篇幅,加之早就有人提出了相关研究成果,[②]本文不再赘述,主要从避免调解案件大量执行和解及其风险预防角度提出自己的管窥之见。

(二)避免调解案件大量执行和解反思

1. 重申和解初衷,强化其自愿性

我国《民事诉讼法》第230条规定:“在执行中,双方当事人自行和解达成协议的,执行员应当将协议内容记入笔录,由双方当事人签名或者盖章。”可见,执行和解是双方当事人对自己权利的处分,应当基于他们的自愿,法院不可强行调解。否则,必将有违执行和解制度的初衷,使其演变成了“执行调解”。[③] 为此,执行人员应当深刻认知执行和解的这一初衷,强化执行和解的自愿性,杜绝不适当的干预,充分尊重当事人意志及其处分权,明令禁止法院对当事人进行强行调解。

2. 建立审查制度,完善结案考核

双方当事人达成的执行和解协议,很多因没有履行的可操作性,最终成为一纸空文,进而恢复执行,浪费有限的司法资源,引发新的矛盾隐患。为此,有必要建立执行和解的司法审查制度,对其意愿真实性、内容合法性及履行可行性进行审查。具体来说,执行裁决部门或者执行实施部门组成合议庭对以上三方面内容进行具体审查。符合条件的执行和解协议,准予案件终结本次执行程序以结案;不符合条件的,则根据实际情况,作出相应决定:或要求被执行人适当履行部分案款,或要求被执行人提供相应的担保物或者提供担保人,或者要求增加违约责任条款等。同时,完善执行和解结案的考核体系,考量“基本解决执行难”的达标与否,坚持“结果和过程并重”,不仅只看执行结案率,更要看执行兑现率。过分强调执行和解率势必造

---

① 调解同判决相比,调解协议的达成是建立在双方当事人自愿的基础之上,因而一般都能够得到自动履行。这被认为是调解所具有的比较优势之一,参见李浩:《调解的比较优势与法院调解制度的改革》,载《南京师范大学学报》(社会科学版)2002年第4期。

② 比如,冯一文在《“案结事了”理想的实践障碍及其超越——基于调解案件进入执行程序的实证分析》一文中提出对策:“完善调解工作理念机制,防止法官不当主持调解;引入有效的调解履行督促机制,杜绝义务人不当参与调解。”再如,李浩在《当下法院调解中一个值得警惕的现象——调解案件大量进入强制执行研究》一文中提出对策:“树立当事人为本位的诉讼观,理性地对待调解结案率;构建调解与执行相衔接的新机制。”

③ 执行案件的当事人,在法院的主持下,改变执行依据确定的权利义务关系的行为称为“执行调解”,但并非法律术语,只是法学理论学者提出的概念。

成执行人员为执行而执行，造成实践中大量执行和解只是法院结案的一个目的。[①]执行人员必然会将办案精力由和解协议的内容转移至是否达成和解协议身上，造成大量执行案件无法实际执结。

3. 强化跟踪监督，督促自动履行

执行和解的达成，并不意味执行案件的实际执结，有可能出现“爽约”的各种情形。为此，在执行和解达成后，法院不能将该执行案件束之高阁，要及时掌握被执行人的相关信息，关注被执行人财产状况，并根据相应的情况对被执行人进行必要的告知或警示，甚至可以采取相应的执行措施，以保障申请执行人的权益能够顺利实现。比如，有的被执行人对执行和解协议不重视，常常忘记履行时间，抱有迟点履行也无所谓的想法，法院有必要对其给予提醒，督促其自动履行。再如，当被执行因特定事项具备一次性履行条件时，要及时督促被执行人自动履行，以尽快实现该案的彻底解决。

4. 做好普法释明，引导树立诚信

民众的法律素养关乎法治建设，诚信意识的提高则关乎执行和解的自动履行。为此，执行人员要做“普法者”，对双方当事人面临的法律困惑进行解疑，对申请执行人有可能承担的法律风险依法释明，对拒不配合的被执行人善加分析、努力说服，化解不必要的纠纷。同时，执行人员要做“指引者”，引导双方当事人树立诚信意识，互相谅解，主动按照执行和解协议承担各自权利义务。在必要时候，要对违约者进行惩处，尤其是被执行人多次迟延履行，可以依法对其进行有关拒执罪方面的教育，强化法律的指引作用。

5. 强化执行措施，提高执行质效

执行和解的提出，不仅在于申请执行人“心软”，很多时候还在于执行措施的疲软。面对激增的执行案件，执行干警的压力越来越大，承担的风险和责任也越来越大，故而会束缚手脚，不敢担当。为此，减少执行和解案件的发生，还要靠执行干警的强势出击，靠执行措施的日趋完备。不能为了省事，就极力促使“握手言和”。用好法律赋予执行部门强硬有力的执行措施与执行资源，不断解决好找人寻物的关键环节，让失信者的行踪逃无可逃，让失信者的财产藏无可藏，努力提高案件执行兑现率，以“真金白银”换调解案件的执行兑现。

---

① 参见徐小飞：《执行和解中法院的职能和角色》，载《法律适用》2012 年第 10 期。

结 语

法国学者保罗·利科在其《论公正》一书中提出："司法的最终目标是和平。"大量的调解案件在进入执行程序后"遭遇"执行和解，而后出现"爽约"，频频上演"调解—执行—和解—恢复执行—和解"的非正常现象。对此，我们不能视而不见，要通过现象看"执行难"背景下的大环境，以及大环境下基于结案需要的小执行员，要预防"执行和解"可能异化为"执行调解"的苗头，认清执行和解制度的初衷，强化执行措施的运用，努力提升执行兑现，让"调解"与"和解"各自归位，实现正常的"案结事了"。令人欣慰的是，这一回归正在发生。

无财产可供执行案件退出机制研究

李　沙*

近年来,最高人民法院先后几次发起清理执行积案专项活动,越来越多的陈年积案浮出水面。陈年积案的产生根源在于无财产可供执行而又无法正常退出执行程序,使全国各级法院的案件压力越来越大,进一步激化人案矛盾,执行程序追求的程序公正与社会民众要求的实质公平之间的价值失衡日益严重。只有重新审视"执行难"的本质,使无财产可供执行案件合理退出,才能释放执行体制活力、优化配置执行资源,集中精力处理有财产可供执行的案件,最大限度保护更多债权人的合法权益,实现执行程序公正与效率的有机统一。

一、问题的提出:无财产可供执行案件如何认定

(一)无财产可供执行案件的成因

1. 宏观上的市场交易风险。市场经济中风险与机遇并存,规避风险获取利益是每个市场主体的共同追求,然而由于受市场信息不足、产业链外部环境变化等因素影响,市场风险始终伴随民商事市场行为。可以说,除因意外、侵权、犯罪等形成的金钱债权外,其他金钱债权未能实现,都属于市场风险的范围,不能因为经过了诉讼和执行程序,市场风险

---

* 重庆市璧山区人民法院执行局法官助理。

就自然消失了,更不能将这种风险转嫁给国家和社会。①

2. 微观上的逃避债务行为。“一个案件能否执行或执行多少,主要取决于被执行人的财产能力状态,法院的强制执行力度只能起相对的辅助作用。”②被执行人的财产状况才是决定案件能否实际执结的终极制约因素。在社会经济发展水平保持不变的情况下,被执行人的财产状况很大限度上取决于被执行人是否诚信,有无转移财产、躲避债务行为。在执行实践中,一些被执行人采取假离婚、虚构债务等隐蔽手段转移财产,造成执行中“无财产”可供执行的假象,致使执行目的不能实现,严重损害申请执行人的合法权益。

3. 客观上的执行措施有限。一方面,我国尚未建立统一的社会诚信体系,通过执行措施统一查找被执行人的全部财产较困难,整体财产查控水平不高,致使一部分被执行人的隐匿财产难以发现;另一方面,现行法律供给不足,执行机关可采取的强制、制裁措施有限,尚不足以对被执行人形成全面威慑,客观上造成了部分案件无财产可供执行的局面。

(二)无财产可供执行的认定程序

无财产可供执行案件的认定意味着申请执行人的债权无法实现,执行机关的工作职责暂时完成,被执行人的偿债责任暂时处于真空状况,对于具体执行案件的当事人具有极其重要的意义。因此,案件无财产可供执行必须经严格的认定程序,并为各方当事人设置程序明确的救济渠道,方可避免当事人对执行权力运行的怀疑从而产生程序外的救济等情况。

1. 责任财产范围的界定

(1)责任财产的范围

所谓责任财产,依大陆法系的强制执行法理论,是指“债务人之财产中,得为强制执行客体适格之总财产”。③ 责任财产有广义和狭义两层含义。狭义层面的责任财产,专指金钱债权之强制执行程序中,执行法院得为查封、变价以满足债权人金钱债权之债务人财产。广义层面的责任财产,除狭义的责任财产外,还包括在物之交付的强制执行中,执行法院应取交或解除债务人之占有,使回归债务人占有的特定物。④ 在

① 参见张美欣:《终结本次执行程序案件的彻底终结制度研究》,载《法律适用》2016 年第 4 期。

② 董振国:《试论执行不能》,载《人民司法》2002 年第 5 期。

③ 陈计男:《强制执行法释论》,台北,元照出版有限公司 2012 年版,第 60 页。

④ 参见王亚新、百晓锋:《无财产可供执行案件的退出机制及相关争议的处理》,载《法律适用》2011 年第 12 期。

执行实践中，责任财产主要指狭义的责任财产。

一般认为，狭义上的责任财产可以从空间和时间两个角度予以限定。从空间的角度来说，以占有为标准，凡是归债务人所有的财产或权利，无论其为动产、不动产、船舶、航空器或其他无形的财产权利，都可视为责任财产，用以清偿申请执行人的债权。但也有例外，在其他国家和地区，以下财产通常不属于债务人的责任财产：法律上不能换算成金钱的财产（禁止流通物）、法律基于债务人人格或身份而赋予的权利（如扶养请求权）、单独不具有财产价值的权利（如撤销权、解除权）、法律禁止或限制扣押的财产（属于执行豁免范围的财产）等。在时间范围方面，责任财产必须是执行开始时属于债务人的财产。执行开始之前属于债务人的财产，经债务人有效处分已成为他人所有的财产时，就不再属于债务人的责任财产。至于债务人未来可能取得的财产，一般情况下不能作为债务人的责任财产，但以下情况除外：①未到履行期限的请求权；②执行开始时已具备了基础性的法律要件，至少能够认定为期待权的财产；③只要债务人作出意思表示就能够取得的财产，如法律行为的撤销，契约的解除、买回等。在第三种情形下，债权人可以代债务人作出意思表示，使其成为债务人的责任财产。

（2）豁免财产的范围

被执行人名下的所有财产与被执行人的责任财产范围并不一定完全一致，根据现行法律相关规定，有些财产虽然属于被执行人所有，出于原情执行原则、生存权大于财产权等价值衡量，该特定财产不能当然属于被执行人责任财产范围。根据我国《民事诉讼法》的规定可供执行的财产为保障“被执行人及其所抚养的家属”的“生活必需费用”和“生活必需品”外的其他财产，可以概括为：一是唯一且仅能满足最基本居住标准的居所；二是为生存所必需的劳动生产工具和生产资料；三是保障生活最基本的必需生活条件和生活用具；四是为保障生活最低的生活保障费、养老金、救济金；五是被抚养、抚育家属维持当地最低生活保障的劳动收入。

（3）发生争议时的救济途径

执行实践中，因为被执行人的责任财产范围认定问题，申请执行人观念中的责任财产范围及于被执行人全部财产，有时大于执行机构的认定或被执行人的申报范围，必然发生各种争议。根据现行法律规定，申请执行人或被执行人认为针对某特定财产的执行不当，可针对该特定执行行为向执行法院申请执行异议，执行法院组成合议庭进行审查，对执行行为的合法性与正当性进行裁决。双方当事人还可对此裁定提出复议。通过引入这样的程序,法院可在一定程度上超脱执行当事人的争议,采取的执行方案及措施也更易获得正当性和透明度。

2. 穷尽执行措施的标准

执行机构是否对被执行人的责任财产穷尽调查措施,强制措施运用到位,对被执行人有无财产的认定具有决定性作用。但是,执行程序的程序目标是实现公正与效率的合理平衡。执行穷尽原则也意味民事执行在时间上不能无休无止,在成本上不能没有控制,在权利实现可能性上不能不顾现实条件。①

认定被执行人有无责任财产可供执行,应从以下三个方面着手。

第一,穷尽查控措施。执行机构按照法定程序要求申请执行人提供有财产证据及财产线索,向被执行人送达执行通知书及财产申报令,最大限度地发现被执行人的财产。同时,依据职权全方位查找被执行人的各类财产信息,在调查银行存款、车辆、房产等有形财产的基础上,着重调查被执行人的对外投资、理财收入等无形财产,有无隐匿、转移财产行为及被执行人主体扩张的情形,确保被执行人的责任财产尽可能接近其实际所有的财产范围。

第二,穷尽强制手段。执行措施是人民法院依照法律规定,强制被执行人履行生效法律文书确定的相关义务的具体方法和手段。执行机关应当具体问题具体分析,依法采取与个案相适应的执行措施,对于金钱债权执行的查封、扣押、冻结、扣留等措施,及时控制被执行人财产,确保被执行人财产在执行过程中妥善保存,避免被转移或隐匿。

第三,穷尽制裁措施。执行机构在执行过程中发现妨碍执行行为时,应当即时采取拘留、罚款等制裁措施来排除妨碍。当被执行人责任财产的认定及采取的执行措施不足以促进执行程序的进行时,执行机构应采取适应的强制措施来推进执行程序,对于情节严重、涉嫌刑事犯罪的,应移送公安机关追究刑事责任,加大违法行为的法律成本,促使被执行人主动申报财产信息,完成执行兑现。

执行机构在完成上述执行措施后,依然无法查找到可供执行财产,出于经济成本的考虑,该执行案件需通过一定程序合理退出执行程序。否则,执行案件“进多出少”“只进不出”的局面将会越来越严重,以致无法流出执行程序的案件大量积压,各级执行机构不堪重负,解决“执行难”问题也面临巨大挑战。

---

① 参见童兆洪:《民事执行权研究》,法律出版社2004年版,第245页。

二、解决方案的探索:无财产可供执行案件退出执行机制的建构

(一)各地法院的实践探索

由于各级法院执行积案逐年增多,法院系统每隔三四年就要组织“清理执行积案”专项活动,以期通过这种“执行攻坚作战”方式消化执行积案。然而,法律规定的执行案件结案方式十分有限,大量无财产可供执行案件无法结案,为了应对各类“清积”活动,各级法院开始研究和探索无财产可供执行案件的退出机制。概括来看,主要是发放债权凭证、中止执行报结、终结本次执行程序、终结执行等方式。笔者将在对现行探索成果进行评析的基础上,结合域外实践经验,继续探索可行的解决之道。

1. 发放债权凭证

浙江省高级人民法院是2001年全国最早向申请执行人发放债权凭证的法院,可谓首开全国法院之先河。所谓债权凭证,是指在执行程序中,由执行法院向具备条件的申请执行人发放,用以证明申请执行人就未执行的标的对被执行人享有债权的权利证书。推行债权凭证制度在执行实践中确实取得了一定效果,但同时也遭受诸多非议。支持者认为,债权凭证制度可以界定执行机构的权力边界,即依照法律规定采取相应执行措施强制被执行人履行义务,而非执行机构本身要保证申请执行人实现债权;可以解决执行案件超审限问题,减轻社会舆论对法院的压力;可以增强当事人在经济交往中的风险防范意识,促使他们自身努力,防止发生交易风险和避免日后权利无法实现。[①] 反对者则认为,债权凭证制度在程序上不够完善,各地自行其是,运行程序混乱无序。如债权凭证的适用范围、有效期、能否引起申请执行期限中断、能否作为执行根据、引起执行中止还是执行终结等问题,由于各地理解不一致,在委托执行、异地执行和协助执行的过程中很容易发生冲突,从而使债权凭证的作用大打折扣。[②]

笔者认为,债权凭证制度缺乏法律依据,只是一种表面上提高案件执结率的权宜之计,本质上没有使无财产可供执行案件退出执行机制,该类案件随时可以再次

---

① 参见郭建平:《执行债权凭证制度的建立与施行之探讨》,载最高人民法院执行工作办公室编:《强制执行指导与参考》(2002年第3辑总第3辑),法律出版社2003年版,第301~305页。

② 参见管文超:《反思与重构:关于完善我国民事执行案件退出机制的探讨》,全国法院系统第二十二届学术讨论会征文。

进入执行程序，客观上造成法院执行行为的反复性，引发社会公众怀疑，对司法公信力产生动摇。因此，债权凭证制度没有经得起执行实践的检验，在2006年后逐渐不被法院系统所采纳。

2. 中止案件报结

中止案件报结是指在执行案件过程中因法定事由裁定中止执行的案件，内部报结。广东省高级人民法院出台规定明确了未发现可供执行财产而裁定中止执行的案件以及达成和解协议而裁定中止执行的案件，作结案统计。此种做法，在历次"清积"活动中运用得较多，但也是一种权宜之计，且不符合现行法律规定。最高人民法院司法统计明确规定中止执行以执行未结案处理。一些法院片面追求执结率，对结案环节把控不严，可能存在执行措施不到位、滥用执行中止的情形。执行中止这种结案方式不被认可，申请执行人恢复执行申请的权利无法落实，债权处于搁置状态，不利于申请执行人债权的实现。

3. 终结本次执行程序

终结本次执行程序是指在执行程序开始后，人民法院按照法律要求，履行了法定执行手续，采取了相应强制措施，穷尽了执行手段和方法，仍然无法执结案件。在查明被执行人确无可供执行的财产或者是暂时无履行能力的情况下，执行工作暂时停止，由法院裁定终结本次执行程序，该执行案件即告结案，因而暂时结束执行程序的一种制度。① 这是执行系统应用最广泛的无财产可供执行案件退出执行机制的方式。2009年中央政法委和最高人民法院联合发文《关于规范集中清理执行积案结案标准的通知》首次规定了终结本次执行程序。2014年12月17日最高人民法院发布的《关于执行案件立案、结案若干问题的意见》第14条确定了终结本次执行程序的合法地位；该意见第16条明确了终结本次执行程序的适用条件、流程、救济途径、法院调查事项范围等内容，为无财产可供执行案件的退出提供了合法性基础及可操作性规范，为化解执行积案提供了合理途径。

4. 终结执行方式

最高人民法院《关于执行案件立案、结案若干问题的意见》第16条对可以以"终结执行"方式结案的情形进行具体规定。终结执行程序上的效力体现在终结执行裁

---

① 参见青岛市中级人民法院执行一庭：《关于民事执行案件退出与救济机制的探讨》，载《执行工作指导》（2008年第1辑），第118页。

定一经生效，该结案方式等同于执行完毕，执行程序就此宣告结束，不得再恢复执行。实体上的效力体现在执行终结后，申请执行人的债权转变为自然债权，法院不得再以司法强制力迫使被执行人履行义务，申请人也不得再次申请执行。

对于无财产可供执行案件，终结执行意味着执行程序宣告结束，实体权利不再得到执行强制力的保护，无论从程序和实体上来看，都是真正意义上的退出。但也面临申请执行人债权得不到实现的质疑与困惑，因此，终结执行结案要严格把握，终结事由须经严格的认定及宣告程序，充分考虑申请执行人的权利救济，真正实现案结事了。

（二）域外立法经验及借鉴经验

1. 美国：赋予判决书一定的生命周期

在美国，所有判决都有生命周期（有效期间）。超过一定的年限，判决就失效或者不能强制执行了。各州关于判决的有效期间有很大差别，有关判决持续有效的规则也不统一。如在有的州，规范判决的法规可能规定，判决在一个固定的期间内有效（如10年），超过此期限则判决失效或者不能强制执行。有的法规可能允许在判决有效期间内，申请更新判决，即将判决的有效期间延长至一个新的有效周期。有的州法规要求在判决的有效期间内定期申请执行，否则判决即进入休眠状态，必须通过申请“唤醒”它，才能再次申请执行。①

在美国当事人主义的诉讼模式下，债务人财产线索的查找主要依靠债权人收集，债权执行不能的风险也由债权人自行承担。美国赋予判决书一定的生命周期，期限届满依据该判决书所申请的执行案件即丧失强制执行权力保障。这一制度一方面督促债权人积极查找债务人财产，另一方面设定了无财产可供执行案件的流出机制，如此，尊重执行规律，保持执行程序的活力。

2. 瑞士：无财产状态持续一定期限后案件彻底失去强制效力

《瑞士联邦债务执行与破产法》对全部或部分执行不能的情况设计出了“执行无结果证明”的规范。该法规定，案件执行不能的数额一旦确定，执行事务局即签发执行无结果证明，债务人可在执行无结果证明送达后6个月内无须新的支付令要求继续执行。执行无结果证明所证明的债权在执行无结果证明签发后20年失效，但

① 参见黄金龙：《美国民事执行制度介绍》，载最高人民法院执行工作办公室编：《强制执行指导与参考》（2003年第3辑总第7辑），第368页。

对于债务人的继承人,该债权最迟在继承开始后1年失效。债务人可在任何时候通过向签发执行无结果证明的执行事务局支付的方式清偿债权。执行事务局将款项转交债权人或者向提存机构提存。债务清偿后,登记册上登记的执行无结果证明予以删除。应债务人要求,得向其出具确认删除的证明。①

《瑞士联邦债务执行与破产法》对执行无结果证明签发的条件、后果、时效及登记、删除均进行了明确规定,赋予次证明在一定期限后在程序上退出强制执行机制的效力,有别于美国的实体上消灭债权的判决书时效制度,较符合我国国情及司法实践,为我们提供了无财产案件彻底退出执行机制的有益借鉴。

3. 俄罗斯:明确执行程序结束的条件及救济途径

根据《俄罗斯联邦执行程序法》的规定,符合以下情况的,不能全部或部分追索的执行文件应当发还追索人,发还相应执行文件后执行程序即宣告终结:"①根据追索人的申请;②超出申请执行期限;③债务人为组织的不能确定其地址;债务人为公民,不能确定其住址;或者不能确定债务人的财产所在地、不能获得债务人金钱和在银行或其他金融机构中的其他有价值物品的(俄罗斯联邦法律规定寻找债务人及其财产的除外);④如果债务人无可供执行的财产或收入,司法警察—执行员采取一切法律允许的手段寻找其财产和收入仍无效果的;⑤如果追索人拒绝接受依照执行文件从债务人处执行所得的无法变卖的财产的;⑥如果追索人以作为或不作为的方式阻碍执行的……""债权人对司法警察——执行员关于执行程序结束的决定,可于10日内向相应法院提出申诉"。②

《俄罗斯联邦执行程序法》将执行程序结束的情形进行明确表述,上述6条仅为发还追索人执行文书的情形。这6种情况可概括为追索人撤回追索申请,超出申请执行期限,债务人下落不明、无可供执行财产,追索人拒绝接受无法变现财产,追索人阻碍执行等情形。其中,债务人下落不明或无可供执行财产的,执行机构发还追索人执行文书,执行程序即宣告终结。这一规定将执行机构从"接受追索人执行文书→查询债务人财产→查询无果→查询债务人财产……"的死循环中解脱,将更多精力用于有财产可供执行案件,摆脱"执行难"困局。

---

① 参见[瑞]《瑞士联邦债务执行与破产法》(一),刘汉富译,载最高人民法院执行工作办公室编:《强制执行指导与参考》(2003年第1辑总第5辑),法律出版社2003年版,第399页。

② [俄]《俄罗斯联邦执行程序法》,张西安、程丽庄译,载最高人民法院执行工作办公室编:《强制执行指导与参考》(2004年第2辑总第10辑),法律出版社2004年版,第234~333页。

(三)我国无财产可供执行案件的可行方式

根据我国《民事诉讼法》及司法解释、最高人民法院《关于执行案件立案、结案若干问题的意见》对终结执行、终结本次执行程序的相关规定,我国的无财产可供执行案件的退出机制可从以下几个方面进行建构。

1.有效运用破产制度,无财产案件全面退出执行

(1)建立强制破产程序

破产制度是市场经济的"净化器",对于遏制债务人恶意躲避债务,是资不抵债企业主体合理退出市场机制的重要渠道。但在当前执行实践中,破产程序的作用微乎其微,大量无财产、资不抵债的市场主体无法通过破产进行清算和分配。究其原因,主要是对查封被执行人特定财产有较大贡献的申请执行人出于规避平均分配、被执行人资产与债务悬殊等考虑,不愿启动破产程序;被执行人企图通过各种途径转移或隐匿财产,更不愿意启动破产程序;有关信访、主管部门出于信访化解、社会稳定等考虑,通常不希望通过旷日持久的破产来实现债权。这些因素客观上造成执行案件数量日益增加,执行干警应接不暇,同时大量符合破产条件的案件出于种种考虑无法进入破产程序,严重影响执行机制的科学运行。

笔者认为,建立强制破产制度可以促使执行案件的债权人、债务人等主体积极启动破产程序,且在一定条件下,即使这些主体未启动破产,执行法院也可以依职权强制其进入破产程序,依法实现相关债权,彻底结束执行程序。

(2)建立个人破产制度

我国现行破产法律未将自然人纳入破产程序主体之列,执行程序面临大量自然人无财产案件无法彻底退出问题。在执行实践中,自然人一旦面临巨额债务,通常采取外出躲债、虚构债务等方式规避执行,无法通过合理途径保护债权实现。建立破产制度的优势在于使陷入严重财务困境的个人通过破产程序清算债务,能够重新实现正常的生产和生活。当个人债务人明显缺乏还债能力的时候,仍对其强制执行,既不利于债务人个人也不利于债权人和社会;相反,最终可能使债务人成为社会的负担。①

从各国的破产法情况来看,个人破产法也是所有市场经济国家破产法的重要内

---

① 参见管文超:《反思与重构:关于完善我国民事执行案件退出机制的探讨》,全国法院系统第二十二届学术讨论会征文。

容。据美联社2009年4月13日公布的统计，在过去的1年中，每1000个美国人中就有4个申请破产，破产率是2006年时的2倍。① 中国实施个人破产已初步具备条件。中国的个人信用记录初具雏形，金融信贷制度不断完善，这都为个人破产的实施提供了基础条件。

2. 规范终本结案程序，充分保障债权人合法权益

无财产可供执行案件的认定需经历严格的条件，其结案环节也应该严格管控，财产调查标准、强制措施运用情况、制裁限制措施运用情况等均应在结案环节予以审查，缺少其中任一环节不得随意结案。同时，此类案件的结案需征得申请执行人的同意，若执行机关完成规定工作但申请执行人仍不同意结案，需通过听证程序来完善结案流程，当事人对结案方式有异议的，可以通过执行异议程序审查处理，充分保障申请执行人的合法权益。终结本次执行程序的裁定必须送达各方当事人，该裁定的送达时间即作为案件彻底终结期限的起算点。

3. 扩大终结结案适用范围

我国《民事诉讼法》第257条、最高人民法院《关于执行案件立案、结案若干问题的意见》第17条均对"终结执行"情形进行具体限定，后者范围更广泛一些。但是，对于一些终结本次执行程序结案达到一定期限，法院依法应当采取的查控措施、强制措施、制裁手段已穷尽并已重复使用一定次数仍无法查找到被执行人可供执行财产，继续执行则严重影响执行机制的活力，浪费大量司法资源。

参考美国、瑞士直接为执行依据设定一定期限，超期当然丧失强制执行力的立法例以及俄罗斯执行机构完成"规定动作"也可以结束执行程序的规定。笔者认为，我国也可以为已认定的无财产可供执行案件设定一定的有效期或者实施"规定动作"的次数限制，达到以上两个条件之一，便可以终结执行。

三、制度的现实重构：无财产可供执行案件退出执行后如何管理

（一）加强退出案件被执行人的权利限制

在当前执行制度职权主义的诉讼权利配置模式下，案件退出执行机制后，法院依然承担着继续查找被执行人财产线索，制裁被执行人失信、违法行为的责任。

---

① 参见《个人破产制度》，载百度百科：http://baike.baidu.com/item/%E4%B8%AA%E4%BA%BA%E7%A0%B4%E4%BA%A7%E5%88%B6%E5%BA%A6%3030862，最后访问日期：2018年11月12日。

1. 动态管理被执行人财产信息

信息化技术的发展极大地提高了执行效率,“总对总”“点对点”网络查控系统的广泛应用,使执行机关查找被执行人的银行存款、公司、车辆、证券、配偶、行踪等信息极为便利,促使大批积案得以兑现。按照市场经济运行规律,每个参与市场活动的市场主体其财富必然存在一定载体,或以房产、车辆,或以股票、证券等形式,且采取一定的方式流通。

在当前我国法院承担较大的发现被执行人财产的证明责任的分配制度下,被执行人信息的查找主要依赖法院行使职权,很少依靠申请执行人提供明确财产线索或被执行人主动申报财产信息。

无财产可供执行案件的认定主要取决于法院是否采取了足够的查控、强制、制裁措施,此类案件退出执行机制后,法院依然需要承担查找被执行人财产、采取相应强制措施、制裁被执行人违法行为的责任,以最大限度实现申请执行人的债权。

2. 完善被执行人名册公示

无财产案件退出执行机制不意味着被执行人可以不再履行偿债义务,执行机关对退出案件需建立专门台账,将此类案件的被执行人造册登记,全部纳入失信被执行人名单库,通过广泛的信息化平台向社会予以公布,以督促被执行人尽快执行,同时为公众提供信息防止交易风险的发生。目前,各级法院可将已退出执行的案件在最高人民法院被执行人查询系统、失信被执行人系统予以公布,同时,也应当充分运用门户网站、微博、微信、报纸、电视、LED 显示屏等广泛接触社会大众的媒体平台对相关被执行人的身份信息、应执行标的、违法情形等信息进行公开。

此类信息的公开为我国建立统一社会信用体系提供有效信息数据,也为执行机构通过多种渠道对被执行人进行限制和制裁奠定现实基础。通过联动机制的建立,将此类案件信息及失信信息通过一定的平台与公安、工商、税务、国土、银行等多个部门实现共享,逐步扩大对此类被执行人的权利限制范围,提高无财产案件退出后的管理水平。

3. 完善财产报告制度

美国不存在“执行难”的三大“杀手锏”是财产开示(property discovery)制度、藐视法庭罪、判决留置制度,三项制度相互依存,共同保障胜诉判决的司法权威。《美国联邦民事诉讼规则》规定胜诉方“可以要求包括债务人在内的任何人开示判决债务人的财产情况”。如果败诉方不按照法庭命令报告自己的财产情况,将面临法院严惩。纽约州就明确规定:胜诉债权人可以通过向法院申请传票的方式要求败诉债务人提供有关财产的相关信息,且收到传票的人员虚假陈述或拒绝回应都可能因为藐视法庭罪而受到处罚,甚至监禁。新泽西州也有类似规定,如果债务人不配合开示自己的财产,债权人还可以向法院申请对第三方发送信息传票,如第三方拒不执行法院命令,也将面临藐视法庭的处罚。

由此可见,完善的财产报告制度必须以宽严相济的违法制裁措施为保障。我国《民事诉讼法》第241条规定:“被执行人未按执行通知履行法律文书确定的义务,应当报告当前以及收到执行通知之日前一年的财产情况。被执行人拒绝报告或者虚假报告的,人民法院可以根据情节轻重对被执行人或者其法定代理人、有关单位的主要负责人或者直接责任人员予以罚款、拘留。”这一规定明确了被执行人违反财产报告制度的法律后果,被执行人的财产申报制度并非止于执行案件立案受理后,在执行案件因无财产退出执行后仍然要履行财产报告制度。执行机关可以网络查控监测到的动态信息为依据,如其财产有变动未申报者,可依据此条款对其进行处罚,提高威慑水平。

(二)退出案件的彻底终结机制

上述所说的无财产案件退出执行是指程序上退出执行,但是申请人的实体上追索债务的权利并未丧失,执行机关依然要对此类案件采取相应措施。从瑞士、俄罗斯的立法经验来看,该国的无财产案件退出执行是从实体上退出,申请执行人的债权得不到强制执行力的保障。鉴于我国无财产可供执行案件数量逐渐增多,许多案件多次系统查询都无果的情况下,有必要探讨无财产可供执行案件由程序上的退出向实体上的退出进行转变。

1. 无财产案件彻底终结制度的可行性

域外立法例与我国的司法实践,都验证了无财产案件彻底终结的可行性。第一,域外立法例的借鉴经验。瑞士的无结果证明附一定期限及俄罗斯的完成规定流程执行程序即结束的做法为无果无财产案件彻底终结提供了可借鉴的经验。第二,执行机关的财产调查结果公信力日益增强。随着查控技术的日益成熟,执行机关对被执行人财产的调查较为充分,申请执行人对此调查结果也较为认可。在穷尽执行措施,多次查询无果后,执行机关放弃对该个案的执行,符合执行程序高效、便捷的价值追求,也可以被申请执行人所接受。

2. 无财产可供执行案件彻底终结的条件

(1)首次终本裁定生效之日起满20年

在诉讼程序中,20年通常是一个最长的期间要求,我国民事、行政、刑事诉讼中均有20年的最长期间规定。笔者认为,无财产可供执行案件经过20年仍无法执行到位的,可参考我国诉讼法最长期间规定使此类案件当然失权。笔者认为,此20年期间应为不变期间,不再参照适用诉讼时效关于中止、中断、延长的相关规定。因为,在此期间,执行机关已穷尽执行措施,且对被执行人作出各种限制,案件仍然无法执行兑现,即使将此期间无限延长,案件也无执行到位的可能了。需注意的是,无财产案件终结本次执行程序后恢复执行部分标的的,其彻底终结的起算时间是否要重新起算的问题。笔者认为,恢复执行案件依然是对原执行依据的继续执行,期限无须重新起算,否则退出机制将无任何意义。

(2)采取执行措施达到一定次数

执行机关在无财产案件退出执行机制后的20年不变期间内仍需定期采取执行措施,主要是发现被执行人新的可供执行财产。笔者认为,执行机关可以对无财产案件建立电子台账进行脱卷管理,主要通过网络查控系统定期进行查询,并将发现的财产信息核查及处理结果统一记入台账,无任何财产的案件则逐渐降低频率,每年查询1~2次即可。

(3)畅通恢复执行渠道

无财产可供执行案件退出后,执行机关或当事人发现财产线索,经核实后均可以恢复执行。申请执行人也可以对执行机关在退出后所采取的执行措施进行监督,确保对被执行人财产的查找及执行措施运用较充分。

结 语

“执行难”问题如今受到社会各界的广泛关注,其中无财产可供执行案件的处置是备受争议的焦点问题。妥善处理日益增大的积案压力,构建合理的无财产可供执行案件的退出机制,有利于合理界定法院职责范围,摆脱无财产案件重复无用功的困局,推进执行工作进入良性循环;有利于债权人正确认识执行风险,使市场风险合理回归债权人;有利于人民群众客观、公正地评价法院执行工作,提高司法公信力。

失信被执行人名单制度再审视

张　盼*

一、失信被执行人名单制度的当下意义

（一）助力社会信用体系建设

《社会信用体系建设规划纲要（2014—2020 年）》（以下简称《规划纲要》）指出："要通过建立守信激励和失信惩戒机制，营造一种守信者处处受益、失信者寸步难行的良好社会氛围，来提高我们全社会的诚信水平。"其实质是建立守信激励和失信惩戒的机制。从目的和手段上来讲，失信人名单制度与《规划纲要》相契合，均体现出惩戒失信人、鼓励诚信、提升全社会信用水平、降低失信成本。

从权利角度来讲，失信人名单的建立本是司法公开与公民个人隐私权的博弈结果，是当事人隐私权的合理让渡。最高人民法院确定了"依法公开""及时公开""全面公开"三大公开原则之后，又出台了相关规定扩大司法公开的环节、拓展司法公开的渠道、制定司法公开的最佳标准以此来提升各地法院的司法公开性和透明度。执行作为司法活动的重要组成部分必将在司法公开中备受关注，这就要求除涉及国家秘密、商业秘密、个人隐私等法律禁止公开信息外的执行信息必须向全社会和涉案当事人公开。

---

* 重庆市璧山区人民法院法官助理。

(二)解决"执行难"困境的良方

长期以来,债务人欠债不还、不守信用、规避执行成为一种社会问题,相当一部分债务人不仅不自觉履行义务,甚至采取各种手段对抗执行。自2013年10月1日最高人民法院《关于公布失信被执行人名单信息的若干规定》(以下简称《若干规定》)施行以来,失信人名单发挥出越来越重要的作用,实际效果十分明显。2016年1月在中国社会科学院法学研究所等机构主办的会议上,最高人民法院审判委员会专职委员、执行局局长刘贵祥表示,以S市中级人民法院为样本,截至2015年年底,纳入最高人民法院失信被执行人"黑名单"的共计308.02万人,自动限制其购买飞机票375.71万人次,限制其购买列车软卧、高铁和动车一等座以上车票59.88万人次,有约20%的被执行人慑于信用惩戒的威力而自动履行了义务。①

另外,失信人名单制度逐渐与信息化查控体系、执行指挥体系形成合力,在解决执行困境的同时进一步规范执行行为,一个清晰的执行体系已经显现。失信人名单是基础与总纲,信息化查控体系用以快速判断当事人是否"具有履行生效法律文书"的能力,执行指挥体系重在执行过程的公开合法,用以证明当事人存在"拒不履行生效法律文书"的行为,三者相互促进相辅相成。

总而言之,未来法院与商务、工商、税务、民航、铁路等部门的合作将更加深入,信息共享必然更快捷、更频繁,失信人名单制度将发挥更广泛的社会效果,以制度安排的方式实现对失信者在市场价值上进行惩戒。通过报纸、广播、电视、网络、微博、微信、公告栏等公众媒体公布失信被执行人名单,在社会生活中塑造一种道德上的共识,贬损失信者的名誉,让失信被执行人处在一种无形的、充满公众舆论的环境与氛围中而倍感道德约束的压力。

(三)更具执行效果的"软性措施"

"软性措施"的惩戒力度没有以往单纯强调采取"罚款、拘留"等手段严厉,而且这个过程"可逆",当失信人符合《若干规定》第7条规定的3种情形,人民法院应当将其有关信息从失信被执行人名单库中删除。

失信人名单"四两拨千斤"的效果看似矛盾实则合理。第一,市场中理性经济人

---

① 参见孟亚旭:《最高法:308万人纳入失信被执行人黑名单》,载《北京青年报》2016年1月7日,A07版。

以营利为目的,决策的形成根据成本收益进行衡量,失信人名单通过限制失信人经济生活的方方面面达到提高其成本的目的,包括"政府采购、招标投标、行政审批、政府扶持、融资信贷、市场准入、资质认定等方面"予以信用惩戒。① 第二,在实践中采取"拘留、罚款"等措施看似严厉,但失信人极易产生逆反心理,简单粗暴执法的结果往往适得其反。法院每次通过加强执行力度的方式解决"执行难",暴力抗法活动反而反弹得越强烈。② 第三,建立失信人名单制度极大地减轻了执行法官办案压力,丰富了执行手段,可退出机制在一定程度上更易获得失信人认同并主动履行义务。

二、失信被执行人制度再构建

当前失信被执行人名单制度的法律依据主要有法律和司法解释,同时仅有2017年1月最高人民法院发布的《关于公布失信被执行人名单信息的若干规定》的决定修正[以下简称《若干规定(修正)》]、《民事诉讼法》及司法解释对此作出明确规定,在制度内容上我国《民事诉讼法》对失信被执行人名单制度仅作出原则性规定,这些规定在司法实践中的现实可操作性不强,反倒是与之相关的司法解释成为该制度施行的主要依据,故失信被执行人制度产生巨大作用的同时带来实践中部分的不适应。

(一)厘清覆盖范围

1. 规范对象范围再认识

《若干规定(修正)》第1条即指明了失信被执行人名单制度的内容及规范对象必须是有履行能力而拒不履行生效法律文书确定义务的被执行人,作为规范对象的被执行人必须具有《若干规定(修正)》第1条所列失信情形,所以仅规范部分严重失信情形的被执行人。《若干规定(修正)》设立之初充分考虑到了社会承受能力与法院操作两方面因素,③从社会承受能力上讲当时我国经济发展水平参差不齐、整体

---

① 最高人民法院《关于公布失信被执行人名单信息的若干规定》第8条第1款规定:"人民法院应当将失信被执行人名单信息,向政府相关部门、金融监管机构、金融机构、承担行政职能的事业单位及行业协会等通报,供相关单位依照法律、法规和有关规定,在政府采购、招标投标、行政审批、政府扶持、融资信贷、市场准入、资质认定等方面,对失信被执行人予以信用惩戒。"

② 参见季卫东、徐昕:《"执行难"的理论争鸣:公力救济与私力救济之间的竞争与互补》,载《时代法学》2007年第1期。

③ 参见刘涛、朱燕:《〈关于公布失信被执行人名单信息的若干规定〉的理解与适用》,载《人民司法》2013年第19期。

不高,信用意识尚待完善,如果打击范围过大一定程度上可能阻碍部分地区的发展;法院操作方面看,尽管《若干规定(修正)》制定之前已经有多地法院已经尝试建立失信名单,①并取得一定经验,但规则的不统一,信息建设的滞后,加之新兴事物的接受程度均制约失信名单完全发挥作用。时至当下,设立之初的考量是否仍然适用需要逐一讨论。

(1)是否应当细分失信严重程度

《若干规定(修正)》仅将部分严重失信行为纳入调整范围,理由在于:其一,考虑到社会承受能力,实际上"放纵失信行为一定程度上有利于经济发展",命题本身便存在矛盾,现代商业早已摆脱了早期野蛮的掠夺式发展,守信早已成为商业灵魂,企业的长远发展不可能依赖短期的唯利是图,经济活动中的个体对于失信行为更不会区分严重与否;其二,在操作层面上,《若干规定(修正)》自实施以来,失信名单制度便以极快的速度被法院接受并成为化解"执行难"困境的最重要武器之一。实践表明,当下执行面临最主要的问题不是信息建设的滞后,也不是担心该制度的接受程度,而是在不影响执行效果的前提下限制法官自由裁量,防止"同案不同判",保证规则的相对统一。

基于以上两点,目前仍不宜细分失信严重程度,并且将《若干规定(修正)》所列6种情形扩大至全部"具有履行能力而不履行生效法律文书确定的义务"的被执行人。因为过细的规则划分必然产生更多的漏洞,规则的统一才能发挥失信名单的引导功能,对法律后果稳定的预期是推动社会诚信风尚的重要举措,更是法院自身诚信的体现。

(2)规范对象的扩张是否会带来新的问题

如果被规范的被执行人范围扩大至全部"具有履行能力而不履行生效法律文书确定的义务"的被执行人,那么所有符合条件的被执行人是否必须依规定及时纳入失信人名单?具体包括两个问题:第一,案件标的额较小的情况,立即将被执行人纳入失信人名单是否在一定程度上"大材小用",加之公布失信名单带来的信用惩戒是否过于严苛;第二,法官作为失信名单的启动主体之一,审查并纳入失信被执行人带来的工作量是否过重,反而影响执行效率。

---

① 如2006年3月重庆市高级人民法院公布全市第一批50个失信被执行人名单;2009年3月开始,浙江省高级人民法院和省发展改革委员会协作,将浙江省超过6个月未结的执行案件信息在信用浙江网上公开。

笔者认为以上的担心没有必要。针对问题一，根据标的额大小作为是否纳入名单的标准可操作性不强，在实践中不同地区不同经济发展水平更是无法整齐划一；更为重要的是，失信人名单的惩戒功能不仅是经济上的制裁，还包括道德上的约束，即便标的额过小，当事人申请强制执行恐怕更多的是追求道德上的惩戒，而被执行人在收到决定之时亦已充分了解其后果，法院没有理由加以阻碍。问题二涉及失信名单启动主体，均需要制度构建的进一步细化，保障失信人名单制度系统的完整性，下文将详细阐述。同时，笔者强调，制度构建的核心是处理好法官自由裁量与保证失信人名单惩戒作用的平衡。

（3）人身性权利是否应纳入失信名单

国务院《关于建立完善守信联合激励和失信联合惩戒制度加快推进社会诚信建设的指导意见》将"拒不履行国防义务，拒绝、逃避兵役，拒绝、拖延民用资源征用或者阻碍对被征用的民用资源进行改造，危害国防利益，破坏国防设施等行为"纳入失信行为，推动其他部门和社会组织采取联合惩戒措施。① 那么法院是否应当参考《指导意见》，将人身性权利，如赡养义务、赔礼道歉等同样纳入失信人名单进行信用惩戒？笔者认为可以适用。

第一，失信人名单建立的理论依据是将诚实信用这样一个原本属于道德领域中的基本概念引入法律领域，民事诉讼中的诚实信用要求兼顾当事人诉讼利益并且符合公序良俗，执行程序是民事诉讼能否实现其目的的关键一环，理应承担同样的责任。

第二，失信人名单最重要的功能是惩戒功能，不仅包括市场性惩戒还包括文化道德惩戒，即督促被执行人在公众舆论压力下履行义务，将赡养、赔礼道歉等行为置于大众视野之下，直接促进道德氛围的养成，失信名单的震慑能力也得以彰显。

第三，有学者担心诸如赡养义务、赔礼道歉等行为后果与信用惩戒相比负担过重，笔者认为恰恰相反，正是因为之前没有行之有效的惩戒措施才会出现不履行"常回家看看"义务，剽窃后不赔礼道歉而有恃无恐的不良之风，极大地打击了法律的权威性。

2. 被限制权利的界限划分

失信人名单覆盖的范围从权利角度来讲是公民隐私权部分让渡给国家公权力，

---

① 参见国务院《关于建立完善守信联合激励和失信联合惩戒制度加快推进社会诚信建设的指导意见》（国发〔2016〕33号）规定……第三，健全约束和惩戒失信行为机制中提到，其他部门和社会组织依法依规对严重失信行为采取联合惩戒措施的四项重点领域。

而强制执行与公民的基本权利和财产归属密切相关,法律关系中必然会牵扯申请人和被执行人权利、利害关系人和协助执行人权利、公权力与私权利等众多利益的冲突,必须由法律明确界定各种权利的范围和内容,强制、统一地为冲突各方分配利益。在司法实践中,当债务人的权利与受侵害债权人的合法权益或社会公共利益发生冲突时,法律自然会更注重保护债权人的合法权益与社会公共利益。但并不意味着被执行人权利就此丧失,无论是公布、查询失信人名单,还是被执行人的救济机制、失信人名单退出机制,法律理应降低对被执行人合法权利可能带来的伤害,下文将逐一展开。

(二)纳入失信人名单的时间起点

一般认为,所有的民事决定,一经作出或者送达当事人,立即发生法律效力,即便是依法可以申请复议且当事人已经提出复议申请的决定,其法律效力亦不受任何影响。[①] 另外,我国很多失信被执行人为了逃避债务,长期下落不明,如果规定纳入失信被执行人的决定送达后才生效,则会导致《若干规定(修正)》的制度价值和目的落空。所以认定失信被执行人自作出之日起生效。

同时《若干规定(修正)》第5条规定:人民法院向被执行人发出的《执行通知书》中,"应当载明有关纳入失信被执行人名单的风险提示内容",明确了人民法院风险提示的义务。程序上应当告知其如果不如实申报财产或不配合执行将有被列入失信被执行人名单的风险并记入执行笔录,既尊重被执行人知情权的同时又起到法律震慑作用。

有学者提出,如果被执行人在收到《执行通知书》的同时,因忌惮失信人名单的作用而当即表示愿意立刻履行义务,但此刻决定已经生效,会起到不愿履行的逆反心理,进而不利于执结案件。笔者认为,这种考虑完全没有必要。首先,案件进入执行程序后,应当视为被执行人已经通过诉讼程序了解了裁决结果,被执行人负有按照文书规定的内容履行以及协助和配合强制执行的义务,不能认为被执行人直到看到决定才知晓法律风险。其次,法律制度的建立以追求"最小的恶"为逻辑出发点,失信人名单制度同样存在救济程序,被执行人认为有误可以向人民法院申请纠正,更何况未履行义务的被执行人没有理由以"立刻"履行阻碍决定的生效。

(三)失信人名单的启动模式

根据《若干规定(修正)》,失信人名单制度的启动程序选择了双重启动,即由申

① 参见江伟:《民事诉讼法学原理》,中国人民大学出版社1999年版,第701页。

请执行人申请和人民法院依职权启动两种启动途径。一方面,保障了申请执行人在其权利限度内按照自己的意志行使权利,制约法官作出决定的任意性;另一方面,规定依职权启动失信被执行人名单的程序是法院依法履行执行职责的需要。

但在实践中出现了两方面的问题:其一,当事人申请与法官依职权启动发生冲突该如何处理;其二,如何防止其他当事人恶意利用失信人名单制度。而案件执行过程法官一人自由裁量权过于集中是很多问题的根源。除了依靠执行分段流程制度,[①]失信人名单制度本身如何再优化亟待解决。

借鉴德国类似的"债务人名册制度",1898 年德国修订《民事诉讼法》,增加了债务人名册制度,[②]并于 1994 年通过《关于债务人名册规定的修订法》和《德国债务人名册规则》予以修正并完善。与我国目的类似,"债务人名册制度"通过公示信用状况对债务人进行制裁,迫使其主动履行债务,由于代宣誓保证程序的启动须依债权人的申请启动,所以债务人名册程序的启动以债权人申请为前提。[③]

那么我国失信人名单制度的启动是否应当摒弃法院依职权启动,而单纯依靠当事人申请?笔者认为,应当采取以法官依职权为主,当事人申请为辅,以纳入为原则不纳入为例外的启动模式。德国法之所以规定"债务人名册"依债权人申请启动,与其制度设计密不可分,其设计的目的是衔接代宣誓制度,发生在执行程序之后,且适用执行无果和不能找到债务人财产的情形。可以看出,实际上德国将"无财产可供执行和恶意逃避执行的债务人"均纳入名单,相较于我国规范对象范围覆盖更广。另外,被执行人规避执行手段多样化客观上需要法官根据形势变迁原则行使自由裁量权,当当事人认为被执行人存在"具有履行能力而不履行生效法律文书确定的义务"的行为时,可以向法院递交书面申请,法院进行形式审查,对符合规定的被执行

---

① 将案件办理的权力分解成若干部分,每名法官就其负责的阶段实施执行权力,把一人行使的权力分化成由若干主体共同行使,减少了权力运用的任意性,此亦可称为自由裁量权内部的监督制约。《人民法院执行案件流程管理规则》为法院结合执行工作实践,采取标准化执行流程提供了指引,各地法院根据本院实践出台各自管理规则,使权力规范化运行。

② 根据该法第 807 条在执行员处作出代宣誓保证或者是根据第 901 条对其发布了拘留令的债务人将被载入债务人名册。德国法院在执行过程中,如发现被执行人确实无力偿债的,则执行员可以要求被执行人宣誓无财产可供执行(财产开示的宣誓);执行员认为其无偿债的意思而恶意逃债的,则可决定给予其最长 6 个月的拘留处理。

③ 代宣誓保证,是指在债务人的财产不足以清偿全部债权,或执行债务人宣称自己无力清偿债权的情况下,执行债权人可以向执行法官请求命令执行债务人进行代宣誓;代宣誓在执行员面前进行,主要内容是债务人如实申报财产并保证这种申报不含欺诈和隐瞒。参见江必新:《强制执行改革的路径与成效》,人民法院出版社 2013 年版,第 85 页。

人法院需立即作出决定并采取措施。

以纳入为原则不纳入为例外要求法院若不存在确凿证据,应当及时将“具有履行能力而不履行生效法律文书确定的义务”的被执行人纳入失信人名单,起到限制法官自由意志的作用,达到各地法院标准的统一。

另外,上文提到将失信人名单规范的范围扩大至“具有履行能力而不履行生效法律文书确定的义务”的被执行人,如此是否将增大法官办案工作量?答案是否定的,因为采取以纳入为原则不纳入为例外的启动模式,实际上减轻了法官执行难度,而且在实际操作中法院失信人名单的录入由法院专门人员进行操作,效率不降反升。

(四)失信人权利限制与制度协同

1. 扩大失信人受到限制的权利内容是必然趋势

2016年国务院发布《关于建立完善守信联合激励和失信联合惩戒制度加快推进社会诚信建设的指导意见》,提出针对失信行为从行政、市场、行业、社会、信用记录等方面全方位立体惩戒失信行为。① 可以预见,在未来失信人受到的限制不仅局限于“购买不动产、乘坐飞机、乘坐高等级列车和席次、旅游度假、入住星级以上宾馆”等现有规定。② 审核行政许可审批项目,限制从事互联网信息服务等将更深入限制失信人经济生活各个方面。

2. 制度协同

信用信息归集共享和使用机制是加快推进社会诚信建设的重要一步,如2015年国家工商总局公布一批纳入“黑名单”库的企业和自然人,将数百万户企业纳入经营异常名录、数百万自然人实行准入限制,努力推动建成全国统一的企业“严重失信名单库”。法院因处于解决经济矛盾的中心环节,所以天然的在这个过程中起到中流砥柱的作用,下一步各地法院除了加强部省协同和跨区域联动,将更注重开发本地执行信息源,与本地银行、房产、土地、公安、工商、人保、民政等部门建立专网链接,汇聚本地失信人情况大数据,建立数据集中管理平台并充分共享信息,全方位惩戒失信人经济活动。

---

① 参见国务院《关于建立完善守信联合激励和失信联合惩戒制度加快推进社会诚信建设的指导意见》第9条至第14条。

② 参见最高人民法院《关于限制被执行人高消费的若干规定》列举的9项限制消费内容。

（五）信息化建设升级

近年来，我国已逐渐建立起以最高人民法院"总对总"网络执行查控系统为核心、地方各级法院"点对点"网络执行查控系统为补充的立体性查控体系，因排除人为因素的干扰，执行效率大幅提高。但现行的失信管理系统由最高人民法院统一管理，失信被执行人名单信息的发布和撤销均由最高人民法院的服务器统一进行，由于失信被执行人名单的数量巨大，发布和屏蔽失信被执行人名单耗时较长。由此产生债务人履行义务之后要求及时屏蔽失信被执行人信息与人民法院难以及时满足这一合理要求之间的矛盾。故应加快推进建立自然人、法人和其他组织统一社会信用代码制度，加快信息流通速度，及时更新失信人信息，为执行工作提供实时数据支持。

三、失信退出机制

尽管我国商业环境的诚信意识还有待提高，但失信被执行人名单制度的目标并非追求失信被执行人被"一棍子打死"的效果，或者说该制度绝非构建市场诚信氛围的唯一途径，这些认识难免夸大了其作用。纳入和退出机制的并存使二者平衡，达到惩戒失信人鼓励诚信的必要手段，但失信退出机制在我国现有实践中未受到足够重视，需进一步研究。

（一）失信退出机制彰显失信人名单制度的"时效性"

1. 回归失信人名单制度设计初衷

失信人名单制度的作用理应回归法律的理性层面，它的建立是为了预防与惩戒不执行生效判决的被执行人，所以从目的上讲，如果失信被执行人在接受惩戒之后，履行了法律文书的义务，债权人债权得以实现，在这种情况之下，再继续将其列入黑名单，既没有必要，对其他被执行人偿债的积极性也将造成消极影响，与制定失信制度初衷背道而驰。

2. 法院需及时更新失信人名单

一方面，建立惩戒反馈机制，对已达到惩戒目的的被执行人及时将其剔除名单；另一方面，失信人名单需进一步细化，查询系统可以采取选择性屏蔽，例如，对于涉及多名被执行人的案件，如果部分被执行人已履行完法律文书确定的义务，即使仍有其他被执行人尚未履行义务，也应当及时从名单中删除。

（二）规范并完善失信人名单发布流程

1. 公布失信被执行人信息时，慎重使用"老赖""黑名单"等字眼，这不仅是遵循司法文明的基本要求，而且是站在被执行人的角度，“黑名单令人想起了给罪犯脸上刺字，划黑五类这类过去的故事，这些名单的存在往往给个人生活造成极大影响但其编制却充满随意性，成为侵害个人权益的一个很大隐患”。[①] 绝不能因面临“执行难”的困境便天然视被执行人为敌，实际上单纯的不履行法定义务行为本身就会带来社会评价的降低以及名誉的毁损，失信人名单制度更多则是要尽量确保这种评价的降低能够全方位落实，形成违法阻力，打破“执行难”的恶性循环，避免因失信名单过于宽泛产生拒不履行或继续拖延履行的逆反心理，无法发挥制度作用。

2. 为更为充分发挥失信人名单的威力，需逐渐消除执行盲区，消除信用信息“壁垒”“孤岛”，包括涉农村地区执行案件，除政府部门外社会团体、行业协会的协作，查控体系尚未覆盖的区域都需要各地法院结合所管辖区域的实际特点，弥补信息化建设滞后的漏洞，逐步实现信息采集全覆盖。

(三) 防止退出机制被利用

尽管保障被申请人的权利应当提上日程，但考虑到失信人名单的特殊性，有些学者的观点认为，“法院决定将债务人列入失信被执行人名单前，应听取债务人的陈述，赋予其申辩的权利；对被错误纳入失信被执行人名单的债务人，除允许其向原决定法院申请纠正外，赋予其向上一级人民法院申请复议的程序权利”。诚然，程序性权利是现代法律发展的核心价值之一，但建立失信人名单制度本身更多的是从实体正义角度出发解决执行困难，高效快捷是其与生俱来的特点，如果赋予过多类似实体权利的程序性内容势必拖累整个执行进度，被执行人不仅可以仰仗程序权利拖延执行时间，更有可能存在充分转移财产的机会。故失信人名单制度仍应以形式审查为核心，在不存在确切证据证明确实存在错误时，及时将被申请人列入失信人名单。这本身不会带来所谓的混乱，这也是建立时候失信退出机制的必要性之一。

关于法院在建立“红名单”中起到的作用。从理论上来讲，建立失信人名单的最终目的是保护商业社会有序，并降低信用成本进行资源配置，而非打压经济人积极性。该制度的直接效果是让失信行为真正成为一种短视行为，而守信人获得更多利益。所以伴随“失信人名单”机制自然产生“红名单”，即长期重合同守信用的企业或个人，无论是政府政策还是授信人都将在政策与奖励上给予倾斜，例如，以财政补贴形式降低对这种企业的贷款利率以示奖励，降低守信者使用信用工具的成本等。

---

① 郭瑜：《个人数据保护法研究》，北京大学出版社2012年版，第157页。

在操作层面上,如何判断经济人主体信用是一系统工程,就当下我国实际而言,最重要的是联合征信平台如何发挥更积极的作用。笔者认为,联合征信平台的运作应由政府部门为主导,社会征信机构为辅助,发挥专业信用机构第三方独立调查的作用。但“失信人名单”只能由法院制作并公示,征信机构仅基于事实记录失信事件,保障权威性。

民事强制执行限制出境措施的反思与重构

——以限制出境的合理限度为视角

廉鹏飞 *

最高人民法院院长周强提出，用两到三年时间“基本解决执行难”的难题。2018 年已进入了攻坚之年。造成“执行难”的原因有很多，其中一个重要原因就是难以查找被执行人下落，尤其是被执行人一旦出境，法院的强制执行便失去了对象。执行案件久拖不决，申请执行人的债权难以实现，导致法院的判决或裁定如同一纸空文，胜诉者的权利难以保障，法律权威严重被损害，社会公平严重被践踏。因此，执行法院采取限制出境措施，及时阻止被执行人离境，对于控制被执行人的行踪和财产，防止被执行人以出境方式逃避法律义务，确保生效法律文书确定的义务得以履行具有重要意义。

一、司法实务中限制出境措施的问题反思

随着我国民事强制执行过程中财产查控措施不断完善，网络查控系统不断升级，全国范围内的财产查控网络已逐步建成，限制高消费及纳入失信被执行人名单规定相继出台，我国的民事强制执行已越来越规范、执行力度也越来越强大、民事执行的效果也越来越显著。

民事执行中限制出境措施，是指在民事执行过程中，为

* 重庆市第五中级人民法院法官助理。

保障执行顺利进行,人民法院依法通知有关当事人或者其他利害关系人,在结案前不得离境、扣留被申请人出入境证件或通知边防机关限制其一定期限内不得出境的强制性措施。① 我国《民事诉讼法》第255条规定:“被执行人不履行法律文书确定的义务的,人民法院可以对其采取或者通知有关单位协助采取限制出境,在征信系统记录、通过媒体公布不履行义务信息以及法律规定的其他措施。”《民事诉讼法》明确赋予了人民法院在执行过程中,可以对不履行法律文书确定的义务的被执行人采取限制出境措施。

在民事强制执行力度不断加大的大环境下,“限制出境”作为民事强制执行过程中一项重要措施,其运用并没有纳入失信被执行人及限制高消费等措施那么广泛,导致部分被执行人在民事执行过程中,将大量财产转移至境外,甚至有些被执行人自己移民境外,导致执行案件执行不能,严重影响了债权人的利益,严重损害了法律权威及社会公平。

当前民事执行中的限制出境措施主要存在5类突出问题:

(一)限制出境措施的法律规定过于笼统缺乏可操作性

梳理我国目前涉及限制出境措施的法律法规及司法解释,具体的法律规定如下:《民事诉讼法》第255条,《出境入境管理法》第12条,《护照法》第13条,最高人民法院《关于适用〈中华人民共和国民事诉讼法〉执行程序若干问题的解释》第36条、第37条、第38条,最高人民法院、最高人民检察院、公安部、国家安全部印发《关于依法限制外国人和中国公民出境问题的若干规定的通知》,最高人民法院《关于人民法院办理执行异议和复议案件若干问题》的规定第9条,以及公安部发布的《关于实行对法定不批准出境人员通报备案制度的规定》涉及的“限制出境”。

综观以上法律及规范性文件,其中明确规定适用于民事强制执行中的“限制出境”只有我国《民事诉讼法》第255条。“限制出境”作为对公民合法权益的一种限制,应该有详细而缜密的规范。但我国法律法规中对民事执行中的限制出境措施规定过于笼统,没有明确的操作规范,在某种程度上导致限制出境措施的滥用、误用,这可能导致侵犯被限制出境者的合法权利,甚至个别执行法官因为无所适从,索性不用限制出境措施,造成部分被执行人向境外转移财产或者移民境外,极大削弱了民事强制执行的威慑作用。

---

① 参见朱建朝、金香平、姜金良:《限制出境(边控)措施的法律适用》,载《人民司法》2012年第18期。

（二）限制出境措施的司法审查范围不够明确

最高人民法院《关于适用〈中华人民共和国民事诉讼法〉执行程序若干问题的解释》第36条规定："依照民事诉讼法第二百三十一条规定对被执行人限制出境的，应当由申请执行人向执行法院提出书面申请；必要时，执行法院可以依职权决定。"依据本规定，只要申请执行人提出书面申请，法院即可将被执行人限制出境。其中，法院是否需要进行必要的司法审查？如果申请执行人恶意申请限制被执行人出境怎么办？如果限制被执行人出境，是否需要对被执行人作必要区分？被执行人是确无可供执行的财产，还是有财产故意不履行？被执行人已被查控的财产足以保障申请执行人债权的实现，申请执行人的申请是否该被准许？被执行人若因公出境或确有其他原因急需出境，法院是否该同意解除其限制出境的措施？如果解除，又该符合哪些条件才能给予解除限制出境措施？这些实际问题，从该解释第36条的规定来看，法院审查的范围并不明确，导致执行法官在适用限制出境措施时出现两种极端现象，要么自由裁量权过大，只要申请执行人书面申请，不加审查即将被执行人全部限制出境；要么执行法官无所适从，担心适用法律错误，因而极少采用限制出境措施。无论是过度使用限制出境措施，侵犯了被限制出境者的合法权利，或是极少采用限制出境措施，导致保护申请执行人权利不力，都是当下执行强制措施难以操作的客观现实之一。

（三）限制出境措施的期限过短明显滞后

1987年3月10日最高人民法院、最高人民检察院、公安部、国家安全部印发《关于依法限制外国人和中国公民出境问题的若干规定》的通知，在附件《口岸阻止人员出境通知书》说明中规定：限制出境的期限应"……（二）控制期限限于三十天以内。（三）超过控制期限仍需控制的，应重新办理审批交控手续。在控制期内已无需再控制的，应立即通知撤控。已超过控制期限。而未办理续控或撤控手续的，作自行撤控处理"。

执行实务中，30天的期限确实太短，每一次延长都需要重新办理审批交控手续，徒增执行人员的负累。在我国新修订的《民事诉讼法》及司法解释中，查封、扣押、冻结的期限都已经延长，2017年5月1日开始实施的最高人民法院《关于公布失信被执行人名单信息的若干规定》也对纳入失信被执行人名单的被执行人的失信期限作出新规定，而限制出境措施的期限仍在在沿用1987年的通知规定，已严重脱离了当前民事执行的现状。

当前民事执行案件数量猛增，如果机械执行30天布控期限，期限届满后需多次重新办理审批交控手续。这种烦琐导致执行法官消极使用甚至不用限制出境措施，这种状况自然不能有效保障申请执行人的权利，也减轻了对被执行人的威慑功能。

（四）限制出境措施的通知送达不够规范

我国《出境入境管理法》第12条第3项规定，“有未了结的民事案件，人民法院决定不准出境的”，由此可见，法律赋予人民法院对限制出境措施的权力是“决定”。因此，人民法院对被执行人采取限制出境措施应该作出执行决定书，方能得到行政机关的认可。人民法院出版社出版的《民事诉讼文书样式》中关于限制出境措施采用的文书形式亦是执行决定书。① 限制出境措施是对当事人出境自由的限制，必须通过合法的方式送达当事人，否则有些需要正常出境的被执行人被限制出境，甚至有些当事人在通关出口才被告知限制出境，这都会引起不必要的冲突。

同时，现行法律明显缺乏对限制出境措施的法律救济，特别是没有限制出境措施的告知和送达程序，被限制出境的被执行人如果对限制出境的决定不服，也无法对决定书提出复议，甚至限制出境措施的错误实施，也无法申请国家赔偿等救济方式，构成了严重的程序瑕疵，侵犯了被限制出境者的合法权利。

（五）限制出境措施的适用程序烦琐

相比较其他执行措施，限制出境措施的使用程序相对烦琐。以笔者所在的直辖市某中级人民法院采用限制出境措施为例，执行法官要对被执行人限制出境，必须先到直辖市公安局出入境管理机关查询被执行人的护照及港澳台通行证信息，然后填写限制出境的报备表（一式三份）并作限制出境的执行决定书，逐级报执行局领导审批。审批后送直辖市高级人民法院审查，市高级人民法院审查后作出限制出境的函，连同限制出境的决定书一并送达直辖市级公安局出入境管理部门，由直辖市级公安局出入境管理部门来办理护照、通行证的作废和限制出境。

以上工作程序显示，执行法官采取限制出境措施，所要采取的程序相对烦琐，执行法官至少要经过3个部门［出入境管理部门查询、市高级人民法院审查、省（直辖市）级出入境管理部门办理］，在当前执行案件数量激增的情况下，如此烦琐的程序导致很多执行法官不愿主动使用限制出境措施，尤其对于那些离高级人民法院和省

---

① 参见最高人民法院修改后民事诉讼法贯彻实施工作领导小组编：《民事诉讼文书样式》（下册），人民法院出版社2016年版，第777页。

(市)级公安局较远的地方法院,多次来回往返费时费力。我国《民事诉讼法》第255条规定的"被执行人不履行法律文书确定的义务的,人民法院可以对其采取或者通知有关单位协助采取限制出境",根据文义解释,人民法院作出限制出境的执行决定书后,只需通知有关单位协助即可。但在执行过程中,人民法院的工作流程远不止"对其采取或者通知有关单位协助采取限制出境"这么简单。

笔者梳理重庆市高级人民法院2015~2017年在重庆市人大会议的工作报告,2015年报告称:加大信用惩戒力度,将16,130名"老赖"信息纳入失信被执行人名单库,公开曝光。采取限制高消费措施1708人,限制出境662人。① 2016年报告称:将91,626名"老赖"纳入失信被执行人名单库,公开曝光,限制高消费,限制乘坐飞机、高铁。依法严惩拒执违法犯罪行为,司法拘留3030人,移送追究刑事责任168人。② 2017年报告称:将82,786名"老赖"纳入失信被执行人名单库,公开曝光,限制高消费,司法拘留3758人,移送追究刑事责任358人。③ 由上述3年年度法院工作报告可以看出,相较其他强制措施而言,限制出境措施运用较少,甚至2016年、2017年重庆市高级人民法院工作报告中都没有体现限制出境措施的人数。因此,执行程序的烦琐、法律规定缺乏可操作性,导致有的执行法官怠于使用限制出境措施的现象不容忽视。

二、出境自由与限制出境的利益衡平及合理限度

《世界人权宣言》第13条规定:"人人有权离开任何国家,包括其本国在内,并有权返回他的国家。"该条规定将公民的出境自由列为公民的基本权利,属于人权范畴。大多数现代国家保护和承认公民出境权,并且通过法律来保障公民出境权的实现。我国《出入境管理法》第3条亦明确规定:"国家保护中国公民出境入境合法权益。在中国境内的外国人的合法权益受法律保护。"依据本法规定,公民的出入境合

① 参见钱锋:《重庆市高级人民法院工作报告——2015年1月20日在重庆市第四届人民代表大会第三次会议上》,载凤凰网重庆:http://cq.ifeng.com/news/detail-1_2015_02/04/3522449_0.shtml,最后访问日期:2018年7月4日。

② 参见钱锋:《重庆市高级人民法院工作报告》,载重庆人大:http://www.ccpc.cq.cn/home/index/more/id/204596.html,最后访问日期:2018年7月4日。

③ 参见黄明耀:《重庆市高级人民法院工作报告——2017年1月17日在重庆市第四届人民代表大会第五次会议上》,载华龙网重庆新闻:http://cq.cqnews.net/sz/2017-02/01/content_40476372.htm,最后访问日期:2018年7月4日。

法权益应受到保护。

自由和权利总是相对的,世界上不存在绝对的自由和权利。我国《宪法》第 51 条规定:“中华人民共和国公民在行使自由和权利的时候,不得损害国家的、社会的、集体的利益和其他公民的合法的自由和权利。”当公民的权利和自由损害国家、社会、集体或者他人的自由和权利时,其自由和权利超出了法律规定的范围,必然要受到法律的限制。合理地限制基本权利是为了有效地保障基本权利,而为了有效地保障基本权利,必须对不符合社会公共利益的基本权利进行必要的限制。① 在民事强制执行领域中,如果不对被执行人采取一定的执行措施,被执行人又怎会主动履行生效法律文书确定的义务? 所以,限制出境作为执行措施的一种,有其存在的法理依据和执行现实的迫切需求。

对被执行人限制出境,是对其出境权益的限制,以此来督促其积极履行生效法律文书确定的义务。限制并非剥夺,它只是在特定条件下暂时不允许被限制者出境,待被限制者履行了相应的义务,限制出境必须依法予以解除,否则即是对被执行人出境权益的侵害。公民的出境自由所保护的是个人的自由权,而限制出境制度所保护的则是一种公共的秩序,即司法程序的完整性和生效裁判的执行力。② 当两者发生冲突时,必须要有法律规范来加以调整。《世界人权宣言》第 29 条第 2 款规定:“人人在行使他的权利和自由时,只受法律所确定的限制,确定此种限制的唯一目的在于保证对他人的权利和自由给予应有的承认和尊重,并在一个民主的社会中适应道德、公共秩序和普遍福利的正当需要。”由此可见,对人类权利和自由的限制,也只能通过法律来实现。低于法律位阶的任何法规、行政规章都不能对人权进行限制。我国《民事诉讼法》明确赋予了人民法院有限制被执行人出境的权力,如何既能保障申请执行人权益的实现,又能充分保护被执行人的出境自由权利,这对执行法官的自由裁量权提出了极高的要求。笔者认为,限制出境措施的适用必须注重利益衡平,遵循合理限度,具体应当体现为以下三大原则。

(一)平等保护原则

在民事强制执行中,既要通过强制被执行人履行义务来实现法律文书确定的义务,从而保障债权人债权的实现,同时又要对被执行人的权利依法给予保障,应对双

---

① 参见韩大元等:《宪法学专题研究》,中国人民大学出版社 2004 年版,第 283 页。

② 参见刘志欣、董礼洁:《诉讼程序中限制出境措施的完善与救济——对公民出境自由的限制与救济》,载《法律适用》2013 年第 11 期。

方予以共同关注,平等保障,不能厚此薄彼。[①] 相对于对被执行人权益的保护,执行法官更倾向保护申请执行人的权益。对于被执行人的权益,很多执行法官并不以为然,认为只要能让被执行人履行义务,给被执行人的强制措施越多越好,导致被执行人的某些合法权益亦被侵害。我国目前大力推进解决"执行难"问题,个别执行法官为单纯地追求结案率,对某些被执行人不加区分的上足、上够执行措施,导致某些被执行人正常的经营活动都不能开展,因执行措施过于严厉,导致企业无法正常运转,经营难以为继。民事执行中使用执行措施,本是为了督促被执行人履行义务来保障申请执行人权利的实现。如果只是一味地采取措施而忽视了被执行人相关权益的保护,导致被执行人无法正常进行生产经营,最终申请执行人的权利也难以得到保障。

(二)补充性原则

平等保护,并不意味给被执行人和申请执行人同样的保护,因为申请执行人和被执行人本身就是权利和义务的相对方,被执行人必然要向申请执行人履行义务。但不能因为被执行人是义务履行方,就忽视了其自身的合法权益。限制出境措施是否适用,应作为直接执行措施(直接对被执行人财产进行处分的措施),包括查封、扣押、冻结、划拨、拍卖、变卖等措施的补充,在直接执行措施完毕仍不能保障申请执行人债权实现的前提下,才可适用间接执行措施(约束被执行人人身自由以督促被执行人履行义务的措施),包括拘留、限制消费令、纳入失信被执行人名单、限制出境措施等。民事执行案件多为债权债务纠纷案件,在被执行人的财产能够满足申请执行人债权的情况下,如果对被执行人的人身自由加以约束,这明显侵犯了被执行人的合法权益。

(三)比例性原则

民事强制执行措施的适用,执行法官应合理地行使自由裁量权,必须要考虑所欲达成目的与采取该手段所造成对被执行人的负担是否合比例。手段必须与目的相称,期望通过自己的作用达到任何目的的人,应该使用以达到目的的手段。[②] 适用执行措施应把对被执行人的损害保持在最小的范围内,以最小的损害敦促被执行人履行义务,尽量达到申请执行人权益和被执行人权益的衡平;限制出境措施的适用,

① 参见马登科:《民事强制执行中的人权保障》,中国检察出版社 2011 年版,第 85 页。

② 参见[美]汉密尔顿等:《联邦党人文集》,程逢如等译,商务印书馆 1980 年版,第 115 页。

应与被执行人的负担合比例或相称，优先适用直接执行措施，后而适用间接执行措施，在间接执行措施中，各种执行措施也应衡量轻重，以合适的比例来选择哪种或哪几种执行措施的配合使用，以最恰当的执行措施来督促被执行人履行义务。

三、民事强制执行限制出境措施的制度重构

针对我国民事强制执行中限制出境措施存在的不足，遵循平等保护、补充性、比例性原则，在以下四个方面完成制度重构。

（一）明确法院对限制出境措施的审查范围

依据目前的法律规定，限制出境应由申请执行人提出书面申请，或者法院依职权来决定。对于申请执行人的书面申请，法院应该从以下方面进行审查。

1. 区分有财产可供执行和无财产可供执行。对于有财产可供执行的被执行人，法院采取了查控措施，查控的财产足以满足申请执行人的债权的，可以不对被执行人限制出境；如果尚未对被执行人的财产采取查控措施，为防止被执行人转移财产，应当对被执行人限制出境并及时采取查控措施。对于无财产可供执行的被执行人，可以限制被执行人出境，尤其是限制其出境旅游、消费等行为，最好明确时间期限，如果被执行人确无财产可供执行，无期限地限制被执行人出境，对公民的出境权也是一种侵犯。

2. 区分因公出境、因私出境。限制出境措施的适用，主要应用于因私出境，防止被执行人转移个人财产。而对于因公出境者，法院应进行审查，因公出境的被执行人提供相应的组织证明，并提供个人的承诺函承诺在公务完成后及时入境，或者能提供担保（人保或者物保），以防止某些被执行人利用因公出境的借口实施转移个人财产的行为。

3. 区分常出境和不常出境。限制出境措施的运用，是为防止被执行人转移财产或出境以逃避履行生效法律文书确定的义务。如果被执行人为外籍人士，或者是境外有亲朋好友需经常出境探望的人，他们需要经常出境，若一律适用限制出境措施，不合常理。因此，当以上被执行人提供合理理由并书面申请时，法院可准许其出境。一旦允许出境的客观情况消失后，被限制出境人须及时向法院汇报，法院要重新对该被执行限制出境。另外，以上被执行人出境的期限也要有所限制，时间不宜过长，一旦期限届满，法院需及时恢复限制其出境。

（二）延长限制出境措施的期限

公安部《关于实行对法定不批准出境人员通报备案制度的规定》第 6 条规定：限

制出境期限 1 年以上 5 年以下，由省级通报备案机关或者国务院有关主管机关决定；限制出境期限 3 个月以上 1 年以下，由地(市)级以上通报备案机关决定；限制出境期限 3 个月以下(含 3 个月)的，由县(市)级以上通报备案机关决定。期限届满后需继续限制出境的，须于到期前 1 个月内续报(续报方法同前)。到期不续报的自动解除出境限制。如需提前解除出境限制，原通报备案机关应当及时办理撤销通报备案手续(撤销通报备案手续同前)。本规定显示，限制出境措施的最高期限为 5 年，没有最短期限限制。笔者认为，从法律法规相统一的角度来看，法院决定限制出境的期限可与公安部的规定相同。因公安部的规定的行政属性较强，不宜为法院直接引用。所以最高人民法院应尽快出台明确的法律规定，延长限制出境的期限为 5 年，比较符合民事执行的现实状况。

因执行案件的被执行人各有不同，案件的执行期限也有长有短，所以在统一限制出境措施期限的大前提下，可以适当区分不同执行案件的限制期限。

对于满足以下情形：(1)执行完毕案件；(2)申请执行人书面申请解除限制出境措施，人民法院审查同意；(3)人民法院依法裁定不予执行、终结执行的，人民法院应当尽快解除对被执行人的出境限制。

而对于有履行能力拒不履行义务的，人民法院不能解除其限制出境措施，限制其出境的期限有可能为 5 年或者更长的时间，以免被执行人转移财产，同时也可以对其采取罚款、拘留甚至以涉嫌拒不执行判决、裁定罪移送公安机关等更严厉的措施来强制被执行人履行生效法律文书确定的义务。

(三)明确限制出境措施执行决定书的送达和告知义务

限制出境的执行决定书作出以后，应根据法定程序送达。限制出境决定书应载明限制原因、期限、决定机关等关键信息，以及被限制对象的陈述、申辩、复议、诉讼等权利。① 针对目前在执行过程中部分被执行人难以找到的情况，完善送达方式也是保障被执行人权益的重要一环。可采用邮寄送达、电话或者短信送达、电子邮件送达、留置送达或者公告送达等方式，确保被执行人知晓已被采取限制出境措施。这样既可以震慑被执行人，尽快履行生效法律文书确定的义务，也可以保障被执行人对限制出境措施的申请复议的权利，甚至及早发现对被执行人采取了错误的限制

---

① 参见刘志新、董礼洁：《诉讼程序中限制出境措施的完善与救济——对公民出境自由的限制与救济》，载《法律适用》2013 年第 11 期。

出境措施,以免造成更严重的失误并给法院的执行工作带来被动。

(四)简化限制出境措施的适用程序

限制出境措施适用程序的烦琐,导致限制出境措施的运用相比较其他执行强制措施来说要少得多。因此,简化限制出境措施的适用程序,让执行法官充分使用限制出境措施,对于发挥限制出境措施的效用意义重大。笔者建议,最高人民法院可以在执法办案系统中,加入限制出境措施,通过执法办案系统定期向公安机关推送限制被执行人出境的信息,直接通过网络连接迅速有效地完成网络布控。对尚未办理出境证件的被执行人,可通过其准确的身份信息,直接限制其办理出境证件;对已办理出境证件的被执行人,可根据实际情况,限制其出境或者作废其出境证件,并限制其办理新的出入境证件。具体操作方法可以在现行的执法办案系统中,完善限制出境措施的运用,人民法院作出对被执行人限制出境的执行决定书,经执行局领导和省(直辖市)级高级人民法院审批后,直接向公安局出入境管理局推送信息,公安局出入境管理局接到消息后,迅速完成布控。对于某些特殊情况需要短时间内解除限制出境措施的被执行人,解除网络布控也会更有效率。因此,从程序上简化限制出境措施的适用步骤,可以提高限制出境措施的使用率,也可以减轻执行法官的工作负担,提高执行工作的效率。

结　语

"执行难"是长期以来困扰民事执行工作的一大难题,为解决"执行难",全国各级法院都在为之不懈努力。目前,随着执行查控措施的不断完善,查控力度的不断增大,以及限制高消费、纳入失信被执行人、限制出境、罚款、拘留、拒执罪等强制措施的日趋规范,为执行工作的运行提供了强有力的保障。笔者对我国民事执行中限制出境措施进行了反思,从合理限度的角度,提出应遵循平等保护、补充性、比例性的原则,对限制出境措施的审查范围、限制期限、明确送达、简化适用程序等方面提出了重构设想,并建议遵循合理限度,尽快制定一部限制出境措施适用的具体法律规定,以规范限制出境措施的适用,为切实解决"执行难"、推动执行工作的顺利进行提供坚强的法律后盾。

失信被执行人信用惩戒制度的完善

——以惩戒与保护的衡平为视角

上官俊峰*

现阶段，执行问题广为诟病，究其原因，既有生效判决无法实现的窘境，亦有执行立法和实施过程中的诸多不足。依靠固有的执行措施未能解决执行问题，在执行过程中，由于被执行人拒不履行生效法律文书确定的义务，申请人的债权无法实现，这一现象损害了社会信用体系，降低了司法公信力。执行工作的困境表明固有执行理念与措施不足以解决现实难题，“倒逼”执行制度进行改革与创新。中国共产党第十八届中央委员会第四次全体会议通过的《中共中央关于全面推进依法治国若干重大问题的决定》在第四部分提出加强人权司法保障，加快建立失信被执行人信用监督、威慑、惩戒法律制度，为研究失信被执行人信用惩戒制度提供了指导。失信被执行人信用惩戒制度的出现改变了执行机关和申请人在执行程序中处于被动地位的局面，成为破解执行困境的一把“利器”。最高人民法院于2013年通过的《关于公布失信被执行人名单信息的若干规定》（以下简称《若干规定》）是构成失信被执行人信用惩戒制度的基础性文件，2017年通过的最高人民法院《关于修改〈最高人民法院关于公布失信被执行人名单信息的若干规定〉的决定》[以

* 重庆市九龙坡区人民法院执行局员额法官。

下简称《若干规定(修正)》]对《若干规定》进行了修正和完善。《若干规定(修正)》与《关于限制被执行人高消费及有关消费的若干规定》《失信企业协同监管和联合惩戒合作备忘录》等规范性文件相配合,形成包含法律、司法解释、部门规章等相互衔接的失信被执行人信用惩戒制度体系。该制度的建立是出于人民法院推进执行工作、解决执行问题的需要,并充分考量了社会诚信状况,重在实现惩戒、威慑、引导三大功能。

一、失信被执行人信用惩戒制度的生成背景与运行状况

(一)制度生成背景

执行程序是法律文书效力能否实现的最后一环,被称为社会正义的最后一道防线的终结点,对维护当事人的合法权益、树立司法公信力乃至司法权威具有深远意义。因此,执行问题受到社会各界的普遍关注,成为长期困扰人民法院乃至政法工作的突出问题。

执行问题涉及复杂的社会问题,单纯依靠法律措施无法解决。因此,需要发挥联动作用,依托社会信用体系进行解决。现代文明的发展促使人们离开了熟悉的乡土村落,脱离一旦失信众人皆知的"小圈子",人与人之间的交往关系不再单纯依靠既往的习惯与宗族规则来调整,而需寻求新的规则。交易行为不仅发生在熟悉的主体之间,更多发生在陌生的主体之间,平等主体依据交易规则进行交易,依靠法律解决纠纷。在新环境中,既往的权威不再发挥主要作用,新的权威即法律又不够完善,于是出现了法律系统与社会生活之间的割裂,执行问题在此背景下应运而生。解决执行问题的出路在于修复法律系统与社会生活之间的割裂,并适度地抑制机会主义的过度泛滥,这需要国家与私人之间的合作,并合理分担惩罚与监控的权利与义务,促成社会共识,使社会信用体系获得建构、维系和修复的有力支撑,从而为法治建设奠定基础。① 失信被执行人信用惩戒制度的建立,乃是发挥信用惩戒功能的第一步,是解决执行问题的重要举措,是完善社会信用体系建设的必经之路。

(二)制度运行现状

《若干规定(修正)》明确了应当纳入失信被执行人名单的情形,以及决定书的

---

① 参见唐清利:《社会信用体系建设中的自律异化与合作治理》,载《中国法学》2012年第5期。

制作和送达程序。这一规定的实施取得了显著成效,有约20%的被执行人慑于信用惩戒的威力而自动履行了义务。[①] 截至2018年7月3日,纳入最高人民法院失信被执行人名单的共计1124.3531万人,自动限制其购买飞机票1227.8844万人次,限制购买列车软卧、高铁和动车一等座以上车票460.2326万人次。[②] 2016年1月22日最高人民法院与国家发改委等44部门联合签署《关于对失信被执行人实施联合惩戒的合作备忘录》,共提出55项惩戒措施,对失信被执行人担任重要职务、设立金融类机构、享受优惠政策等方面全面进行限制,更大范围惩戒失信被执行人。在惩治"老赖"方面,从中央到地方,不断推陈出新,创立新招,零点风暴、假日执行等固有措施已不再是宣传亮点。2016年9月25日中共中央办公厅、国务院办公厅印发了《关于加快推进失信被执行人信用监督、警示和惩戒机制建设的意见》(以下简称《失信惩戒意见》),意见内容涵盖11类37项联合惩戒措施,包括100多项具体措施,全方位、多角度地对失信被执行人进行信用惩戒。

地方法院在曝光失信被执行人方面也取得了很多创新成果。青岛市中级人民法院在商业繁华的区域户外显示屏上,滚动播出失信被执行人名单信息,包括姓名、案号、案件类型等。[③] 2017年4月20日淄博市张店区人民法院向移动、联通、电信三大通信公司发出《协助执行通知书》,在全国率先对失信被执行人实施通信限制,请通信公司予以协助执行。法院最终确定的失信被执行人主叫语音或短信提示内容为:你已被山东省淄博市张店区人民法院发布为失信被执行人,请尽快履行生效法律文书确定的义务。被叫语音或短信提示内容为:您拨打的机主已被山东省淄博市张店区人民法院发布为失信被执行人。[④]

失信被执行人信用惩戒制度的实施令许多被执行人受到惩戒,亦受到人民群众的热捧。我们在为执行力度和执行效果感到欢欣鼓舞的同时,对其中产生的新问题也不容忽视。在各级机关、法院的共同努力下,失信被执行人的生存空间已日益狭隘,然而,不可忽略的是,这一规定在实施过程中也存在不严格依照程序、不严格审

① 参见陈伊昕:《最高法:300多万人被纳入失信被执行人"黑名单"》,载中国新闻网:http://news.jcrb.com/jxsw/201601/t20160106_1580675.html,最后访问日期:2018年11月10日。

② 载中国执行信息公开网:http://zxgk.court.gov.cn,最后访问日期:2018年7月3日。

③ 参见李保光:《青岛1300余"老赖"上黑榜 闹市电子屏滚动曝光》,载半岛网:http://news.bandao.cn/news_html/201411/20141105/news_20141105_2469842.shtml,最后访问日期:2018年11月10日。

④ 参见马冠群:《张店区人民法院在全国率先对"老赖"通信进行限制》,载鲁中网:http://news.lznews.cn/luzhong/cb/201706/t20170608_11061466.html,最后访问日期:2018年11月12日。

查、录入信息错误等问题,导致部分不应当被列为失信被执行人的当事人被错误列入,部分案外人被错误列入等情况。征信关乎每个人的信誉,影响工作、生活中的方方面面,列为失信被执行人是目前为止最严厉的征信惩戒措施,对实施失信惩戒的规范需要引起我们的注意。

二、失信惩戒与权利保护的冲突与衡平

失信被执行人信用惩戒制度作为执行措施的一种创新,在其实用性即推进执行工作开展的有效性的背后必然有其自身合理性与科学性。惩戒制度作为惩罚性规范,在实施过程中会面临惩戒措施与权利保护的冲突,过度强调惩戒可能会侵害被惩戒者的基本权利,有违基本权利保护之精神;过度强调权利保护则不利于惩戒措施的实施,无法实现惩戒之目的。为更好地发挥惩戒制度的功效,需要妥善地对失信惩戒与权利保护进行平衡,明确二者之间的边界。

(一)失信惩戒对被执行人权利的影响

1. 对被执行人隐私权的影响。失信被执行人信用惩戒的内容涉及当事人隐私,公布失信被执行人名单涉及被执行人姓名、身份证号码、履行义务情况等基本信息。身份证号码是我国公民具有唯一性的识别编码,在日常生活中发挥着巨大作用,一旦被不法分子知晓,会对其工作、生活造成较大影响。现实生活中有很多盗用身份证号码的案例。[①] 因此,身份信息是一项重要隐私,保护身份证号码的隐私在维护权利人利益、预防犯罪等方面发挥着重大作用。此外,对于是否能够公布失信被执行人的其他信息,包括案件信息、财产信息、家庭信息等,各地法院适用了不同的处理尺度,若超越案件执行之需要公布其他信息,则可能侵犯被执行人的隐私权。在失信惩戒与隐私权保护之间,法律应当遵循审慎原则,力求通过制度设计,实现既对失信者有效惩戒,又防止公权力的过度使用,达到惩戒之目的的同时,将对隐私权的影响降低到最低程度。

2. 对被执行人名誉权的影响。名誉权是人格权的一种,是公民或法人享有的,社会或者他人对其品德、才干、信誉等方面评价的总和。[②] 人因交往行为而产生社会或他人对他的评价,良好的评价能够为被评价人带来声誉,由此可能获得更高的社

---

① 参见郭瑜:《个人数据保护法研究》,北京大学出版社 2012 年版,第 65 页。

② 参见洪学军:《民法通则精要与依据指引》,人民出版社 2005 年版,第 30 页。

会地位和更多的财富;不好的评价则会给被评价人带来负面效应,被评价人可能因此丧失获得地位和财富的机会。"黑名单"令人想起了给罪犯脸上刺字,划"黑五类"这类过去的故事,这些名单的存在往往给个人生活造成极大影响,但其编制却充满随意性,成为侵害个人权益的一大隐患。[①] 失信被执行人信用惩戒制度带来的直接结果是对被执行人名誉权的贬损,对其工作、生活等方面造成负面影响。现行失信被执行人信用惩戒制度已摆脱纯粹羞辱的动机以及面部刺字等残忍的惩戒方式,但也内含了惩戒的随意性与不规范性,成为侵害基本权利的一个隐患。失信被执行人信用惩戒制度通过对不履行法定义务的被执行人进行负面评价,使被执行人的社会信誉下降,督促被执行人采取积极措施挽救信誉,履行生效判决确认的义务。

3. 对被执行人财产权益的影响。被执行人逃避执行的根本目的在于因逃避执行而获得财产权益,而失信惩戒制度对被执行人财产权益的影响体现在限制被惩戒人获得市场交易机会、准入资格、获取政府补贴、银行贷款等方面。《失信惩戒意见》从限制失信被执行人从事投标活动、进入不动产交易、国有资产交易等特殊市场交易方面对失信被执行人进行限制。被执行人被信用惩戒后,无法获得部分市场交易机会,在获取政府补贴、银行贷款方面受到限制,丧失相应的财产权益。在面对生效法律文书时,被执行人会基于理性从财产权益出发权衡利弊,并作出最优于自己的判断,履行义务的直接结果是财产权益受损,不履行义务至少在短期内能够维持财产,若不履行义务对维护财产权益更优,被执行人则倾向不履行义务。如果限制获得市场交易机会、市场准入资格、政府补贴等财产权益对被执行人影响更大,被执行人基于害怕因被惩戒而丧失上述财产权益,会选择履行义务,反之亦然。

(二)失信惩戒与权利保护的衡平

在强调严厉打击"老赖",加大执行力度之际,我们需要倾听另一种声音:部分被执行人原本并非"老赖",而是因暂时性的资金流动困难导致短时间无法偿还债务,其相应权利应当受到保护。若法院的执行措施过于严厉,容易使被执行人短期性的经营困难变成生意无以为继。例如,法院查封被执行人基本账户后,被执行人在发放工资、缴纳电费和税收等方面受到较大影响,被实施信用惩戒后,被执行人无法向银行申请经营性贷款。众多中小企业抗风险能力低,暂时不支付欠款的原因可能是短期经营性困难,此时,若惩戒措施过于严厉,企业经营可能因此陷入困境,乃至逐

---

① 参见郭瑜:《个人数据保护法研究》,北京大学出版社2012年版,第67页。

步演变为破产。

被执行人被采取强制措施后,其生存权、发展权受到不同程度的影响,部分被执行人因被采取强制措施而陷入困境。从审慎采取强制措施,保障民间投资健康发展的角度出发,最高人民法院于2016年9月印发了《关于依法审理和执行民事商事案件保障民间投资健康发展的通知》,其中明确提出:依法保障民间投资健康发展,依法审慎采取强制措施,保护企业正常生产经营。在采取财产保全和查封、扣押、冻结、拘留等强制执行措施时,要注意考量非公有制经济主体规模相对较小、抗风险能力相对较低的客观实际,对因宏观经济形势变化、产业政策调整所引起的涉诉纠纷或者因生产经营出现暂时性困难无法及时履行债务的被执行人,严格把握财产保全、证据保全的适用条件,依法慎用拘留、查封、冻结等强制措施,尽量减少对企业正常生产经营活动可能造成的不当影响,维持非公有制经济主体的经营稳定。

三、失信被执行人信用惩戒制度运行中存在的问题

目前,法律对失信被执行人信用惩戒制度的运行、实施的规定尚存在不完善之处,不同法院在理解公开对象、公开方式、公开程序等方面存在差异,差异化的执行方式不利于法治统一与司法公信力的提高,失信被执行人信用惩戒制度在运行中存在以下五个方面的问题。

(一)公开对象的遴选不明

在未执结案件中,根据履行能力的不同,被执行人的行为可分为两种:一种是有履行能力却拒不履行,另一种是没有履行能力或履行能力不足而无法全部履行。对于有履行能力却拒不履行的被执行人,其行为损害了申请人的合法权益,破坏了市场交易秩序,对这类债务人应当作出否定评价,对其实施包括信用惩戒在内的各种惩戒措施。对于确无履行能力的债务人,其客观上无可供执行的财产,若再施以信用惩戒,会使被执行人生活难以为继,客观上背离失信被执行人信用惩戒制度的初衷。基于人道主义精神,禁止因债务人无力履行债务而对其人身实施惩罚,不能使其因无力偿还而赔损其人格,也不能迫使没有财产可供清偿的债务人以劳务抵债。[①]因此,若被执行人无力偿还借款,无收入来源又丧失劳动能力的,执行程序终结,同时启动失信惩戒的退出机制。

---

① 参见李浩主编:《强制执行法》,厦门大学出版社2004年版,第4页。

《若干规定(修正)》第1条规定了应当纳入失信被执行人名单的6种情形,其中第1款规定为:有履行能力而拒不履行生效法律文书确定义务的。该规定后5款规定明确了列为失信被执行人的标准,法官可清晰地根据上述标准实施信用惩戒,但第1款未明确具体情形。对第1条第1款的理解在实践中由法官自行认定,不同法官对履行能力的认知不同,对拒不履行的判定亦有所不同,由此可能造成同类案件的同类行为在不同法官的认定下出现不同的惩戒结果,容易扩大或缩小失信惩戒的对象。因此,法律有必要对第1条第1款作进一步的解释。

(二)公开方式的地域差异

法律规定的基础公开方式是通过最高人民法院失信被执行人名单库在互联网上公布,各级法院结合当地情况通过公告栏、电视等媒介公布。最高人民法院失信被执行人名单库是失信公开的基础库,法院在将被执行人列入失信被执行人名单时,应当首先录入该名单库,再采取其他方式公开。由于网络的传播度与便捷性,采用多元化网络公开方式效果最佳。例如,2011年4月广东省东莞市第一人民法院首次利用微博对执行过程进行全程全方位现场的直播。法院将对“老赖”强制执行的节点通过图片、短幅文字上传到网络,并与网民展开时时互动。利用官方微博对执行作全程直播,实现了执行现场与围观网友的零距离互动,起到了很好的效果。

选择不同载体决定信息公开传递的受关注度不同,由此带来的影响也不同。如前所述,青岛法院、沙坪坝区法院利用商圈大屏幕公开失信被执行人,淄博市张店区法院选择通话彩铃方式公布,不同法院采取不同方式公开,对被执行人影响不同,若实施得当,淄博市张店区法院利用通话彩铃方式进行公布的力度最大。选择公开方式还需要考虑地域差异,我国版图辽阔,各区域发展不平衡,公开方式也有所不同。经济发达地区网络覆盖面广,民众利用网络获取信息能力强,能够较好地获取执行案件信息;经济欠发达地区网络覆盖低,民众利用网络获取信息能力差,难以获取失信被执行人信息。由此,在经济发达地区选择以网络公开为主的方式能够获得较好的效果,在经济欠发达地区应当因地制宜,选择适合当地情况、民众能够较容易获得信息的方式进行公开,否则难以达到公开效果。

(三)公开程序的规范问题

受传统重结果轻程序的执行观念的影响,强制执行以实现申请人债权为根本目的,程序性权利未受到足够重视,以追求执行结果为中心客观上造成了程序性权利的缺失。然而,纳入失信被执行人名单对被执行人影响巨大,其隐私权、名誉权、财产权均受到不同程度的影响。因此,这一制度在实施过程中应当严格遵守程序,尽量避免使被执行人的基本权利受到不当侵害。

公开程序方面主要存在以下问题。首先,未具体规定失信被执行人名单的启动、审批程序。在程序的启动方面,法律规定债权人和法院有权启动,针对同一行为,失信惩戒不能实施两次,对二者该如何适用,现行法律并未予以明确。此外,法律未明确规定失信被执行人名单的审批时限和发布时间,致使实践中操作不一。其次,未明确常态化的宣传方式。在公开信息的宣传方面,各级法院并未建立常态化的宣传方式,一些法院利用商圈大屏幕等方式宣传,取得了较好的效果,但宣传持续时间短,具有随意性和偶然性,未建立常态化的宣传方式。最后,未明确失信决定书的送达方式,失信惩戒对被执行人影响巨大,法院在将被执行人纳入惩戒名单时应当向被执行人送达失信决定书。《若干规定(修正)》第 5 条规定决定书应当按照民事诉讼法规定的法律文书送达方式送达当事人,但该规定未考虑执行案件的特殊性。许多执行案件难以查找被执行人,若被执行人下落不明,依照我国《民事诉讼法》规定,应当采取公告送达的方式进行送达,被执行人通常会躲避执行,需要立即对被执行人采取措施,若贻误执行时机,可能导致执行不能。故应当结合执行案件的特点,对失信决定书采取特定送达方式进行送达。

(四)惩戒错误的救济不明

救济作为一种赋予权利受到侵害的一方当事人诉诸法庭或其他方式的补救性权利,制度中的救济措施体现了制度的人性关怀,缺失救济程序的制度绝不是完善的制度。《若干规定(修正)》第 11 条、第 12 条规定了被执行人认为将其纳入失信被执行人名单有误、失信信息不准确、失信信息应予删除的情形时,可以向执行法院申请纠正,被执行人提出的理由成立的,法院应予以纠正;若法院驳回被执行人的申请,可以向上一级人民法院申请复议。但该条款并未明确对错误纳入失信被执行人名单纠正后如何消除不良影响以及相应的赔偿问题。

对失信被执行人实施信用惩戒是强制执行措施的一种,对被执行人进行信用惩戒,通常情况下都会对其生活、工作、学习等各方面造成较大影响,这也是失信被执行人信用惩戒制度能够发挥其作用的主要机制。被错误纳入失信被执行人名单的被执行人,其名誉权、隐私权、财产权益会受到不同程度的损害,工作、生活受到一定程度的影响,经济上遭受一定损失,需要进行赔偿。我国《国家赔偿法》第 38 条规定了法院对生效法律文书执行错误,造成损害时,赔偿请求人要求赔偿的程序。依据该条规定,被执行人如果被错误纳入失信被执行人名单并因此而造成损失的,可以申请国家赔偿,失信被执行人信用惩戒制度应当对被执行人申请赔偿的权利予以明确,并通过对制度进行细化来保障该救济具有可操作性。要完善失信被执行人信用惩戒制度,建立长效工作机制,需要明确错误惩戒的赔偿程序,建立健全相应的救济制度。

(五)监督体系的完善问题

在财产的查控与处置、人身强制措施的施行、失信被执行人信用惩戒等方面拥有权力,执行权被滥用的风险较大,为预防执行权实施过程中可能存在的滥用风险,需要加强权力监督,完善监督体系。

监督体系包括内部监督和外部监督。内部监督包括上级法院的监督和同级法院的内部监督两方面。前者体现在上级法院执行部门对下级法院执行工作的监督,内含对执行裁决行为、执行工作纪律、具体执行行为、执行标的的监督等,是一种自上而下的监督。后者是同级法院内部的监督,当事人可以向执行部门领导、院领导等反映问题,进而启动监督程序。这两种监督存在监督手段可操作性不强,院长、庭长担任审判长难以对其实施监督,监督手段滞后等问题。监督从人性角度分析正是对被监督对象失去信任的结果,自己监督自己永远是一个逻辑上的悖论,如果将其用于制度设置更是自欺欺人。① 内部监督存在许多缺陷,需要靠外部监督来补充和完善。外部监督主要涉及检察监督、社会监督等,本文主要论述检察监督。依照相关法律规定,人民检察院是国家的法律监督机关,有权对民事审判活动实行法律监督,检察机关有权对法院的执行工作进行监督。然而,检察监督在执行过程中并未发挥足够作用,检察院对民事审判、执行活动的监督主要体现在对法律适用、事实认定问题提起抗诉,对审判、执行工作中的违法行为实施监督,对失信惩戒的监督有待进一步完善。

四、失信被执行人信用惩戒制度的完善路径

失信被执行人信用惩戒制度的设立目的是敦促被执行人履行生效判决所确认的义务,树立法律权威,提高司法公信力,推进社会信用体系建设。作为一种新兴的、正在建立和完善的制度,在实践过程中必然会遇到许多困难。解决上述问题需

---

① 参见戚渊:《司法如何公正——一种尊重常识的论述》,载《法学》1999 年第 12 期。

要理论和实践的不断互应、互动,理论为实践提供目标和实施方案,实践是理论的基础、来源和发展动力,是检验真理的唯一标准;实践和理论的互动,是一种波浪式的前进或螺旋式的上升;理论的完善需要在实践中发现问题,在实践中解决问题,通过对实践中的问题进行概括、归纳、总结,完成对制度的修正,使理论能更好地发挥对实践的指导作用,促进制度的不断完善。完善失信被执行人信用惩戒制度需要从以下五个方面着手。

(一)失信惩戒制度的整体考量

失信被执行人信用惩戒制度在执行程序中的重要作用并未被充分的凸显出来。《若干规定(修正)》属于司法解释,司法解释虽然也属于法律的范畴,但适用范围有限。按照我国《人民法院组织法》的规定,司法解释的内容仅限于规定在审判过程中如何具体应用法律、法令。即司法解释不能创设制度,仅能对人民法院和当事人产生约束力,对执行中经常要涉及的当事人以外的国家机关、社会组织、公司和个人无能为力。总之,司法解释欠缺立法的科学性、严谨性、体系性和相对稳定性,甚至存在司法解释与法律规定相冲突的情况。①

失信被执行人信用惩戒制度对失信行为的制裁必须打到失信者的“痛处”,这样才会极大地凸显对失信者进行惩罚的效果。惩戒机制所设计的各项惩戒措施也要做到罪责相适应,配合制度宣传的教育作用,才能真正实现制度目的。惩戒制度规定了纳入失信被执行人名单机制,也规定了退出机制,兼有惩戒与保护之功能。就惩戒制度而言,既需要发挥惩戒功能以敦促被执行人履行义务,也需要发挥教育功能以引导其他被执行人诚信守法。无论是被执行人的失信行为,还是其他类型的失信行为都是一种短视行为,是典型的投机主义,然而被贴上“失信”的标签,无论组织或个人,都必然会减损自己的名誉,最终会阻碍自身发展。失信行为根源于复杂的社会生活环境,仅依靠法律的否定性评价无法解决失信问题,失信被执行人信用惩戒制度以社会信用体系为依托,通过惩罚失信行为,鼓励诚实守信,能够最大限度发挥惩戒制度之功能,并促进社会信用体系的完善。

(二)确立保障基本权利原则

失信被执行人信用惩戒制度以行为限制为表象,以权利限制为实质。权利限制即国家权力对公民私权的一种限制,限制的根本是为了纠正跑偏的私权,促使其达

---

① 参见徐昕、黄艳好、汪小棠:《中国司法改革年度报告(2015)》,载《政法论坛》2016年第3期。

到合法目的。但是,在保障合法性目的的同时应当注意对被执行人基本权利的保障。惩戒制度既要为实现债权人的权益提供救济,也要在实施过程中保障被执行人的基本权益,避免使其受到过度侵害。概言之,失信被执行人信用惩戒制度的设计以权利衡平为准则,以债权人债权最大化满足的同时保障债务人权利限制最小化为宗旨。在强调债权人权益实现的基础上,也不能忽视被执行人权利保护理念的确立,从制度层面明确失信惩戒的范围、公开方式、退出机制等,明确错误惩戒的救济机制和赔偿机制。

为此,失信被执行人信用惩戒制度的设计应当坚守三原则:首先,确立罚责相适应原则,即处罚标准以被执行人违反法律的程度为限。换言之,处罚标准与违法程度相适应。其次,强化严格适用原则,即失信公开制度的适用条件与程序必须严格遵照法律规范,不能作扩张性或减缩性适用。最后,树立权利救济原则,私权利在对抗公权力时,处于相对弱势的地位,为防止公权力的过度膨胀,必须给予私权利以必要的救济措施。失信被执行人信用惩戒制度具有惩戒功能,一旦发挥其效能,不仅会对被执行人的隐私、名誉产生影响,而且会对被执行人从事生产等各种民商事活动产生影响,为避免被惩戒人的权益受到过度限制,尊重人人平等的法治理念,应当赋予被执行人必要的程序参与权和实体救济权,方能实现民事主体权利义务的平等。

(三)明确纳入失信被执行人名单的范围

失信被执行人信用惩戒制度在具体规制方面存在的不足在司法实践过程中已或多或少地暴露出来,对此应在总结经验并加以论证的基础上对其进行完善。《若干规定(修正)》第1条明确了纳入失信被执行人名单的6种情形,但该条第1款未对履行能力作进一步解释,实践中由执行法官自行认定,容易因法官认知的不同而扩大或缩小失信惩戒的对象。对此,法律应当对第1条第1款作进一步的解释,明确有履行能力而拒不履行的情形,防止扩大或缩小失信惩戒的范围。

失信被执行人信用惩戒制度是围绕失信被执行人名单展开的,所以名单的管理是落实制度、实现制度目的关键。新疆维吾尔自治区高级人民法院《关于公布失信被执行人员名单信息制度实施细则》规定:被执行人是自然人的,且不能证明其是五保人员或低保对象的可以列为失信被执行人。这一规定以列举的方式明确了不宜列为失信被执行人的人群;反之,被执行人在未自证其确无履行能力的情况下,都可以被列为失信被执行人。借鉴新疆维吾尔自治区高级人民法院对失信被执行人的界定,采用列举法排除不适宜纳入失信被执行人名单的被执行人,只要被执行人未提供证据证明自己属于被排除范围之列,就应当对其实施征信惩戒。这个标准更容易把握,也使执行法院在执行程序中由被动变为主动。当然,采用列举方法所适用的范围需要进一步调研考量。

(四)合理界分公开对象与公开方式

根据履行能力的不同,被执行人分为两种:一种被执行人客观上暂时没有履行能力,另一种被执行人有履行能力却拒不履行。对被执行人确无财产可供执行,甚至连生计都难以维持的,要坚持人道主义,给其留下必要的劳动工具、生活用品以及必要的费用,还可以建议有关部门适当救济。[①] 从基本权利理论出发,生存权优于债权,强制执行不能为实现债权而侵害被执行人生存权,致使被执行人无法生存。据此,应当建立被执行人无财产可供执行案件的退出机制,保障确无财产可供执行案件的被执行人的基本生存权利。相对于确无财产可供执行的被执行人,有履行能力却拒不履行的被执行人性质更为恶劣,法律应当给予严厉制裁。当出现失信情况时,法院要及时采取措施进行分层次公开,合理贬损其信誉。首先,对被执行人的履行情况作出正确界分,决定是否对其进行征信惩戒;其次,对失信被执行人惩戒的尺度也应当有所界分,对于恶意转移财产逃避执行、利用执行和解制度规避执行、暴力抗法等方式对抗执行的行为,应当在更广阔的范围内采用更直观方式公布其失信信息,而对于因暂时性经营困难导致未全部履行的被执行人,公开方式应当相对温和。

为确保录入案件信息的准确性,最高人民法院要求法官在录入信息时做到录入案件数与实际案件数一致,录入案件内容与案卷一致。具体发布时要注意当事人名称同身份证号码一致,案件标的和履行内容同实际履行一致。法院须按照法定程序,审慎发布、严格校对,避免出现信息发布错误的情况,维护公民身份信息权益。通过恰当途径对失信被执行人进行信用惩戒,可以增强失信惩戒制度的影响力,使被执行人因失信而处处受制,名誉受到贬损,财产权益受到侵害,基于对惩戒的恐惧而清偿债务。人民法院在适用宣传方式时,应结合当地实际情况,采用受众度最广、对被执行人影响最大的方式进行宣传。同时,将宣传方式常态化、制度化,避免运动化的宣传方式,使宣传流于形式。通过上述方式让失信惩戒制度发挥最大效用,提升民众对制度的认同感。

---

① 参见江必新:《新诉讼法讲义:执行的理念、制度与机制》,法律出版社2013年版,第126页。

(五)完善救济制度与监督制度

在民事执行中可能会出现违法或不当的情况,即民事执行瑕疵。如前所述,失信被执行人信用惩戒制度在实施过程中,不可避免地会出现一些疏漏乃至错误,并对当事人的权利造成重大影响。目前,失信被执行人信用惩戒制度对错误纳入失信被执行人名单设定了纠错机制,当事人可以通过法律规定的方式提出申诉。然而,现行规定并未明确惩戒错误的救济制度,未涉及损害赔偿问题,应当进一步完善。程序方面,失信决定书应当送达被执行人,保障被执行人的知情权与申诉权。实践中部分执行人员在执行过程中的程序意识不强,未向被惩戒人送达失信决定书,应当引起重视。实体方面,对于错误纳入失信被执行人名单的被执行人,若人格权、财产权受到侵害,被执行人可申请相应赔偿,法律应当对救济、赔偿问题作出相应规定,明确赔偿的责任人、方案、标准、程序,确保赔偿落到实处。

完善失信被执行人信用惩戒制度需要完善监督制度,重点是法院内部监督和检察监督。首先是法院内部监督,从专业性角度出发,法院内部监督的效率最高,成效显著。这一监督模式能够较准确地核实案件情况,对所涉及的法律问题作出评价。此外,完善法院内部监督需要防范内部监督的不足,避免因内部监督天然的不足而出现监督不能的状况。其次是检察监督,现行法律规定明确了检察机关对执行工作的法律监督职能,检察机关依法对包括失信被执行人信用惩戒在内的民事执行活动实施监督。在实践中,检察机关对民事执行的监督主要体现在执行纪律方面,而对于失信惩戒制度实施方面的监督较薄弱。检察机关应当将对失信惩戒制度实施的监督纳入执行监督范畴,建立和完善监督体系。此外,两种监督方式不具有排他性,在法院实施内部监督的同时,检察监督也可以发挥作用。要理顺监督主体之间的关系,设置有机的联接机制,避免监督流于形式,让监督对建立和完善失信惩戒制度发挥最大效用。

实务指引

当前司法评估工作中存在的问题及其对策建议

郑荣聪*

司法评估,是指具有一定资质的评估机构采用专门的知识协助司法机关对各种资产进行估价,并出具评估报告的程序。司法评估的主要目的在于了解标的物的价值,便于竞拍人作出竞买决策,防止拍卖标的物被过分贱卖。[①] 故,评估报告所载评估价成为人民法院进行司法拍卖时确定保留价的主要依据;同时,评估执行标的物也是司法拍卖的前置环节,最高人民法院《关于人民法院执行工作若干问题的规定(试行)》第47条将先行评估作为一项原则予以确立。可以说,司法评估是确保司法拍卖公开、公正的一道屏障,是人民法院公正、廉洁司法以及维护当事人合法权益的重要保障。

2012年最高人民法院施行《关于人民法院委托评估、拍卖工作的若干规定》(以下简称《委托评估、拍卖规定》),由于该规定较为笼统,各地法院也相继出台了司法评估、拍卖的工作规定或实施细则,进一步规范了执行环节的评估、拍卖工作。不难发现,近10年人民法院根据实务情况对司法评估、拍卖进行了适当的改革,由原来法院依职权选定评估、

---

* 重庆市第二中级人民法院办公室工作人员。

① 参见马登科:《民事执行的现代转型与制度创新——以威慑机制和人权保障的冲突与融合为背景》,厦门大学出版社2014年版,第167页。

拍卖机构,转变为有资质的中介机构自愿报名参加并随机选定的程序,此举有效预防了权力寻租,规范了执行行为。但是,随着网络司法拍卖应运而生,执行体制机制改革的不断深入,当前司法评估实务暴露出机制不合理、质效低下等亟待解决的问题。有针对性的改革,在各地实务中悄然兴起,其中较典型的是浙江省宁波市北仑区人民法院司法评估工作创新①以及近期京东司法大数据评估平台上线。显然可以预判,下一步司法评估、拍卖的改革,必将围绕提升评估的实效、提高拍卖变卖的效率这一中心要旨来进行。即便改革主要方向明确,我们仍需细致检讨存在的问题,因为正确分析矛盾,才能准确解决好问题。

一、实务检讨:司法评估工作中存在的主要问题

(一)当事人的程序主体地位不受重视

根据最高人民法院《关于人民法院民事执行中拍卖、变卖财产的规定》(以下简称《拍卖、变卖规定》)第4条、第5条、第8条的规定,这在一定程度上赋予了当事人参与程序的选择权。按照规定,对可以不进行评估的财产,当事人双方及其他债权人申请不进行评估的,人民法院应当准许;评估机构由当事人协商一致后经人民法院审查确定;未作评估的,拍卖保留价参照市价确定,并应当征询有关当事人的意见。然而这种类型的程序参与权对当事人而言无异于隔靴搔痒。在执行实践中,由于缺乏可以不进行评估情况的程序规则,执行人员出于规避自身职业风险的考虑,通常要对标的物进行评估;即便双方当事人申请不进行评估,考虑到潜在债权人的存在,执行法官也不敢贸然同意。诸如《拍卖、变卖规定》第4条第2款"当事人双方及其他债权人申请不进行评估的,人民法院应当准许"之规定,在谨慎的执行法官看来,仍然显得语焉不详,缺乏可操作性。因而,在确定价值的问题上,当事人实际未能发挥程序主体作用。另外,为了防止权力"寻租",各地高院设置了评估机构名册,要求当事人在名册中随机选择,更是虚化了当事人在确定评估机构上的程序选择权,此种"随机选定"实在难谓"协商一致"。衍生的问题在于,高级法院管辖地域面积宽泛,备选评估机构未分地域片区,一旦摇号选定的评估机构与标的物所在地相距较远,则会造成工作沟通不便、评估成本增加,不利于评估工作的及时推进。当

---

① 参见贺磊:《助力破解执行难——浙江宁波北仑区法院创新司法评估工作调查》,载《人民法院报》2016年8月11日,第5版。

前,当事人期待拥有更多的程序处分权,期待对其熟悉标的物的价值确定获取更多的自主权,这种呼声越来越强烈。

(二)标的物一律评估有碍执行效率

《拍卖、变卖规定》第4条规定:“对拟拍卖的财产,人民法院应当委托具有相应资质的评估机构进行价格评估。”这一条款,确立了司法评估作为司法拍卖前置程序的基本原则,尽管其紧接着就是“对于财产价值较低或者价格依照通常方法容易确定的,可以不进行评估”之规定。理论上,对于没有必要或者不适宜先行评估的拍卖标的物,我们应当灵活操作。[①] 一是标的物本身财产价值低;二是标的物价格为一般人所知晓;三是当事人双方或其他债权人申请不进行评估的,要尊重当事人的意志。但实务中,由于“价值较低”“容易确定”的规定尚较笼统,执行法官往往不加区分地要求委托评估。司法评估程序相比询价等较复杂,加上中介机构普遍业务量较大、人员不足、积极性较低,评估程序显得冗长拖沓,导致拍卖期限延长甚至流拍等情况出现。“这种不加区分地委托评估,也成为影响查封标的物不能及时变现的重要因素,因而有必要反思现有的委托评估制度。”[②]

(三)过度分权不利于监管约束

《委托评估、拍卖规定》第8条规定“人民法院对其委托的评估、拍卖活动实行监督”,并列举了评估结果失实、拍卖过程弄虚作假、随机选定后无正当理由不能按时完成评估拍卖工作及其他有关情形。高级法院也有相应的投诉建议、考核评查等监督制约机制。但在实务中,规模较小、力量薄弱、业务少的机构往往能力较低,业务质量较差;规模较大、业务量多的机构不担心业务与案源,工作实效性差,配合法院工作的积极性不够。有的评估机构只办理标的大、争议小、收费多、成本低的案件,对小标的案件百般推脱,甚至找理由退案。有的评估机构接受委托后,无法驾驭案件,处理专业问题能力低。在评估时,部分人员回避矛盾焦点,采取粗放式评析,泛泛运用评估原理,评估价格与实际价值脱节。当前评估机构评估时间超期、乱收费、评估价格虚高、怠于收集评估资料、委派无资质人员勘测现场等现象屡屡出现。基层法院对实际已纳入名册的评估机构缺乏更为有效的监督制约办法。

另一个关键问题是,构想委托评估拍卖制度时,旨在规范法院、评估拍卖机构、

---

① 参见马登科:《民事执行的现代转型与制度创新——以威慑机制和人权保障的冲突与融合为背景》,厦门大学出版社2014年版,第168页。

② 毋爱斌:《民事执行拍卖制度研究》,厦门大学出版社2014年版,第101页。

当事人之间的权利义务关系，采取“执行部门具体执行、委托评估拍卖部门程序配合的模式”。“执行部门对结果负责，对当事人在评估拍卖过程中的异议进行裁定，委托评估拍卖部门对评估拍卖的具体程序负责，从而做到执行部门在不接触评估拍卖单位的情况下，对其评估拍卖的结果正确评价，达到监督整个执行过程的目的。”① 设计理念理应得到赞赏，但在实务中，评估部门与执行机构相互分离，委托评估部门不关心评估的质效，缺乏监督动力，而追求评估质效的执行机构却缺失约束监督的权力与方式，因而相应的整体监督目的并没有实现。2018 年年初高级人民法院显然意识到问题的严重性，遂建议各中、基层法院将司法评估工作归口执行部门统一管理。

（四）评估收费定价不够规范精细

过去，评估费用按照评估价的一定比例结算，造成评估机构高估标的物，容易流拍。此后调整为根据实际变价结果，分别按照评估价（流拍时）、成交价（成交时）、抵偿价（以物抵债时）的一定比例结算。收费方式的这一改革避免评估价偏离市场价值，有利于标的物的成交，也维护了当事人的权益。但是在提高评估效率方面，还有继续细化定价标准的空间。另外，法院采取随机方式选择评估机构，中介机构收到法院的业务后，不愿在费用上给予优惠，造成法院委托评估、拍卖与社会收费实际不统一，有的当事人对法院产生怀疑，较高的费用也增加了当事人的成本，不利于调解和解的达成。实务中，首端预交、末端结算的方式被简单化操作，评估机构往往先收取较高费用，而成交后结算则不了了之，收费随意性大。

（五）同类型标的物重复评估加重成本

实务中，执行法官通常要求对拟拍卖的标的物全部进行评估，以期获取更加准确合理的评估价值。然而，对于同类型、性质品质相近的标的物，一概进行评估，无疑会加重时间成本和经济成本。例如，在司法拍卖中占比较大的房产拍卖，同一地段同类型房产的系列案件，是否有必要逐一评估，同一年内曾经评估过的同一地段的房屋，是否可以参照适用评估前例？在司法拍卖进入网络时代的今天，市场竞价已然更为充分，刻意获取作为参考价值的“准确”评估价，而“牺牲”执行效率、加重当事人负担，显然得不偿失。

（六）当事人拒不配合评估活动

法院的工作人员对资产评估行业的不了解，督促当事人配合评估工作的意识有

---

① 邹春军：《司法评估拍卖制度之构想》，载《江苏法制报》2011 年 11 月 18 日，第 7 版。

所欠缺,造成目前整体上当事人配合很差,已经影响司法评估的质量。一是当事人在估价机构选择上不配合。由于前述程序主体地位未受充分重视,法院召集当事人双方摇号选择司法评估机构时,常出现当事人持有不配合态度,在接到通知后,借故不到场参加选择的情况。二是当事人故意不提供评估所需的基础资料或提供资料不真实、不完整、不充分。一些当事人提供了资料后,不在提供资料上签字或盖章确认,无法分清资料的来源途径,作为估价机构原始资料不齐全,就无法断定被评估财物的合法性。评估报告出来后,当事人又以评估依据不真实、不完整、不充分导致鉴定结论不客观为由,推翻鉴定结论,进而要求进行重新鉴定而拖延案件执行时限,甚至推翻原结果。三是在现场勘查时当事人不配合。有的被执行人对一些需要解释的问题和实际情况的变化不告知,拒绝在勘查笔录上签字。有的被执行人故意逃避执行,不愿开门让评估人员进入现场评估,有时甚至以暴力方式进行抵抗。诸如此类行为导致评估所需的一些现场物证和素材难以搜集齐全,评估工作无法顺利开展。四是在异议提起问题上不配合。司法评估报告送达当事人后,当事人在异议期内不提异议,而在异议期过后才提出问题,此后以信访的形式阻挠执行程序正常进行。

二、对策建议:完善司法评估工作的方法策略

(一)允许协商确定评估价值,发挥当事人程序主体作用

民事执行权因其公权性、强制性、专属性等特点,使执行程序的职权主义色彩尤为浓重。法官应依职权选择制订最佳执行方案、采取各类强制执行措施,但这并不否认执行当事人在执行程序中亦应充当着重要角色。因为在民事领域,当事人自然是应享有处分权的,处分权实际是意识自治原则的一种具体表现。从比较法视角观察,在英国,执行债权人可以选择执行机关采取的执行方式,有权选择决定何时、如何进行执行以达到最佳的执行效果;在德国,执行债权人有权决定执行程序的开启、结束,选择执行方式和执行对象等。2012 年的《法国民事执行法》更进一步赋予执行债权人的处分权利,“拍卖起拍价由实施扣押的债权人确定。在没有人竞价的情况下,依职权宣告扣押债权人按此价额成为竞卖得标者。在扣押债权人确定的拍卖起价明显过低的情况下,债务人可以向法官提出请求按照不动产的市价与市场条件确定拍卖起价”。①

① 毋爱斌:《司法评估改革需向实效性方向发展》,载《人民法院报》2016 年 8 月 11 日,第 5 版。

如此规定于我国实践可能稍显激进，但据以借鉴，尊重当事人的自主选择权，发挥其程序主体作用，允许执行当事人协商确定评估价值，而非一律委托专业评估机构进行有偿评估，既符合拍卖的利己性特点，也符合司法拍卖的基本规律。况且，网络司法拍卖全面推开后，标的物在网络平台的竞价更加充分，允许双方当事人及相关债权人一致协商确定标的物的价值，并不妨碍公平公正，反而更加高效便利。这样的尝试，也正在江苏、浙江等地实践，并取得了良好的效果。

此外，可以根据当事人的申请，采取先分地域片区再随机选定评估机构的方式，例如，在法院所在地或者标的物所在地的备选机构中，摇号选定评估机构。

（二）按物品类型区分估价方式，破除评估前置的僵化认识

按标的物类型区分估价方式可以在比较法视野下寻找到参考的依据。《日本民事执行法》对不动产采取必须评估原则，执行法院必须选任评价人，并命令其对不动产进行评价，基于评价人的评价，法院确定竞卖基准价格；并且，法院在认为必要时，可以变更竞买基准价格；对动产，并未有强制评估的要求。借鉴于此，可以在实践中破除评估程序是拍卖程序必经环节的僵化认识，视不同情况区分估价方式。一是若执行债权人和执行债务人对保留价达成一致意见，可以不进行价格评估；二是对于不动产原则上委托评估；三是对于动产，原则上不进行价格评估，可以采取询价、以公开市场价确定保留价等方式估价，甚至低价物品零底价网络拍卖；除非查封物为贵重物品而其价格不易确定的，法院应当委托鉴定评估。2017 年起，各地开始了有益的探索，例如，重庆市高级人民法院出台《关于民事执行中机动车司法变价的规定（试行）》，指导执行法官通过询价的方式，快速变卖价格不超过 50 万元/辆的机动车，大幅提高了执行效率。

（三）强化对评估机构的监管，规范评估机构的工作行为

过去所担忧的权力过于集中容易导致寻租的现象，因客观约束条件的变化，已不复存在。一是采取了随机摇号选定评估机构，避免了随意决定。二是网络拍卖让竞价较为充分，可以避免围标、串标。三是当事人及相关权利人如对评估报告不服，有异议、复议的救济途径。委托评估事项收归执行机构管理，执行机构可以严格监管评估机构的服务质量，提升执行效率。

另外，对于评估机构的监督，应采取"适当降低门槛、严格动态监管"的方式。适当放宽门槛，让更多具备资质的评估机构进入名册，形成充分的市场竞争，提高服务质量。要紧紧围绕质量服务的重心，落实动态监督、从严管理，实行"黑名单"制度，进一步结合实践中的各类情形，明确和细化除名机制，并严格执行。例如，入围名册的备选机构未在要求的时间内完成委托工作，且未申请延长期限的；执业资质、执业范围、执业许可、联络人等发生变化，未及时申报的；违反相关规定超标准收费，情节严重，或以协商收费方式进行不正当交易的；无正当理由，随意退案的；评估程序、报告内容存在明显错误，造成不良后果的；恶意串通、弄虚作假、滥用职权、徇私舞弊，造成不良后果的等，法院可以决定将该机构列入"黑名单"。同时，赋予基层法院法官剔除不合格机构的决定权，经合议庭合议，可以取消其备选资格。

（四）制定精细的绩效收费标准，提高评估机构的工作质效

以往评估机构前期预收较高费用，其后续何时完成评估工作、完成质量如何，缺乏有力的举措加以约束。建议实行评估收费与评估绩效相挂钩，给当事人和评估机构之间的关系加上一道保障，人民法院予以监督，确保当事人和评估机构处于平等的地位、互相督促。

首先，结合评估进程与绩效，分段设置合理支付比例。例如，评估机构接受委托后预收评估费的60%，剩余的40%，再分为20%的效率评估费及20%的质量评估费，根据评估绩效进行结算。其次，将节点控制机制引入评估之中。用量化的节点把控评估节奏，将评估工作的总耗时严格限定在具体期限内。分别为对外委托部门、办案部门、评估机构设定具体的工作时限。再次，对于评估机构，超期减半计收效率评估费，超过更长期限（如超期5日以上），则直接取消效率评估费。最后，除个别情况外，如果不动产经过3次拍卖、动产经过两次拍卖后依然流拍的，不收取质量评估费，以此督促评估机构科学评估。

（五）适当采用变现价的参照法，节约时间成本与经济成本

资产评估价值，是指评估人员根据资产现时状况，凭借经验和专业知识，对市场进行合理预测而得出的资产在某一时点的"模拟"市场价值。评估价值具有时效性、估计性和意见性，其是市场价格的参考，但不等同于市场价格。这一观点也体现在最高人民法院的判例中，在许某与内蒙古三江房地产开发有限公司其他执行申请复议一案中[最高人民法院（2014）执复字第16号]，[①]最高人民法院认为"资产评估是由评估机构为了特定目的，遵循适用的评估原则，按照法定程序，综合运用相关专业

① 参见最高人民法院：《许某与内蒙古三江房地产开发有限公司其他执行申请复议执行裁定书》，载中国裁判文书网：http://wenshu.court.gov.cn/，最后访问日期：2018年7月20日。

技能,对特定资产的价值进行估算的过程,具有较强的专业技术性。而执行程序中拍卖的目的是尽快实现申请执行人的债权,对拍卖财产进行评估,只是辅助执行法院确定拍卖保留价的手段,评估价格并不是最终的交易价格,最终成交价格仍需经由市场检验。被执行人如认为评估价过低,亦可以在拍卖前履行生效法律文书确定的义务或者参与竞买。因此,评估结果出具后,没有法定理由,不应启动重新评估”。

在司法拍卖进入网络时代的今天,市场竞价可以达到更充分的程度,对于市场价值公开的物品,允许直接参照已有变现价处置,更合理。此外,对于房产拍卖,原则上要求评估;但是,在1年内法院曾经评估过的同一地段的拟拍卖房地产,可以参照原评估报告,结合当下的市场行情确定房产变现价;同地段、同类型房地产的系列案件,原则上只评估其中一套,评估价格可作为其他房产的参照;辖区内的房产,如果经过政府有关管理部门核实并能够提供同地段、同类型房地产近1年内的市场交易价格的,可以参照市场比较法确定变现价。这样,既可以节约当事人的评估费用,减轻负担,也可以节约时间成本,真正体现司法为民的理念。

新近实务中,各地法院与京东大数据评估平台合作,打造“智能评估系统”,更加高效快捷,节约成本,而且估价准确,精准推介。[①] 显然,该做法值得尝试推广。

(六)加强与当事人的沟通释明,推动评估程序正常开展

执行法官应主动与当事人沟通案件情况,主动释明,积极引导当事人支持司法评估。在事前、事中阶段向当事人详细阐明司法评估的重要性,特别是针对当事人消极对抗司法评估、暴力抵抗司法评估时,要及时开导当事人,引导其合理宣泄情绪,对存在较充分异议理由者,可引导其通过异议、复议等程序救济;充分释明阻碍司法评估的危害性以及严重时需要承担的法律责任,使当事人主动配合、支持司法评估。

---

① 参见郑凯:《“智慧法院”插上科技的翅膀,京东大数据就这样改变拍卖》,载搜狐网:https://www.sohu.com/a/235735558_116326,最后访问日期:2018年7月20日。

冲破罚金刑执行困境的路径选择

——基于S基层法院罚金刑执行为视角

董如易*

罚金刑的执行问题一直是我国刑事案件执行领域中的一块“顽疾”，长期以来刑事判决确定的罚金执行无法落实到位。尤其是在我国《刑法修正案（九）》颁布后，最高人民法院、最高人民检察院又出台了《关于办理贪污贿赂刑事案件适用法律若干问题的解释》，对贪污贿赂职务犯罪降低了主刑的适用期限，而提升了罚金的标准，这给原本就比较艰难的罚金刑执行又增添了不少难度。因此，本文以S基层法院罚金刑执行为视角，立足于对当前罚金刑“执行难”的现状和成因分析，希望能探索出一套新的罚金刑执行机制，助推罚金执行工作的落实，以维护司法权威。

一、困境明晰：罚金刑案件的执行现状介绍

（一）数据分析

为了更好地了解罚金刑执行的现实状况，笔者调取了S基层法院2014年以来所有的刑事案件进行调研，通过对数据详尽的分析，发现S基层法院罚金刑执行呈现出以下几个特点。

---

* 重庆市石柱土家族自治县人民法院执行局法官助理。

1. 案件数量占比大

调研发现,S 法院 2014 年共计审结 364 件刑事案件,其中判处罚金刑的案件有 309 件,占比 84.89%;2015 年共计审结 307 件刑事案件,其中判处罚金刑的 237 件,占比 76.70%;2016 年 1~6 月共计审结 190 件刑事案件,其中判处罚金刑的 151 件,占比 79.47%。从以上数据可以看出,S 法院近 3 年来所有审结的刑事案件中,判处罚金刑的刑事案件占比较大,罚金刑的执行任务重(见图 1)。

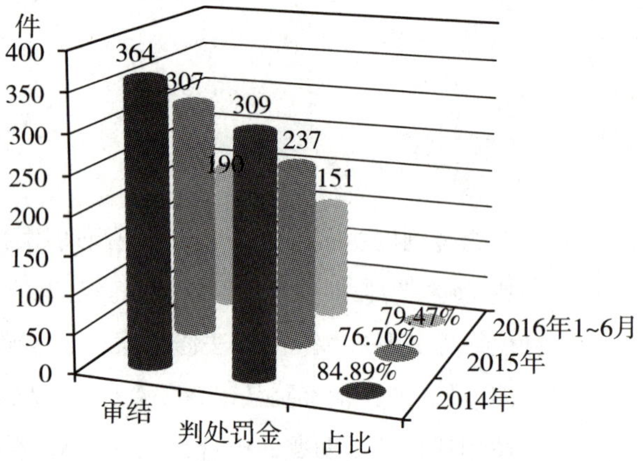

图 1　罚金刑案件占比

2. 提请强制执行少

调研发现,虽然 S 法院所有审结刑事案件中判处罚金刑的案件较多,但刑事审判庭考虑到执行的客观现实,并没有将所有的罚金刑案件提起强制执行。2014 年、2015 年只分别提请一批进入强制执行程序,2016 年受执行大环境的影响提请强制执行的稍微增多,但从分析的数据来看,提起强制执行的罚金刑案件仍然很少。2014 年提请 28 件,占比 9.06%;2015 年提请 27 件,占比 11.39%;2016 年 1~6 月提请 18 件,占比 11.92%。

3. 执行兑现占比小

调研发现,虽然 S 法院刑事审判庭提请执行的罚金刑案件不多,但进入执行程序后能执行兑现的也仅是极少几件,大部分未能执行到位。通过分析数据可知,2014 年以来所有执行立案的罚金刑案件一共有 73 件,但仅有 6 件执行完毕,占比 8.21%,有 12 件部分执行,其余 55 件都未能执行到位(见图 2)。

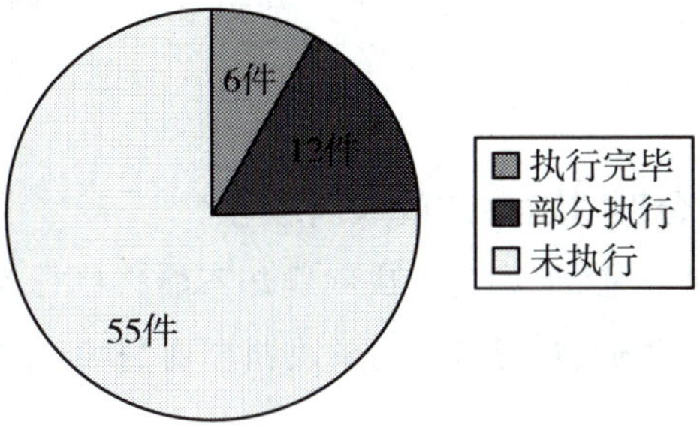

图2　罚金刑案件执行情况

(二)罚金刑"执行难"的表现

从以上数据分析来看,S法院罚金刑执行案件的执行兑现非常困难,这也可以解释为什么刑事审判庭不将罚金刑案件移送提请强制了,按照部分法官的话来说就是"反正客观上无法执行到位,又何必去增加执行部门的未结案件"。虽然这种说法不可取,数据反映的也仅是S法院罚金刑案件的执行情况,但也一定程度反映出当前基层法院罚金刑案件执行所面临的共同困境。

这种困境客观表现为两种情形,①一种是被告人不愿缴纳,另一种是被告人不能缴纳。不愿缴纳指的是被告人有可供执行的财产但是不愿缴纳罚金,使用种种手段阻碍执行机关执行罚金刑。由于我国《刑法》及《刑事诉讼法》均规定了罚金刑的强制缴纳制度,所以在司法实务中,被告人及其家属不会采取暴力阻挠,但通常会采取转移、隐匿财产的方式,使执行机关找不到可供执行的财产以达到逃避罚金刑执行的目的。被告人不能缴纳罚金,则是指被告人确实没有可供执行的财产,无缴纳罚金的能力,从而导致罚金刑的判决无法得到执行。无论表现为哪一种情形,其最终客观反映的都是罚金刑的"执行难"。

(三)"执行难"影响司法权威

通过数据实证分析可以推出,在当前的刑事司法实务运行中,罚金刑作为附加刑之一,虽然目前得到了较为广泛的适用,但是执行兑现率低,强制执行落实困难,大多数罚金刑案件以"不了了之"结案,"空判"现象严重。正因如此,众多刑事判决中的罚金刑无法得到执行,严重削弱了司法在犯罪人及普通民众心中的权威。尤其在罚金刑适用逐渐加重的司法环境下,罚金刑无法得到执行,势必会严重影响

---

① 参见丁柏芳:《我国罚金刑执行困境及对策建言》,载《法学博览》2015年第31期(上),第87页。

法律的威慑力,也无法实现国家立法的基本意图。所以,解决罚金刑“执行难”问题迫在眉睫。

二、源头探索:罚金刑“执行难”的成因思考

问题的存在是客观事实,但如何解决问题却不能盲目行动,在这之前我们需要思考问题形成的原因。因此,在思考如何解决罚金刑“执行难”问题之前,我们需要从不同的角度考究其成因。

(一)罚金执行的被动性

正如有些学者总结的那样,“在所有刑罚方法中,唯有财产刑的执行受制于诸多因素,甚至部分有赖于受刑人的配合和协助,这是在刑罚体系中绝无仅有的”。[①] 的确,在审判实践中,由于大部分的被告人都在服刑,自身并没有履行缴纳罚金的能力;同时罚金的缴纳与否对被告人并没有实质的影响,因为罚金刑作为附加刑,其执行与否与主刑判决的轻重长短并无关系。对于被宣告缓刑的被告人及其家属来说,一方面,其内心或许还存在一定的平衡,至少人不用待在监狱里面;另一方面,其也担忧不缴纳罚金,是否就不能宣告缓刑了,多种心理因素的交叉作用,使其对于缴纳罚金相对更为积极。但对于判处实刑的被告人,情况就全非如此。

一般百姓的观念还停留在“赔钱不赔人”或“赔人不赔钱”的阶段,自由刑与财产刑只能二选一。因此,既然“罚金交与不交一个样”,特别在判决生效后,被告人刑期已成定局,即使告知将会移送执行局强制执行,以及罪犯难以减刑的后果,被告人及其家属对于履行罚金刑大多持有消极心态和侥幸心理。所以在这种状况下,法院对罚金的执行就处于被动的地位,罚金的缴纳与否全凭被告人的态度,失去了主导性地位的执行显然难以实现其目的。

(二)经济条件受到限制

被判处罚金的刑事案件多数是与财产型犯罪有关联,犯罪者本身未必有足够的经济能力去履行罚金刑义务,甚至其整个家庭都未必有这个经济能力。何况在执行实务中,大部分的罚金刑被执行人长期处于被关押状态,其人身自由受到限制,难以有机会筹集资金。在这种被执行人经济条件严重受到限制的情况下,如何去执行刑事判决所确定的罚金刑义务就成了很现实的问题。

---

① 马登民、徐安住:《财产刑研究》,中国检察出版社2004年版,第404页。

多数情况下,罚金刑执行法官都会选择联系被执行人的家属代为缴纳罚金,但家属是否代为缴纳,全系于本身的认识及对被执行人切身利益的考虑,自动缴纳的微乎其微。不缴纳罚金的家属又分为两种情况:一种是确实没有钱,另一种是有钱而不愿缴纳。无论是哪一种情况,法院都无法对被执行人的家属采取强制执行措施,要求缴纳罚金,否则就有违“罪责自负”的刑法基本原则。其实,这也是罚金刑“执行难”的主要问题之一,被执行人本身无罚金履行能力,如果其家属不同意代为履行,法院也无能为力,这就造成了罚金刑客观上的难以执行。

(三)执行措施的局限性

罚金刑案件“执行难”与执行措施的局限性也是密切相关的,这也是造成罚金刑“执行难”的一个重要原因。首先,出于“审执分离”的要求,执行人员对案件刑事审理情况并不了解,特别是对被执行人的基本情况不了解,如被执行人的财产情况、家庭情况、认罪态度等,如果刑事审判庭在对案件进行移送执行时不附以说明,执行人员在执行时难以快速有效地制订执行方案。其次,在查明被执行人本身没有履行能力,而其家属也不愿代为履行的情况下,执行人员将面临无计可施的窘境。因为在没有财产可供执行时,执行中的罚款、搜查、拘留等强制措施对正在服刑的被执行人难以适用。最后,虽然我国《刑法》及执行相关法规都规定了对罚金执行的“随时追缴”制度,但是在当前法院“案多人少”矛盾突出并一定时期长期存在的情况下,执行人员难以有更多的精力和时间用于长期跟踪投入到某个罚金刑案件的执行。

(四)司法机关联动协调不够

执行工作原本就需要借助社会多方的力量,罚金刑的执行表现尤为突出。因为,罚金只有刑事案件才涉及,而在整个刑事诉讼程序中,接触到被执行人的部门较多,如公安局、检察院、司法局、看守所、监狱等部门,所以罚金刑的执行应当充分利用好这些部门的协调配合作用。可是,现实情况是各部门对犯罪分子本身的罪名关注更多,而在侦查、起诉等环节对于财产部分的问题却有所忽视,对于可能判处罚金或者存在转移财产的可能性时,侦查机关没有及时对犯罪嫌疑人的财产采取查封、扣押、冻结等措施,往往都是法院作出罚金刑的判决后一家单干,更准确地说是由法院执行机关单干,司法机关在整个运行过程中的协调联动严重不足。

法院作为审判机关,虽然被赋予扣押、冻结的职权,但侦查能力相对薄弱的事实难以改变。并且,即使法院有足够的侦查能力获得被告人的相关财产线索,若在案件的审理阶段再去扣押、冻结被告人的财产,难免为时过晚。前期的侦查、起诉阶段,被告人及其亲属若去转移财产,时间绰绰有余。如此一来,法院虽有扣押、冻结之职权也无从发力。所以协调联动的不足,也是导致罚金刑“执行难”的又一重要原因。

(五)执行监督机制的缺乏

刑事案件诉讼程序中,检察院既作为刑事案件的公诉部门,也作为监督机关对法院审判的公正性行使监督职能,但这种监督多是处于对刑事审判程序、判决结果及其主刑的执行,基本上很少主动监督罚金刑等财产刑的执行。法院既是裁判机关,也是执行机关,对于罚金刑等财产刑的执行,在公、检、法之间难以形成有效的监督制约机制,罚金刑的执行缺乏紧迫性、必要性,执行的动力不足也是罚金刑“执行难”的又一客观原因。

三、进路选择:罚金刑执行联动机制的构想设计

(一)时代背景

“执行难”是长期制约人民法院工作发展的“老大难”问题,社会各界高度关注、人民群众反映强烈。① 为了贯彻落实党的十八届三中、四中全会提出的解决“执行难”问题会议精神,最高人民法院院长周强在第十二届全国人大第四次会议上提出“用两到三年时间,基本解决执行难问题”的目标。罚金刑案件的执行在当前及未来很长一段时间,将会是执行工作的一大难点,要实现周强院长提出的“基本解决执行难”问题的目标,就必须促使公、检、法、司及其他相关单位协同联合起来解决好罚金刑案件的执行问题。

(二)理论依据

罚金是我国《刑法》规定的附加刑,与自由刑一样都是《刑法》规定的实现刑事责任的方式,设立目的是使犯罪分子承受不同性质的惩罚。财产刑与自由刑并科适用于同一个刑法整体,对应于一个不可分的、抽象的报应和预防的刑法目的。② 当财产刑与自由刑并科时,刑罚目的的实现包括自由刑和财产刑都得以执行。司法机关刑事诉讼的目的是打击犯罪,实现刑罚的目的。所以,公、检、法等司法机关有必要探索建立起一套执行联动机制,以保证将罚金刑等财产刑案件执行落实到位。

---

① 最高人民法院院长周强在“‘基本解决执行难’暨执行案款清理工作动员部署视频会”上的讲话。

② 参见黄冬荣:《构建罪犯财产刑执行联动机制之路》,兰州大学监狱管理学2012年硕士学位论文,第9页。

（三）设计构想

1. 完善罚金刑执行体系

罚金刑执行其本质是执行刑事处罚，民事案件的执行则是以民事法律关系为前提，凭借民事法律规范赋予的执行权，强制被执行人履行给付财产的义务；这两种执行的法律关系并不一致，只是对财产的要求相同而已。何况，一直以来，刑事案件的处理方式和民事案件的处理方式所遵循的理念和坚持的法律原则均不同。因此，罚金刑执行不能完全根据民事执行规定、执行方式和执行程序来对待，必须针对罚金刑执行等财产刑案件的执行建立健全一套从侦查、提起公诉、刑事审判和刑罚执行且与民事实体法律相衔接的法律规范，形成一套完整的罚金刑案件执行体系。重点则需要对我国《刑事诉讼法》按照罚金刑执行的需要对各个环节进行修缮。

2. 建立先行查封、扣押、催缴制度

从司法实践来看，往往在侦查、提起公诉阶段犯罪嫌疑人的财产更容易被控制，判决未作出前“倒逼”缴纳罚金对被告人有一定的制约作用，如果在判决作出后，再考虑被告人缴纳罚金的问题，这些优势都已经消失。因此，一方面要尝试建立先行查封、扣押和随案移送制度。我国2018年《刑事诉讼法》第142条明确规定：“人民检察院、公安机关根据侦查犯罪的需要，可以依照规定查询、冻结犯罪嫌疑人的存款、汇款、债券、股票、基金份额等财产。”这一规定赋予了侦查机关查封、扣押的权力，对可能判处财产刑的犯罪嫌疑人采取的查封、扣押等强制措施，于法有据。所以，对于有可能转移、隐匿、变卖甚至毁损可供执行财产的犯罪嫌疑人个人财产，可由侦查机关先行查封、扣押并随案移送。另一方面，法院刑事审判庭在判决前要主动催缴。对可能判处罚金的被告人，如果有可供执行财产的要及时采取控制措施，对无财产可供执行的要尽量以判促缴。

3. 加强与监狱的执行联动

人民法院对被告人作出自由刑和财产性判决后，被告人的法律身份转变为罪犯，从而交付监狱执行刑罚。监狱是罪犯在整个刑事诉讼程序中经历的最后一道关卡，如果在这个环节仍无法将罚金刑执行到位，那么服刑结束后再进行追缴将更加困难，因此，必须强化好监狱的协调联动作用。第一，协助法院做好罚金的直接追缴工作，对履行罚金刑表现较差的罪犯现场了解情况，进行法制教育引导，现场解答罪犯疑问，增强执行力度。第二，将罚金刑的履行情况，作为向中级法院提出减刑意见的重要参考情节，并如实向服刑罪犯做好政策宣传引导。第三，在罪犯刑满释放，制作《刑满释放通知书》时,要区分罚金刑没有履行、部分履行和履行完毕3种不同的情况,并在通知书上专门予以注明履行情况及金额,以此可以告知公安机关罚金刑执行情况,也给刑释人员一定的警示,无形中起到催缴的功能。

4. 突出个人诚信联动惩戒

目前,全国各地都把诚信建设放在突出位置,大力推进政务诚信、商务诚信、社会诚信和司法公信建设,正逐步建立起覆盖全社会的诚信系统,加大了对失信行为的惩戒力度,努力在全社会广泛形成守信光荣、失信可耻的社会氛围。法院要利用好国家诚信建设的氛围,把罪犯或者刑释人员履行罚金刑情况融入公民个人诚信信息系统建设之中。通过在诚信信息系统中建立与全国联网的个人信用档案。罚金刑的执行情况,将直接影响其个人信用等级,其等级的高低直接与公民的贷款申请、工作升迁、入学申请等生活的方方面面挂钩。如此,那些因不履行罚金刑的罪犯或者刑释人员,将会在个人信用档案中留下不良记录,从而在这些方面受到制约,以此促使他们自觉履行义务,最大限度地实现罚金刑的执行。

结 语

罚金刑的执行问题无疑是当前法院执行工作的一个难点,本文通过以S法院为视角进行实证分析,反映的却是许多法院面临的共同现状。在此基础上笔者分析了罚金刑“执行难”的成因,并提出了建立执行联动机制的设计构想,但由于受制于当前法律制度和具体操作规程的缺陷和不足,我们必须将设想纳入实践检验,并逐步以制度的方式总结提炼出来。当然,破解罚金刑“执行难”问题,并非仅是一个或者某些司法部门的职责,而是需要整个法学理论界、司法机关予以关注与研究。① 既需要立法的日益完善,也需要司法机关的通力合作。无论如何,我们应该对此有信心,随着国家司法体制改革的不断深化、刑事法制的不断健全、相关法律制度的进一步完善,必然能在罚金刑方面的法律研究与实际适用之间找到合适的衔接点,罚金刑“执行难”问题一定能逐步得到有效缓解。

---

① 参见黄冬荣:《构建罪犯财产刑执行联动机制之路》,兰州大学监狱管理学2012年硕士学位论文,第23页。

人身安全保护令在执行中的困境与出路

旷　逸[*]　李振明[**]　吴玉明[***]　张　毅[****]

人身安全保护令是根据最高人民法院应用法学研究所发布的《涉及家庭暴力婚姻案件审理指南》而创设的一种程序性民事裁定。实践中，它对预防和制止家庭暴力、保护家庭暴力受害人展现出重大意义，但同时又因为法律依据的缺失而略显跛足。我国2016年出台的《反家庭暴力法》为其作了独立成章的规定，部分回应了人身安全保护令制度在审判实践中遇到的相关问题。但在具体执行实施的过程中，仍存在措施不具体、职责不分明、后续保障乏力等问题，本文拟以此为视角，探索人身安全保护令在执行过程中的完善路径。

一、人身安全保护令制度理论

（一）人身安全保护令制度理论

人身安全保护令目前主要运用在家事法律领域，是指当事人因遭受家庭暴力或者面临家庭暴力的现实危险，由本人或者其他有申请资格的人向人民法院提出的请求法院作出强制加害人为一定行为或者不为一定行为的裁定。人身安全保护令制度的作用在于在受害人和加害人之间划出一个

---

[*] 重庆市渝北区人民法院执行局法官助理。
[**] 重庆市渝北区人民法院执行局法官助理。
[***] 重庆市渝北区人民法院执行局法官助理。
[****] 重庆市渝北区人民法院执行局法官助理。

“安全距离”,从事前预防的角度避免家庭暴力的发生。

对于人身安全保护令制度来说,其主要有以下两个方面的特点:第一,民事保护令是非讼案件。法院签发民事保护令具有公益性、迅速性和灵活性的特点,法院根据当事人的申请或者依职权,可以变更、撤销民事保护令。第二,人身安全保护令效力的有期限性和内容的可变更性。在效力期限上,人身安全保护令与民事裁判有很大差异,民事裁判生效之后就有永久的效力,不存在效力期限的延长问题,而人身安全保护令设定了有效期。因为人身安全保护令的目的是保护受害人人身安全、预防和制止家庭暴力,以暂时限制相对人一定期限内的权益为手段,需要避免对相对人权益造成永久、重大的影响。

人身安全保护令制度应当遵循几个原则:一是及时性原则。在家庭暴力受害人或者有权主体申请人身安全保护令时,法院以最快的时间审理完成,迅速发出人身安全保护令,保护受害人。为此,应该做到保护措施能够有效制止和预防暴力继续发生以及审理程序简便快速两个方面。二是必要性原则,即最小侵害原则。为了达到相同目的有多种适合手段可供选择时,应当选择对相对人损害最小的手段。人身安全保护令给家庭暴力受害人的保护措施应当是必须充分但又不能过分的,对受害人的保护措施和对加害人的权利限制之间要达到一定的平等关系,不能过分限制加害人的正当权益。三是应当尊重当事人意愿的原则。由当事人自主决定是否申请人身安全保护令和申请人身安全保护令的条款内容,法官不得干涉,但涉及未成年子女保护的除外。四是不调解原则。法院根据家庭暴力受害者的安全需要和申请人的诉求决定人身安全保护令的条款内容,不需要双方进行协商。

(二)法律规范分析

人身安全保护令制度的确立经过了一段相当长的立法论证过程,我国2001年修正的《婚姻法》明确规定禁止家庭暴力,2005年修正的《妇女权益保障法》第46条也明确提出禁止家庭暴力,但未提及人身安全保护令的内容。直至2008年,最高人民法院中国应用法学研究所发布的《涉及家庭暴力婚姻案件审理指南》中首次规定了人身安全保护令的相关内容,为法官审理案件提供参考性作用。到2016年3月1日施行的《反家庭暴力法》成为我国第一部针对家庭暴力规定人身安全保护令的法律,意义重大。此外,2004年《宪法修正案》中正式把“尊重和保障人权”写入我国《宪法》,体现出我国对人权保护的一大进步。2015年通过的《刑法修正案(九)》在《刑法》中增加第260条之一,“对未成年人、老年人、患病的人、残疾人等负有监护、看护职责的人虐待被监护、看护的人,情节恶劣的,处三年以下有期徒刑或者拘役。单位犯前款罪的,对单位判处罚金,并对直接负责的主管人员和其他责任人员,依照前款规定处罚”。这些法律的完善也对我国在保障家庭成员合法权益方面起到重要作用。

我国《反家庭暴力法》可谓具有里程碑意义的法律。该法对于人身安全保护令的规定集中在第23条到第32条中,分别从启动方式、提出形式、管辖、裁定、作出条件、作出时限、文书内容、保护令期限、救济方式和送达方式等方面作出规定。这样的规定宏观上是比较全面的,但寥寥10条仅仅具有原则上的指导意义,缺乏具体可操作的规定。

此外,我国《反家庭暴力法》《民事诉讼法》《婚姻法》《未成年人保护法》《老年人保护法》等诸多法律的衔接也存在一些问题。《反家庭暴力法》的使用类型不区分当事人的年龄、性别、纠纷场所等,这是其他法律不能做到的。

从总体上看,随着我国反家庭暴力运动的不断发展和公民人权保障意识的不断增强,我国人身安全保护令制度取得了突破性进展,也为遏制家庭暴力提供了有力的法律依据。但从法律层面上看,人身安全保护令制度的完善依然是一个漫长而艰辛的过程。

二、人身安全保护令的实施现状

最高人民法院于2017年7月19日举行家事审判方式和工作机制改革联席会议第一次全体会议。[①] 该会议通报,自2016年3月1日我国《反家庭暴力法》正式实施至2017年6月底,各级法院共发出1284份人身安全保护令,许多长期遭受家庭暴力的受害人特别是妇女、未成年人和老年人的人身权益得到有效保护,有效促进了家事审判方式和工作机制改革的深入开展。但出于各种原因,该制度无论是在试点阶段,还是在正式立法确立之后,其施行都存在和面临不小的阻力和困境。

人身安全保护令制度正式确立后,各地法院普遍存在申请不积极的状况。该项立法得到了极大的认可,但是并没有在司法实践中得到充分的体现。法院受理人身安全保护令案件占家庭纠纷案件比重小,家庭暴力事件的数量未因人身安全保护令制度的引入大幅降低,解决家庭暴力的效果也并不显著,大多数受害者选择申请人身安

---

① 参见姚炎中:《最高人民法院发力家事审判,各级人民法院共发出1284份保护令》,载《人民法治》2017年第8期。

全保护令以外的其他方式维护自身权利,相较于我国《反家庭暴力法》中设置的其他家庭暴力防治制度(如告诫书制度、强制报告制度),人身安全保护令制度的收效甚微。

关于人身安全保护令的典型案例,笔者选取了"丁某与谭某离婚纠纷一案"作为案例进行分析。丁某与谭某于2006年10月经人介绍认识,并于2007年5月11日登记结婚,婚后生育两个女儿。丁某主张,由于双方感情基础薄弱,婚后谭某经常性地酒后殴打她,造成其身体、精神上的严重伤害,而其为了家庭和孩子,选择忍耐,导致身心疲惫。2018年1月29日晚上,因其小女儿喝水被呛,双方又起争执,谭某殴打她。1月31日,在公婆家再次对其进行打骂,其选择报警。丁某认为,其多年遭受家暴,为避免遭受更大的伤害,申请法院作出长期人身安全保护令,同时起诉要求与谭某离婚。

受案后,办案法官在第一时间调取了报警记录、询问笔录、走访当事人所在的村委会,经审查认为,谭某的行为已经影响丁某的身心健康,丁某的申请符合人身保护安全令的法定条件,对原告申请人身安全保护裁定,依法予以支持。在受案的第3日,即依照我国《反家庭暴力法》第26条、第27条、第28条的规定,作出裁定。

具体裁定内容如下:(1)禁止谭某对丁某实施家庭暴力;(2)禁止谭某骚扰、跟踪、接触丁某及其相关近亲属。裁定自作出之日起6个月内有效。如谭某违反上述禁令,将依据我国《反家庭暴力法》第34条的规定,视情节轻重,处以罚款、拘留;构成犯罪的,依法追究刑事责任。同时,法院向原被告住所地派出所和所在地村委会发出协助执行通知书,通知以上单位监督被告是否履行该裁定,并收集固定证据,采取相关措施,及时通报法院。

在向谭某送达《人身安全保护令》及有关应诉材料时,法官对谭某进行了耐心细致的说法教育和法律疏导,谭某意识到问题的严重性,主动承认错误,并表示自己仍然珍惜爱护家庭,愿意痛改前非。法官通过中间人做好双方的调解工作后,谭某主动到丁某的娘家,承认了错误,把丁某接回家,夫妻双方共同来法院撤诉,案件圆满处结。

分析上述案例的同时,笔者详细咨询了办理过人身安全保护令案件的资深执行法官。经了解发现,目前,当事人向法院申请人身安全保护令,在满足申请条件及相关证据充足的情况下,法院作出人身安全保护令裁定,随后案件进入执行阶段。在执行阶段,执行法官的主要处理方式就是向原被告所在地的派出所、居委会、村委会、妇联等单位发出协助执行通知书,并及时电话联系派出所负责人,希望相关单位予以高度重视,密切关注被执行人的动向。人身安全保护令就其本质上是禁止行为人不为某种行为,并没有要求行为人作出某种行为。在人身安全保护令裁定下达后，若被执行人做出伤害申请人及其家人的行为，由法院对被执行人进行拘留、罚款；构成犯罪的，依法追究刑事责任。法院与派出所、居委会、村委会、妇联共同监督被执行人的行为，执行法官也可以主动调解申请人与被执行人的关系，通过法理与情理的结合，使被执行人认识到自身的问题并积极纠正。

三、人身安全保护令实施的困境分析

（一）法律规范过于原则化

由于人身安全保护令制度在我国处于设计和适用的初级阶段，因此，在制度设计上还有不成熟之处，主要存在两个方面的问题：一是规范过于原则化，例如，在实施层面，仅规定了由人民法院实施，公安机关、社区、妇联等组织协同配合，并没有将各部门的具体职责明确，导致其在实施中无具体规范可依。二是缺乏与人身安全保护令相适应的一系列配套制度，例如，在人身安全保护令实施期间，一般会将申请人与被申请人隔离，在此情况下作为夫妻双方或者其他家庭成员关系的一方当事人处置共同财产的效力问题有待明确；再如，被申请人对人身安全保护令裁定有异议时，审判组织如何裁判，是否组织听证等。

（二）家庭暴力证明难度大

人身安全保护令的适用主要是排除诉讼障碍和保护当事人的人身权益，大多发生在家庭成员之间。当事人申请人身安全保护令需要证明被申请人具有实施家庭暴力或具有遭受家庭暴力的现实危险。而事实上，能够达到这一证明标准必须要以录音录像材料、证人证言及医疗证明为依据。但在家庭生活中，口头和肢体冲突时常发生，往往在矛盾发生时当事人或许并没有收集证据的意识。通常情况下，申请人在遭受谩骂、殴打等家庭暴力时向警察报警求助，警方一般也会以家庭矛盾为由不予干预或者消极对待。这就导致申请人在面临家庭暴力时很难第一时间获得救助，而且不能有效地收集证据。

（三）人身安全保护令审核标准模糊

“有遭受家暴的情形”之举证要求较高。事实上，根据我国《民事诉讼法》的规定，一切事实在未经法庭调查的程序考察时，都仅仅是一种“可能性”，而无法被直接认定为“以事实为依据、以法律为准绳”的事实，若以这样的“事实”为依据而适用我国《反家庭暴力法》，其所作出的裁定经不住“程序正义”的推敲。

“有面临家暴现实危险的情形”之具体标准不明。鉴于“有遭受家暴”的举证要求较高,对申请人和法院来说都费时耗力,故“有家暴危险”申请人身安全保护令更能加快法院裁判的进程。而且,人身安全保护令极有可能和当事人随后提起的离婚诉讼产生交错,而“一方实施家暴”又是法定的离婚理由和无过错方提出离婚损害赔偿的法定情形。可以预见,出于保持司法审慎和防控职业风险的考虑,法官多以“有面临家暴现实危险”作为人身安全保护令的裁判依据。据此,从严谨的证据角度来看,“有家暴事实”在未经法庭举证和质证环节的验证下很难被认定,所以“有家暴危险”无疑是申请人和法院更好的选择,甚至存在架空前者的可能。但在可预见的“高频率”使用下,“有家暴危险”的具体标准仍然不甚明确。

(四)执行机构、协助执行机构之间权责不明

我国《反家庭暴力法》第25条和第32条规定,人身安全保护令由申请人或被申请人居住地、家暴发生地的基层人民法院执行,公安机关以及居委会、村委会等应协助执行,没有明确规定各执行主体之间的职责划分。根据这一条的表述,其只笼统地规定,公安机关、居委会、村委会协助执行人身安全保护令,这是否会导致公安机关的强制执行力优势无法发挥,或者为其“不作为”或推诿行为提供托词。而且,当执行违法时,或者申请人、被申请人对执行方式有异议时,其申诉的途径也不明确。以公安机关协助执行法院下达的保护令裁定为例,假设当事人对裁定本身并无异议,只对公安机关的粗暴执行行为有异议。究竟应当走司法申诉程序,还是可以向执行机关的上级机关申请行政复议,我国现行《反家庭暴力法》对此的规定尚不甚明了,这在一定程度上造成了各执行机关之间职责不明确的现象。

(五)人身安全保护令属临时措施,缺乏长效配套机制

人身安全保护令是在家事纠纷发生时采取的一项临时措施,旨在暂时制止正在发生的家庭暴力或者消除发生家庭暴力的危险,时效性是人身安全保护令的一个显著特征,这一特征同时也带来了负面影响。由于家事纠纷的复杂性和隐秘性,家庭暴力的发生往往具有长期性和不确定性,对于实施了人身安全保护令而没有永久分开的家庭成员之间,之后再次发生家庭暴力造成更加严重后果的风险较大。而目前的人身安全保护令制度本身尚未对善后措施进行规定,其他相关法律规范也没有相应的配套措施。这在一定程度上导致人身安全保护令的制度效益大大缩水。

另外,人身安全保护令的实施旨在保护家庭成员的合法权益。中国社会一直有“家丑不可外扬”的传统观念,这种经过法院强制介入干预的情形,势必给家庭成员之间带来很大的隔阂。而当前的人身安全保护令制度似乎并没有将关注点投入一部分实施了人身安全保护令最终继续在一起生活的家庭成员的关系修复中。使这一制度运用到家事纠纷中缺乏必要的人文关怀。

四、人身安全保护令实施的完善路径

(一)人身安全保护令申请人举证标准和程序的细化

根据我国《反家庭暴力法》第 27 条的规定,申请人有遭受家庭暴力或者有面临家庭暴力现实危险的情形时,向法院申请人身安全保护令。可见,能够申请的情形有两种,一种是现在正在遭受家庭暴力的情况,另外一种是存在家庭暴力的现实危险性。在司法实践中,我们可以作分类处理。有遭受到现实家庭暴力的申请人,在举证标准上,其与家庭纠纷诉讼应是相同的,即能认定家暴存在的可能性大于不存在的可能性时,主张一方的举证责任始告完成。根据我国《反家庭暴力法》第 20 条的规定,公安机关的出警记录、告诫书、伤情鉴定意见等证据,都可以成为家暴的认定证据。若主张一方依据上述法条举示了相应证据,那么理应能够证明"存在家暴"的情形。但若当事人事发时没有报警,也拿不出告诫书、伤情鉴定意见书等证据时,法院应如何处理呢?

我们可以借鉴其他地区的成熟经验,例如,山东省聊城市中级人民法院就将证据范围进行了更进一步的合理扩大,其在 2016 年出台的《人身安全保护令操作指南》中明确细化,认为亲属、邻居的证人证言、加害人的保证书、带有威胁性的短信等,也是可直接证明家暴存在的证据。

若当事人拿不出上述证据证明,那么法院应告知当事人以"存在家庭暴力的危险"理由前来申请人身安全保护令,在审查时,可以考虑引入"盖然性证据标准",所谓"盖然性"就是指"有可能但并非是必然",这种可能性虽没有证据能够百分百证明,但根据一个自然人的生活常识结合法官的办案经验,可以认定为是一种当然存在的情形,即现实的可能性。① 目前,部分法院在"存在家庭暴力的危险"的审查中采取的是先听证的模式,即通知当事人双方到场询问情况、陈述事实。这种方式的确审慎而严谨,但根据《涉及家庭暴力婚姻案件的审理指南》,人身安全保护令一般分为临时保护令和长期保护令两种类型,分别适用不同的有效期限,前者仅有 15 天,后者最短为 3 个月,最长为 6 个月。若当事人申请类型为长期保护令,这种方式

---

① 参见阚凯、刘剑平:《论〈反家暴法〉人身安全保护令的困境与出路》,载《知与行》2017 年第 5 期。

固然可取,但若当事人申请的为临时保护令,由于申请的期限本身较短,申请人一般处于紧迫情形下需要及时的法律救助,采取先听证模式则效率较低,且未考虑到婚姻关系的亲密性,许多“被家暴一方”在得不到及时救助的情形下很可能迫于对方“婚内暴力威胁”而选择息事宁人,那么人身安全保护令则无法发挥其制度优势。因此,该情形下,不宜采用耗时过长的模式,且婚姻存续的双方关系特殊,按照社会伦理及法律效力来衡量,若非实在存有家庭暴力行为,少有人会进行恶意申请,法官在此时运用自由心证进行判断是较为可取的。

(二)明确人身安全保护令执行过程中的具体措施

就人身安全保护令的执行程序而言,法院在经过审查作出人身安全保护令的裁定后,将裁定送达当事人及相关的协助机关。具体而言,法院应向申请人、被申请人或其同住成年家属、申请人现居地辖区公安机关、居委会、村委会送达。对被申请人的送达,可以申请在法警或者辖区公安机关的协助下进行。

在人身安全保护令实施过程中,若当事人不服,执行机关要明确区分对人身安全保护令裁定不服和对执行人身安全保护令的具体行为不服时的申诉途径。我国《反家庭暴力法》第 31 条规定了当事人对人身安全保护令裁定不服的救济手段,“申请人对驳回申请不服或者被申请人对人身安全保护令不服的,可以自裁定生效之日起五日内向作出裁定的人民法院申请复议一次”。法院应更换法官进行审查,并展开调查。但申请人或者被申请人对于裁定本身并无异议,则不能适用该法条,依据行为的外部性和公权力强制性,只对协助执行机关的具体行政行为提出异议,当事人应有权依照我国《行政复议法》的相关规定,向执行机关的上级机关申请行政复议。

若当事人对裁定无异议,那么执行机关则应考虑如何保障对人身安全保护令的有效执行问题。在将协助执行的文书送达相关机关时,法院可以考虑如何完善具体措施,予以更好的协助方向。事实上,我国《反家庭暴力法》第 29 条人身安全保护令的措施规定得比较笼统,因此,执行部门需要根据具体情况进行细化操作。如第①项法律条文的规定为“禁止被申请人实施家庭暴力”,那么采取何种方式禁止?各地法院可以据此建立人身安全保护令期内报告制度,公安机关、当地派出所或者居委会可以定期要求被申请人定期报告自己的动向,是否有违反人身安全保护令制度的情形,一旦有违反的情形及时告知法院。同时,执行机关和协助机关可以采取定期家访的方式,向申请人本人或者其亲友、邻居了解情况。而第②项条文规定“禁止被申请人骚扰、跟踪、接触申请人及其相关近亲属”,各地法院可以要求被申请人出具保证书等方式进行。当然,在整个落实层面,执行机关还可以考虑借助当下的互联网科技,例如,实时定位追踪被申请人,能够掌握到被申请人是否有跟踪、接触被害人的行为。执行机关还可以考虑在被申请人的住所及小区周围安装摄像头,以便得到异常情况的反馈、更好地收集证据。在执行的环节,高科技手段的便捷、及时与高效,能让人身安全保护令的实施有效落地。

(三)多方协作,明确职责,保证执行效率

当前的法律规定虽提及法院、公安、社区、妇联等组织在反家庭暴力中应承担一定的职责,但具体是何职责、如何分配,法律条文中并没有给予明确答复。在司法实践中,明显可以看到,各方的职责不是分割的、独立的,而是一种阶段性的配合状态。目前,法院的执行部门在审查案件事实和作出人身安全保护令的裁定方面承担主要职能,将人身安全保护令的裁定送达后,法院定期与协助机关联系,及时掌控情况即可。而在具体的执行层面,由于此类型案件具有紧急性和所需执行措施的综合性,法院在作出人身安全保护令裁定后的执行阶段需要当地公安机关、居委会、村委会、社区与妇联的协助。居委会、村委会主要负责定期走访当事人住处,了解情况,向公安机关和法院进行反馈,有紧急情况尤其涉及违反我国《刑法》构成犯罪时,及时联系公安机关,并告知法院。而妇联则在后续保障机制上扮演重要角色,如在反家暴、人身安全保护令的宣传、定期回访问题家庭等方面。

值得一提的是,由于人身安全保护令的执行与一般的执行程序区别较大,且家事领域的案件在专业知识与生活经验的结合上要求较高;在机构设置上,基层法院可以考虑设置专门的人身安全保护令执行小组,由专门小组负责宣传、预防、案件审查、执行的相关工作,也实现了作出裁定的法官与执行法官无缝对接。同时,本地区的公安、居委会、村委会、妇联等组织机构也应考虑派出工作人员作为执行小组的成员,及时对接工作,形成具有凝聚合力的联动机制。

(四)加强后续保障措施,强化制度优势

若被申请人有违反人身安全保护令规定的情形,法律理应对其处以一定的惩戒,根据我国《反家庭暴力法》第 34 条,被申请人违反人身安全保护令,构成犯罪的,依法追究刑事责任;尚不构成犯罪的,人民法院应当给予训诫,可以根据情节轻重处以一千元以下罚款、十五日以下拘留。从上述条文分析,法律似乎规定了有效的惩处手段,实则不然。该条文前部分应对应的是我国《刑法》第 312 条拒不执行判决、裁定罪。但根据最高人民法院《关于审理拒不执行判决、裁定刑事案件适用法律若干问题的解释》，有能力执行而拒不执行，情节严重的，一般是指有能力执行却故意不执行金钱给付义务的行为，并不包括涉及违反人身安全保护令的行为。[①] 也就是说，拒绝履行或者违反人身安全保护令但未达到故意伤害程度的行为并未纳入我国《刑法》的保护领域。而该条文后半部分的惩戒措施和行政处罚的手段类似，惩戒力度较弱，这种法律后果一定程度上会影响人身安全保护令的实施，加大执行的难度，这方面还需要立法上的进一步完善，才能促使执行部门依法加大执行力度。

结 语

目前，人身安全保护令更多地运用在家庭暴力领域，其适用范围比较受限，立法上可以考虑进一步拓宽。事实上，笔者认为，当申请人能够证明被申请人有侵害人身安全的行为或者危害时，应有向法院申请人身安全保护令的权利。随着人身安全保护令各项措施的不断完善，其在社会生活领域的制度优势会逐渐显现。

① 参见陈敏：《人身安全保护令实施现状、挑战及其解决》，载《预防青少年犯罪研究》2016 年第 3 期。

论对民事执行程序中虚构租赁行为的规制

邱光君*

一、问题的提出

近年来，伴随社会经济的发展，大量的纠纷被导入司法程序，并最终进入民事执行程序。作为维护社会公平正义“最后一道防线”的最后“一道关卡”，民事执行程序的顺利推进对于维护司法权威、保障胜诉当事人合法权益具有十分重要的意义。但在执行实践中，对于执行标的物的处置存在诸多难题。其中，被执行人与案外人通过倒签租期畸长的合同阻滞执行的现象十分普遍。

以重庆 S 中院为例，自 2017 年 3 月以来，该院及辖区基层法院通过网络司法拍卖平台发布拍卖公告 1124 次，其中拍卖房产 1056 件，占拍卖总量的 93.95%；而房屋拍卖成交量仅为 266 件，成交率仅为 23.67%。究其原因，除因拍卖房产价值较大、竞买人范围狭窄导致拍卖流拍之外，还有一个重要的原因就是大量房屋存在租赁权利负担，尤其是对于存有畸长租期的房屋，竞买人惮于竞买。据执行法官反映，在执行实践中约有近 40% 的房屋存有租赁权负担，而其中近

* 重庆市第三中级人民法院执行局法官助理。

半数以上的租期较长。[①] 以重庆S中院受理的一起股权转让纠纷案为例，在该案执行过程中，案外人声称其对于被执行人名下的一套房屋享有租赁权利，并提供了在该案执行前与被执行人签订的租赁合同，合同约定了长达14年的租赁期并一次性支付了全部租金。据此，案外人向执行法院提出执行异议，请求执行法院在拍卖公告中注明租赁权以及租赁期限情况并认定其优先购买权资格。对于案外人所提异议请求，合议庭成员存有不同意见。一种意见认为，按照审执分离原则，执行程序中只应对异议请求进行形式审查，因案外人提供了租赁合同、租金支付凭证等证明材料，因此，应在拍卖公告中注明租赁权负担情况并认定案外人的优先购买权资格，支持案外人的异议请求。另一种意见认为，被执行人与案外人签订的合同租期畸长且一次性支付了全部租金，不符合常理，且案外人并未占有执行房屋，因此，应驳回案外人的异议请求。

丰富的社会实践必然催生复杂的社会关系，并产生复杂的权利纠纷。作为定分止争的制度性安排，司法活动理应审慎。因此，对于民事执行程序中执行房屋之上的租赁权利负担情况，显然不能一律以案外人与被执行人恶意串通而否认合同效力，而应该在查明事实的基础上依法断定。对于真实合法的租赁关系要给予法律保护，严格贯彻"买卖不破租赁"原则，维护交易安全，而对于以合法形式掩盖非法目的的行为要进行有力规制，维护申请执行人的合法权益及司法权威。

二、对负有长期租赁权利的房屋执行的难点

民事执行程序的目的在于兑现当事人经生效法律文书确定的权益。在金钱债权案件执行程序中，人民法院通过采取财产查控措施处置或者迫使被执行人处置财产，兑现生效法律文书确认的权益。与一般的市场交易规则不同，司法处置是人民法院基于司法的强制力代替被执行人对其财物的处置，因此，强制执行程序不完全适用一般的民事行为规则，如议价规则和案外人反悔权利行使规则。[②] 执行程序中

---

① 最高人民法院《关于人民法院网络司法拍卖若干问题的规定》第6条规定，实施网络司法拍卖的，人民法院应当履行查明拍卖财产现状、权利负担等内容，并予以说明；通知当事人和优先购买权人等职责。该规定第27条规定：优先购买权人竞买资格及其顺序等事项，应当由人民法院依法组成合议庭评议确定。因此，执行法院在拍卖公告发布前会就拍卖房屋是否承载租赁权以及租赁期限进行调查并经合议程序研究确定，对于认可的租赁权情况才会在拍卖公告中予以载明。

② 参见最高人民法院《关于人民法院网络司法拍卖若干问题的规定》第14条第7项、第24条的规定。

对于被执行人财物权利瑕疵的披露是执行法院根据有权部门出具的证明材料以及执行人员调查核实的情况作出的判定，因此，被执行人为了逃避履行义务，往往通过提供虚假信息的方式抗拒执行。虽然按照我国《民事诉讼法》及其司法解释规定，可以对被执行人的抗拒执行、逃避执行行为采取司法强制措施，但对于被执行人行为是否违法的判定显然要经过严格的司法认定程序。执行实践中，对于被执行人与案外人虚构长期租赁逃避执行的行为，对租赁关系真实性的审查困难重重。

1. 关于签订租赁合同的时间问题

作为租赁合同的具体形式，房屋租赁合同是指当事人双方约定在一定的期限内，一方将房屋交付另一方使用或收益，另一方给付租金，并于期限届满时返还该房屋的合同。租赁合同自签订时生效，租赁权自租赁合同签订时成立，签订生效的房屋租赁合同对当事人具有法律约束力，受法律保护。因此，租赁合同签订时间确定了租赁权成立的时间，并决定了租赁权的对抗效力。赋予租赁权的对抗效力，除了贯彻保护作为弱者的承租人（尤其在住房租赁中）的立法政策之外，还有利于保护交易安全和维护社会关系稳定。[①] 在司法实践中，租赁权与抵押权、司法查封权的关系均与租赁合同的签订时间密切相关。

关于签订房屋租赁合同时间与法院查封时间。最高人民法院《关于人民法院办理执行异议和复议案件若干问题的规定》第 31 条第 1 款规定："承租人请求在租赁期内阻止向受让人移交占有被执行的不动产，在人民法院查封之前已签订合法有效的书面租赁合同并占有使用该不动产的，人民法院应予支持。"此时，租赁权对抗效力的条件之一为租赁合同签订时间必须要早于法院查封时间，否则租赁权利不具有对抗法院查封权力的效力。"租赁合同必须签订于查封之前，查封之后受查封效力所及，不能对抗申请执行人。"[②]

关于签订房屋租赁合同时间与抵押权设立时间。我国《物权法》第 190 条规定："订立抵押合同前抵押财产已出租的，原租赁关系不受该抵押权的影响。抵押权设立后抵押财产出租的，该租赁关系不得对抗已登记的抵押权。"最高人民法院《关于适用〈中华人民共和国担保法〉若干问题的解释》第 65 条规定："抵押人将已出租的

---

① 参见黄文煌：《论租赁权的对抗效力——兼论〈合同法〉第 229 条的缺陷与修改》，载《清华法学》2010 年第 2 期。

② 江必新、刘贵祥主编：《最高人民法院关于人民法院办理执行异议和复议案件若干问题的规定理解与适用》，人民法院出版社 2015 年版，第 448 页。

财产抵押的,抵押权实现后,租赁合同在有效期内对抵押物的受让人继续有效。”该解释第 66 条规定:“抵押人将已抵押的财产出租的,抵押权实现后,租赁合同对受让人不具有约束力。”此时,租赁权对抗抵押权的前提条件之一同样是租赁合同的签订时间必须要早于抵押合同的签订时间。

根据我国《合同法》的规定,除了依照法律、行政法规规定应当办理批准、登记等手续生效的合同之外,其他依法成立的合同,自成立时生效。在执行程序中,由于被执行人与案外人极易通过倒签的方式伪造租赁合同,执行部门对于房屋租赁合同签订时间的审查存在困难。因此,难以从合同签订时间晚于法院查封时间或抵押权合同签订时间的角度来否认长期租赁合同的对抗效力,从而高效推进执行程序。

2. 关于案外人是否占有房屋的问题

最高人民法院《关于人民法院办理执行异议和复议案件若干问题的规定》第 31 条第 1 款规定:“承租人请求在租赁期内阻止向受让人移交占有被执行的不动产,在人民法院查封之前已签订合法有效的书面租赁合同并占有使用该不动产的,人民法院应予支持。”根据该司法解释的规定,在承租人提出的阻止移交占有的情况下,其请求获得支持的前提条件之一是承租人对于房屋的实际占有。“租赁合同成立,仅具有债权效力,承租人仅享有租赁物的交付请求权,如欲享有物权的对世效力,按照物权公示的原则,应以占有的方式对外公示。”①在执行实践中,人民法院一般根据申请执行人提供的财产线索、通过网络查控平台以及临柜查询的方式对被执行人名下的不动产进行调查,如果查明被执行人名下有不动产,则通过向不动产登记部门送达协助执行通知书的方式对不动产进行查封。作为一种强制执行手段,对不动产的查封一方面是为了限制被执行人对不动产的处分,为后续司法处置准备条件;另一方面是为了迫使被执行人通过其他途径及时履行生效法律文书确定的义务。如果被执行人在人民法院查封其不动产后及时履行了生效法律文书确定的义务,则人民法院应及时解除对不动产的查封,只有在被执行人主观上不配合法院执行或者客观上确无履行能力的情况下,对于查封不动产的变价处置才有必要,此时才需要对不动产的占有使用情况进行调查核实。执行实践中,对房屋占有情况的调查核实方

① 江必新、刘贵祥主编:《最高人民法院关于人民法院办理执行异议和复议案件若干问题的规定理解与适用》,人民法院出版社 2015 年版,第 447 页。

式主要是通过询问和现场勘验的方式进行,即通知被执行人与案外人了解情况,形成询问笔录,并通过现场勘验的方式确认占有情况。如果被执行人与案外人恶意串通签订虚假租赁合同,当然无法从对被执行人与案外人的询问中获得真实信息,而现场勘验的方式也无法完全确定案外人占有情况是否属实。[①]

3. 关于租金的支付问题

在执行实践中,关于租金的审查主要包括租金的数额及支付方式两方面内容。最高人民法院《关于人民法院办理执行异议和复议案件若干问题的规定》第 31 条第 2 款规定:"承租人与被执行人恶意串通,以明显不合理的低价承租被执行的不动产或者伪造交付租金证据的,对其提出的阻止移交占有的请求,人民法院不予支持。"因此,被执行人收取的租金数额应与当地房屋租赁市场价格大致相当,否则,对于租赁权人民法院不予认可。我国《合同法》第 74 条规定:"债务人以明显不合理的低价转让财产,对债权人造成损害,并且受让人知道该情形的,债权人也可以请求人民法院撤销债务人的行为。"最高人民法院《关于适用〈中华人民共和国合同法〉若干问题的解释(二)》第 19 条规定,对于"明显不合理的低价",人民法院应当以交易当地一般经营者的判断,并参考交易当时交易地的物价部门指导价或者市场交易价,结合其他相关因素综合考虑予以确认。转让价格达不到交易时交易地的指导价或者市场交易价 70% 的,一般可以视为明显不合理的低价。但执行程序关于"明显不合理的低价"的认定,存在操作困难,如关于"交易当地一般经营者"的确定,需要执行人员在认真调查的基础上再按照科学方法确定,需要耗费大量的司法资源。另外,关于"交易当时"的确定,在被执行人与案外人通过倒签合同的方式虚构租赁关系时,"交易当时"确定的前提条件都不存在。关于租金支付方式,审查程序也面临诸多难点。在较长期和长期租赁关系中,租金的支付方式一般是通过银行转账的方式进行的,而被执行人与案外人基于其他账目往来提供银行的流水冒充租金支付的,执行程序对此判定显然不易。

4. 关于"涤除"租赁权的问题

最高人民法院《关于人民法院民事执行中拍卖、变卖财产的规定》第 31 条第 2 款规定:"拍卖财产上原有的租赁权及其他用益物权,不因拍卖而消灭,但该权利继

---

① 在执行实践中,对于占有情况的现场勘验主要是由执行人员前往房屋所在地进行实地调查,对于房屋是由"有人在居住"的判断较简单,但要证明实际居住的人就是案外人则存在难题。

续存在于拍卖财产上,对在先的担保物权或者其他优先受偿权的实现有影响的,人民法院应当依法将其除去后进行拍卖。"根据上述规定,租赁权的"涤除"前提条件是租赁权的继续存在对在先的担保物权或者其他优先受偿权的实现有影响,但就算存在于执行房屋之上的长期租赁权会严重影响标的物成交,此种情形是否适用"涤除"规则不甚明确。"执行标的物上负担租赁权无疑会减少竞买人的参与度和降低竞买人的积极性,并会因流拍和再次拍卖而造成执行程序的迟延,这种情形是否属于'实现有影响',还是在拍卖保留价低于在先设立的优先受偿债权和执行费用的情况下才构成'实现有影响'不无疑问。"①执行实践中,对被执行名下的房屋进行司法评估的,一般在司法评估报告出来后裁定拍卖,进入变价程序的核心环节。如果认定执行标的物之上的长期租赁权的存在对于房屋变价影响,且这种影响并不亚于对担保物权或者其他优先受偿权的影响,应适用"涤除"规则去除租赁权。虽然这看似会影响执行程序的效率价值,但实际上会极大提高执行标的物变价程序的效率。然而,依据现行规定,在执行标的之上存有长期租赁关系情形是否"涤除"以及具体的操作规则显然缺乏指引。

三、对负有长期租赁权利的房屋"执行难"的成因

1. 实体上:"买卖不破租赁"原则的限制

我国《合同法》第229条规定:"租赁物在租赁期间发生所有权变动的,不影响租赁合同的效力。"该条确定了我国"买卖不破租赁"原则的具体制度构建,沿袭了德国法中通过法定维持承租人有权占有之模式来保护动产承租人。"租赁合同不因租赁物权利归属的变动而变动其效力,这样就使承租人在租赁物权利归属变动后可以继续依租赁合同占有租赁物,并以这样的有权占有对抗租赁物新权利人返还原物请求权。"②虽然有学者认为,我国的"买卖不破租赁"系错误表述,"这种表述也没有恰当地说明租赁物的所有权让与与租赁合同的效力之间的牵连,因为作为所有权变动原因的买卖、赠与等与租赁一样,均作为债权契约,彼此本来就不发生效力上的牵连,所以无论如何也不可能有'破'租赁的效力"。③"买卖不破租赁"原则的确立是基于保护弱者及维护交易稳定的考虑,因此赋予了租赁权人两方面的权利:一是承

---

① 金殿军:《论案外人对执行标的物主张租赁权的诉讼程序》,载《财经法学》2016年第4期。
② 徐澜波:《"买卖不破租赁"规则的立法技术分析》,载《法学》2008年第3期。
③ 张双根:《中德私法研究》(第1卷),北京大学出版社2006年版,第6页。

租人在买卖过程中同等条件下享有优先购买权;二是标的物所有权转让后得以按照原租赁协议继续占有使用标的物。虽然有观点认为,“在强制拍卖之情形,优先承买权若亦得行使,应买之人势必锐减,卖价难免偏低,一方面不利于债权人及拍卖物之所有人,他方面亦不免造成偏惠优先承买权人之结果”。[①] 但因司法拍卖确为处分标的物所有权的一种方式,所以我国立法上明确了民事执行程序中的“买卖不破租赁”规则,如最高人民法院《关于人民法院网络司法拍卖若干问题的规定》第6条明确规定,实施网络司法拍卖的人民法院应当履行查明拍卖权利负担的职责。

2. 程序上:执行程序中租赁权异议审查程序不统一

民事执行程序启动的前提条件为生效法律文书确定的义务无法得到当事人的主动履行,权利人向人民法院申请强制执行。因此,民事执行程序天生充满了矛盾和冲突,被执行人通过隐匿住处、转移财产以及利用法律赋予的异议复议权利阻滞执行程序的情况时有发生。2015年5月最高人民法院《关于人民法院办理执行异议和复议案件若干问题的规定》司法解释施行后,大量的异议和复议案件涌入执行程序(见图1)。

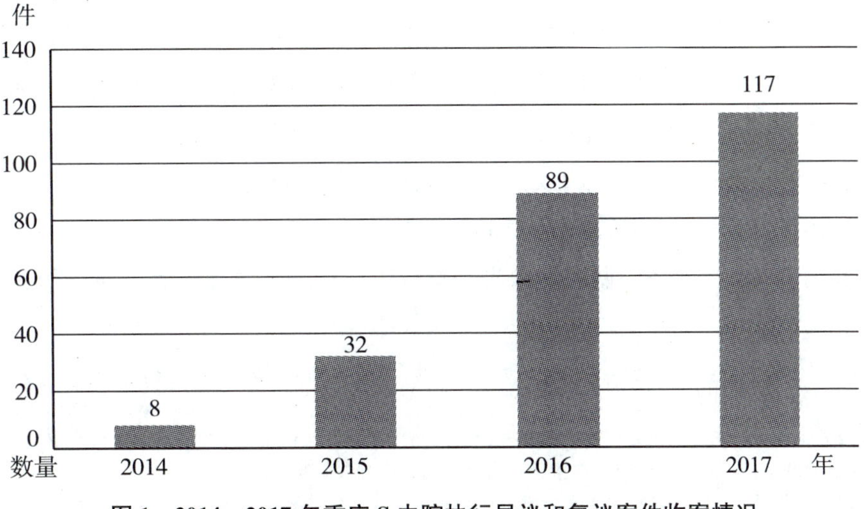

图1 2014~2017年重庆S中院执行异议和复议案件收案情况

根据最高人民法院《关于进一步加强和规范执行工作的若干意见》的精神,异议

① 王泽鉴:《民法学说与判例研究》(重排合订本),北京大学出版社2015年版,第1518页。

复议案件应由复议监督机构进行审查。[①] 案外人在执行程序中主张租赁权的方式一般为在得知人民法院拟对其承租的房屋进行司法处置时与执行法院取得联系，向执行法院提供包括租赁合同、租金支付凭证在内的证据材料，主张租赁权利保护。其时，案外人所提请求并未进入异议审查程序，执行部门经审查合议后即作出决定，即在司法拍卖公告中标注是否负担租赁权情况。只有出现对执行法院判定结果不服的情形，才会被导入执行异议审查程序。但对于租赁权异议审查程序，司法实践中存在争议，案外人基于执行房屋上的租赁权提起的执行异议属于行为异议还是标的物异议以及对于异议结果的救济程序存在不同意见。在执行实践中，关于行为异议案件一般由审判监督庭审查，标的物异议案件由执行局审查。[②] 因此，一种意见认为，因案外人是就执行法院未在拍卖公告中标注租赁权利负担情况而提起的执行异议，是对执行行为提起的异议；因此，应按照行为异议程序进行审查，也就是应由审判监督庭进行审查，相应的救济权利则是向上级法院申请复议。另一种意见认为，案外人提起执行异议是由于执行行为对其租赁权利的侵害，而租赁权利作为一种特殊的债权，受到"物权化"的特殊保护；因此，应按照标的物异议程序进行审查，即应由执行裁决部门进行审查，相应的救济权利则为执行异议之诉。此外，关于案外人租赁权异议的审查也引起关于"审执分离"的争议。有观点认为，如果对租赁关系的真实性进行审查，势必要对合同签订的时间、租金支付方式以及占有租赁情况进行调查核实，这不仅严重阻碍了执行程序的推进，更是对"审执分离"原则的背离。因此，有学者主张对租赁关系应通过异议之诉程序进行审查。[③]

3. 操作上：不动产租赁登记备案制度的缺失

我国不动产登记备案制度的缺失是造成被执行人与案外人得以通过伪造长期

---

① 最高人民法院《关于进一步加强和规范执行工作的若干意见》规定：各级人民法院统一设立执行局，并统一执行局内设机构及职能。高级人民法院设立复议监督、协调指导、申诉审查以及综合管理机构，中级人民法院和基层人民法院设执行实施、执行审查、申诉审查和综合管理机构。复议监督机构负责执行案件的监督，并办理异议复议、申请变更执行法院和执行监督案件。

② 《重庆市高级人民法院执行案件流程管理规定》第 2 条规定执行权运行坚持分权制约。执行实施、管理、监督分由执行局不同部门负责办理，财产变价委托评估拍卖由司法技术部门负责办理，执行管辖裁决权由立案庭行使，执行行为异议复议裁决权由审判监督庭行使，执行标的异议裁决权由执行局行使。

③ 金殿军：《论案外人对执行标的物主张租赁权的诉讼程序》，载《财经法学》2016 年第 4 期。"从承租人主张租赁权的实体性权利义务争议这一核心要素出发，为了贯彻审执分离原则和充分保障有关当事人的实体性和程序性权利，在承租人提起执行行为异议和提起案外人异议以及异议之诉之间，应当选择适用后者。"

租赁合同规避执行的重要原因。从理论上看,租赁权是一种特殊的债权,受到了"物权化"的保护。"基于租赁合同,承租人主要享有两种权利。一是依据租赁合同,要求出租人按照约定的标准交付租赁物的权利;二是占有租赁物后,对于租赁物占有使用的权利。我国立法对此并未明确予以区分,但这两种权利的性质并不相同。前一种是纯粹债权性的权利,适用债权的相对性及平等原则;后一种权利具备'占有'这一公示性表征,会产生'物权化'与特殊保护的问题,才是真正意义上的租赁权。"①但对包括房屋在内的不动产的租赁,仅具有"占有"这一公示性表征,依然不足以保障不动产租赁权的对抗效力,还应通过登记备案制予以加固定。我国仅要求对少数的特殊不动产租赁合同进行登记备案,如我国《民用航空法》第11条规定,根据租赁期限为6个月以上的租赁合同占有民用航空器的权利,民用航空器权利人应当向国务院民用航空主管部门办理权利登记。除此之外,对于房屋租赁合同在内的大多数不动产租赁合同并未要求登记。

四、对虚构长期租赁合同规避执行行为的规制

被执行人与案外人通过倒签方式虚构长期租赁合同规避执行的行为不应受到法律的保护,而且应受到法律的制裁,对此理论和实务两界持相同意见。但难点在于对规避行为的认定,即如何认定被执行人与案外人所签订的租期畸长的合同是虚假的。在实践中,因一些行业成长周期较长,市场需要长期培育,经营者长期租赁房屋的情况确实客观存在。因此,若被执行人与案外人完备了租赁手续,满足了租赁关系的形式要件,民事执行过程中通过程序性审查就难以认定租赁合同是无效的,就算将租赁权异议导入异议之诉程序解决,亦不能从根本上解决问题,还与执行程序的效率价值明显相违背。

本文认为,要从根本上解决被执行人与案外人虚构长期租赁合同规避执行的问题,一种做法是完善房屋租赁登记备案制度,规定房屋租赁合同签订后需要提交行政主管部门登记备案,否则不能对抗强制执行。但房屋租赁登记备案制度的构建显然系一项系统工程,甚至在理论上有观点对房屋租赁登记备案制度本身的合法性提出怀疑,如有观点认为,"对于房屋租赁这一民事合同问题,运用行政手段进行登记

---

① 刘贵祥:《执行程序中租赁权的认定与处理》,载《人民法院报》2014年,第8版。

备案,于法无据,因此,不应规定登记备案制度”。[①] 关于房屋租赁登记备案制度的构建,因涉及诸多其他问题,本文在此不表,而提供另一种对于执行程序中通过虚构长期租赁合同规避执行行为的规制方式。

被执行人与案外人通过倒签方式虚构长期租赁合同的目的是阻止执行房屋的变价,因为若执行房屋上存有长期的租赁关系,竞买成功者的占有、使用、收益和处分权利都会受到影响,竞买积极性从而会受到极大影响。因此,对涉长期租赁房屋特殊司法处置程序的构建需要实现消除竞买者疑虑和打击规避执行的双重目的,具言之:

一是进一步完善涉长期租赁房屋评估机制。现行的财产评估程序是由法院司法技术管理部门通过随机的方式委托专业的评估机构进行,由法院司法技术管理部门对评估活动进行监督。[②] 近年来,一些地方根据执行工作的变化情况对司法评估机制进行了重构。以重庆法院为例,为了推进“基本解决执行难”工作,重庆法院在执行指挥中心设立司法评估拍卖团队专门负责司法拍卖工作,将司法评估职能从司法技术辅助部门调整到执行局进行统筹管理,实现“执行法官 + 司法拍卖团队”分工协作、相互配合的司法拍卖新机制,不动产司法评估行业协会也要求评估机构应充分披露标的物的瑕疵。[③] 但重构后的司法评估机制依然未将涉长期租赁房屋的特殊性考虑其中,需要进一步完善。

(1)在评估报告中注明两种评估价格。司法评估报告中的评估价格是民事执行程序中的重要数据,不仅是司法拍卖的重要依据,甚至影响执行程序的推进,如根据评估报告所确定的保留价计算,拍卖所得价款在清偿优先债权和强制执行费后所剩无几的,应当在实施拍卖前将有关情况通知申请执行人。[④] 因此,在评估报告中注明的评估价格应具有科学性,评估价格应根据执行标的物是否存有租赁权利负担以及租期的长短情况而定,对于有租赁权利负担的房屋的司法评估,应在评估报告中注明两种评估价格,即有租赁权利负担的房屋的评估价格与无租赁权利负担的评估价格,为后续的司法处置程序准备条件。

---

① 魏桂林:《试析房屋产权登记中房屋租赁登记》,载《陕西省行政学院学报(陕西省经济管理干部学院学报)》2006 年第 2 期。

② 参见最高人民法院《关于人民法院委托评估、拍卖和变卖工作的若干规定》第 1 条。

③ 重庆市国土资源房屋评估和经纪协会《关于加快不动产司法评估的指导意见》第 7 条规定:“评估机构在出具咨询意见书过程中,应充分披露标的物的瑕疵,以及存在的瑕疵对价格的影响。”

④ 参见最高人民法院《关于人民法院民事执行中拍卖、变卖财产的规定》第 9 条。

(2)在评估报告中确定租赁合同签订时的租赁市场价格。在对有租赁权利负担的房屋的评估过程中,评估机构应查明租赁合同签订时相近租赁市场价格,并在评估报告中载明。之所以如此要求,是因为租赁合同签订时的租赁市场价格不但影响房屋价值的确定,还是法院判断案外人是否属于“以明显不合理低价承租”的重要参考。

二是构建涉长期租赁房屋财产变价机制。按照最高人民法院《关于人民法院网络司法拍卖若干问题的规定》的要求,人民法院以拍卖方式处置财产的,应当采取网络司法拍卖方式,并规定起拍价及二次拍卖的降价幅度以及变卖的程序。① 本文认为,应构建对于涉长期租赁房屋的特别变价程序。

(1)在拍卖公告中对租赁权负担情况的披露应更加具体。在现行的司法拍卖公告中,关于租赁权负担的公告一般是在财产调查表中进行注明,注明的事项过于简单。对于涉长期租赁房屋的拍卖,应在认定租赁权的情况下于拍卖公告中更加明确地注明租赁权的具体情况,包括租赁起止期限、租金价格以及承租人基本信息,向竞买人提供更多信息。

(2)在去除已支付租金的基础上确定拍卖底价和变卖底价。对于存有长期租赁权的执行房屋,其拍卖底价和变卖底价应适当降低。现行的网络司法拍卖司法解释规定,第一次拍卖的起拍价不得低于评估价或者市价的70%,再次拍卖的起拍价降价幅度不得超过前次起拍价的20%。② 对于涉长期租赁房屋的拍卖和变卖底价的确定,应在评估价减去已付租金的基础上按照现有的司法解释再行确定降价幅度。

(3)降低以物抵债的金额。执行程序中的以物抵债,是指在执行过程中将被执行人所有的财产折价交给申请执行人以抵偿生效法律文书确定的债务的行为。关于以物抵债的金额,执行程序中以拍卖或者变卖的保留价作为以物抵债的金额。③

---

① 最高人民法院《关于人民法院网络司法拍卖若干问题的规定》第2条规定,“人民法院以拍卖方式处置财产的,应当采取网络司法拍卖方式,但法律、行政法规和司法解释规定必须通过其他途径处置,或者不宜采用网络拍卖方式处置的除外。”该规定第10条规定:“网络司法拍卖应当确定保留价,拍卖保留价即为起拍价。起拍价由人民法院参照评估价确定;未作评估的,参照市价确定,并征询当事人意见。起拍价不得低于评估价或者市价的百分之七十。”

② 最高人民法院《关于人民法院网络司法拍卖若干问题的规定》第26条规定:“网络司法拍卖竞价期间无人出价的,本次拍卖流拍。流拍后应当在三十日内在同一网络司法拍卖平台再次拍卖,拍卖动产的应当在拍卖七日前公告;拍卖不动产或者其他财产权的应当在拍卖十五日前公告。再次拍卖的起拍价降价幅度不得超过前次起拍价的百分之二十……”

③ 最高人民法院《关于人民法院民事执行中拍卖、变卖财产的规定》第19条规定,拍卖时无人竞买或者竞买人的最高应价低于保留价,到场的申请执行人或者其他执行债权人申请或者同意以该次拍卖所定的保留价接受拍卖财产的,应当将该财产交其抵债。

对负长期租赁权利负担的房屋进行拍卖、变卖依然未成交的，在以物抵债程序中，申请执行人接受被执行人所有的房屋时，以物抵债的金额应为拍卖、变卖保留价扣除案外人已经缴纳租金的数额。[①] 理由在于，申请执行人的权益已经为生效法律文书所确认，民事执行程序应切实提高执行兑现，维护申请执行人合法权益，不能让虚构的长期租赁权利负担成为阻止拍卖、变卖及以物抵债的阻碍，将以物抵债的金额确定为拍卖、变卖保留价扣除案外人已经缴纳租金的数额将使被执行人的目的彻底落空。

① 此处的在拍卖、变卖保留价应为未扣除租金前的保留价，否则在以物抵债的金额确定过程中两次扣除租金，这对被执行人显然过于不利。

关于矿山类企业的执行路径选择

——以南川区煤矿企业的执行方式为切入点

黄　新* 潘远征** 张清华***

近年来,由于全国经济大环境和法院立案登记制改革小环境的影响,执行案件总量大幅攀升,“执行难”问题突出。2016年3月28日最高人民法院审议并通过《关于落实“用两到三年时间基本解决执行难问题”的工作纲要》,而集中力量解决系列案件、集团案件,是推进执行体制机制改革的关键环节,是“基本解决执行难”的重要抓手。其中,矿山类企业由于牵涉多种经济类型纠纷,且涉及利害关系人众多,是法院系列案件、集团案件的重要类型。

重庆市南川区是全国“百个重点产煤基地县”之一,资源型城市特征明显。2012年4月重庆市出台了《关于促进南川区资源型城市转型发展的意见》,确定了南川区是全国第三批资源枯竭城市,南川区以煤矿资源采选和初加工为主的产业结构额需调整,导致全区煤矿企业执行案件数量大幅上升。由于组织架构、资产表现、债务类型等各方面的共同性,研究南川区煤矿企业的可行性执行方式,对于破解所有矿山类企业有全面的基础意义,对于解决重庆市甚至全国的

---

* 重庆市南川区人民法院审管办主任、执行局负责人。
** 重庆市南川区人民法院执行局裁决科副科长。
*** 重庆市南川区人民法院执行局法官助理。

矿山类企业的“执行难”问题可提供参考性建议。

一、南川区煤矿企业强制执行的现行路径及存在的问题

据统计,2012年南川区共有煤矿33个,主要分布在南平镇(9个)、水江镇(17个),煤矿年产能达251万吨,牵涉劳动力6719余人。自2012年起,南川区启动资源型城市转型试点工作,2012～2016年已关闭煤矿21个,转移安置劳动力2800人。

另统计,自2012年1月1日至2016年11月10日(以下数据截止时间均为2016年11月10日),南川区人民法院共立案受理涉煤矿企业被诉案件554件。其中,驳回起诉、准予撤诉、准予撤回起诉为224件,剩余330件以调解及判决形式结案。涉煤矿企业被执行案件334件,结案292件,未结案42件,结案率为87.4%;涉案标的8659.0151万元,实际到位标的为3988.8502万元,实际兑现率为46.1%。需要特别说明的是,前述334件执行案件以判决或调解书为执行依据的案件为307件,其余27件案件均以仲裁裁决为执行依据。由此可见,超过93%的涉煤矿企业被诉案件进入了执行程序,反映出涉煤矿企业案件矛盾集中,且不易化解。

在334件执行案件中,劳动报酬类案件100件,占比约为30%;工伤保险类案件58件,占比约为17.3%;借款合同类案件77件,占比约为23%;买卖合同类案件59件,占比约为17.7%;其他类案件(包括运输、承揽合同纠纷及物权纠纷)40件,占比约为12%。以上案件执行完毕126件,占比37.7%,其中自动履行案件23件,强制执行案件47件,和解执行完毕56件;终结执行20件,占比6%;销案13件,占比4%,终结本次执行结案128件,占比38.3%;撤回执行申请及无标的物可实施执行案件5件,占比1.4%;未结案42件,占比12.6%。

在具体的执行中,一般按照三类情形分类执行:

(一)正常经营类

据统计,自2012年以来,涉及正常经营类煤矿企业执行案件共计78件,占涉煤企业执行案的23%。分析纠纷性质,其中劳动报酬类40件,工伤保险待遇类15件,民间借贷类12件,买卖纠纷类11件。结案情况上,此类案件中已结案78件,未结案0件。已结案件中,执行完毕48件,占比61.5%;双方达成和解协议后申请人撤回执行申请按终结执行方式结案15件,占比19.2%;终结本次执行程序结案5件占比6.4%;销案10件,占比12.8%。经查阅案卷和向承办人了解,终结本次执行程序结案和销案结案类案件中均有双方达成和解协议的内容,只是限于历史条件下结案方

式的不统一、各执行员认知和操作方式的不同而有所区别。

由此,笔者总结出此类案件在执行中的特点:一是正常经营类煤矿企业涉执纠纷总体可控,主要体现在总量较少,仅占煤矿企业涉执案件的23%,且纠纷类别较为单一,主要集中在工伤保险待遇纠纷和劳动报酬纠纷类(两者占比高达70.5%)。二是在执行此类案件中,以自行和解为主,以强制执行为辅。分析其中原因,一方面是此类企业履约能力未受到严重影响,对于多数纠纷能够通过自行协商解决而无须通过司法程序,即便是因争议进入司法程序,其履约能力也能够保障裁判的顺利执行。另一方面是即便企业经营出现一时的困难,但其生产经营状况能够为双方当事人提供足够的履约信心,促使双方在和解中寻求利益最大化。三是法院遵循生道执行的原则,尽量寻求既不破坏企业生产经营现状又保障申请人权益的契合道路,而和解履行是最合适的选择路径。

经案件回访,此类案件自动履行率较高,执行兑现率较高,双方当事人满意度均较高。由此可见,此类企业的执行路径基本能够同时实现保障申请人利益和促进企业发展,可行性较高。但也存在一定的问题,即在法院过于偏重保护企业经营而片面追求和解执行的前提下,部分企业在有能力一次性完全履行的情况下仍寻求和解路径,导致部分申请人利益受损。

(二)长期停产类

据统计,自2012年以来,涉及长期停产类煤矿企业执行案件共计140件,占涉煤企业执行案的41.9%。分析纠纷性质,其中劳动报酬类30件,工伤保险待遇类25件,民间借贷32件,买卖纠纷28件,其他类案件(包括运输、承揽合同纠纷及物权纠纷)25件。结案情况上,此类案件中已结案135件,未结案5件。已结案件中,执行完毕仅45件,占比32.1%;双方达成和解协议后申请人撤回执行申请按终结执行方式结案30件,占比21.4%;终结本次执行程序结案62件,占比44.2%;销案3件,占比3.6%。经查阅案卷和向承办人了解,终结本次执行程序结案和销案结案类案件中,大多是以被执行人财产被法院认定为属生产经营必需设备而暂不予执行、其他暂无可供执行财产、被执行人提出准备恢复生产经营或关闭停产补偿后再履行为前提。

由此,笔者总结出此类案件在执行中的特点:一是煤矿企业涉执纠纷总量较多,且在纠纷类别上“全面开花”。二是在执行此类案件中,无论是以哪种结案方式,其实质都是暂缓执行,即暂不对企业资产进行清理处置。分析其中原因,一是此类企业还有一定的可能恢复生产经营，法院遵循生道执行的原则而尽量不破坏企业现状，留足恢复生产的必要设备；二是煤矿企业生产经营设备杂乱且旧，即便是通过强制执行，评估拍卖耗时耗力，且此类专业设备卖价较低、购买方较少，执行效果并不好，而通过以物抵债又涉嫌侵害其他债权人利益，执行员索性避而远之；三是案件未集中统一处理，各执行员分散收案，在执行个案中相互观望，避免首当其冲。

经案件回访，此类案件自动履行率基本为零，执行兑现率低，当事人满意度也较低。由此可见，此类企业的执行路径虽考虑到企业恢复经营发展的可能性，但长期暂缓执行却是问题重重：一是严重损害了申请人的利益，导致申请人基于生效法律文书的利益长期无法实现，导致申请人的严重不满，又损害了司法公信力；二是由于长期未予处置，造成了企业设备的继续闲置陈旧，贬值更加严重，企业履约能力持续下降。且由于经济大环境的影响，长期停产类煤矿企业最终都走向了关闭停产，恢复生产者基本为零，申请人利益实现最终只能指望补偿款分配。

（三）关闭停产类

据统计，自2012年以来，涉及已关闭停产类煤矿企业执行案件共计116件，占涉煤企业执行案的34.7%。分析纠纷性质，其中劳动报酬类30件，工伤保险待遇类18件，民间借贷33件，买卖纠纷22件；其他类案件（包括运输、承揽合同纠纷及物权纠纷）15件。结案情况上，此类案件中已结案79件，未结案37件。此类案件结案方式虽多种多样，但均是由法院向政府主导机关送达扣留提取裁定后即报结，对是否实际履行则无确切数据。

由此，笔者总结出此类案件在执行中的特点：一是煤矿企业涉执纠纷总量较多，且在纠纷类别上"全面开花"；二是在执行此类案件中，只执行企业补偿款收入，未对企业生产设备、厂房、用地、证照等进行执行。分析其中原因，一是此类企业已完全停止经营，处于最终清算阶段，之前隐藏、压抑的各类纠纷在此阶段均集中表现出来；二是企业关闭补偿由政府部门（煤管局、属地乡镇）完全主持，法院对总体纠纷状况无法把握，在执行过程中无法做到统揽全局，只能作为参与分配方。且由于法院与政府部门间衔接并不紧密，甚至出现政府部门私自向企业主发放补偿款而无法追回、侵害债权人利益的情况发生；三是对企业设施设备、土地厂房、证照权利等无统一的处理意见，各执行员在处置中无所适从；四是各执行员分散收案，在执行个案中相互观望，均避免首当其冲。

经案件回访，此类案件当事人满意度也较低。由此可见，此类企业的执行路径问题较多：一是政府部门书面审查债务的方式较为粗放，以企业主自行申报为主，法院扣留提取为辅，容易遗漏生效法律文书确定的债权，且为企业主虚构债务盗领补偿款提供了完全的可能，严重影响了债权人利益；二是对企业剩余资产未予处置，使申请人利益无法得以完全的保障；三是对案件履行状况全凭政府部门分配，法院无法做到完全的掌握，也无法与当事人实现及时有效的沟通，容易造成后续的信访维稳压力。

二、对煤矿企业强制执行的有益探索

鉴于涉煤企业执行难度较大，各级法院均在摸索有效的执行机制，特别是重庆市第三中级人民法院辖区涉煤企业较多的实际，涪陵区人民法院和南川区人民法院专门针对关闭停产类煤矿企业执行进行了有益的探索。

（一）涪陵区人民法院以司法权强力推进涉煤企业执行

针对关闭停产的煤矿企业，涪陵区人民法院要求将关闭停产类奖补资金全部提取至法院，由法院全权处置其奖补资金和剩余资产，所有涉煤纠纷均须通过司法诉讼程序予以确认，最终由法院依法组织分配。此种处置程序称为强制执行的“关停程序”。据统计，自2015年启动该机制以来，涪陵区人民法院已成功处置变现煤矿多个，成果显著。

（二）南川区人民法院以司法与行政联动推进涉煤企业执行

针对关闭停产的煤矿企业，南川区人民法院与相关部门逐步建立了联动执行机制，分别就纠纷确认、资金监管、资金发放流程等内容进行了逐步完善。

2016年以前，均是由法院向公司所在地政府发出协助扣留提取通知书和执行裁定书，由基层政府具体负责资金安排和发放顺序，但实施中存在问题，即由基层政府全权负责资金真实性审查和资金发放，导致法院对未进入司法程序案件无法做到有效监督，且引起许多当事人不满。

2016年1月南川区人民法院与煤管局、社保局及涉煤较多的水江镇、南平镇召开联席会议，明确所有涉煤纠纷须通过司法确认，再统一由法院向基层政府送达协助扣留提取通知书和执行裁定书，由基层政府按照协助执行文书进行支付，对于无法进入诉讼程序的纠纷，由相关单位共同研究决定。但也存在问题，即政府拖延履行情况较为明显。

2016年5月开始，针对基层政府拖延协助的情形，南川区人民法院向相关基层政府送达限期履行协助义务通知书,主动司法效果明显。一是解决了政府拖延履行的问题;二是将涉煤矛盾集中到法院,使纠纷均通过司法渠道解决;三是最大限度地避免了虚假造册领取补偿金的情况。

2016 年 11 月区委政法委组织区法院、维稳办、公安局、财政局、人力社保局、煤管局及涉煤乡镇召开联席会议,对全区自 2013 年以来涉煤关闭企业及其资产和债务进行了逐一清理,并对涉煤奖补资金的使用方向、发放流程、监督管理等进行了法律性和政策性的探讨,联席会议明确了涉煤奖补资金必须首先用于支付工资报酬、工伤保险、税收、社保等优先债权,必须由涉煤乡镇加强资金管理,并在法院监督下予以发放的长效机制。会议强调,涉煤关闭企业资金发放必须在法治轨道下运行,相关部门必须无条件协助法院开展执行。

据统计,自该联动执行机制建立和逐渐完善以来,已集中化解涉铭龙煤业、后山煤矿、水江煤业等民生类积案 120 余件,执行到位标的 500 多万元,涉春阳煤业、后山煤矿、利恒煤业、先创煤炭、双茂煤矿等民生类积案化解工作正有序推进。

三、对煤矿企业强制执行路径建议

(一)把握基本原则

一是生道执行原则。所谓生道执行,简单说就是在执行过程中要保障被执行人的基本生存条件。在执行煤矿类企业中,则表现为尽量不破坏企业生产经营的外部环境和内部条件,为企业继续经营发展或恢复经营发展提供必要的可能。这是保证被执行企业具有长久履约能力、保障申请人长期完整利益得以实现、避免衍生企业其他经济矛盾的必选路径。

二是主动执行原则。即法院在强制执行过程中,要充分发挥主观能动性,避免消极懈怠。对执行中遇到的问题和困难,要主动研究、积极协调、善于创新,探索出可执行的完整路径,避免因执行员主观懈怠而产生执行不能。

三是联动执行原则。即在执行中建立联席协调会议机制,法院执行局和相关政府部门加强联系,与相关审判部门紧密协调,明确各部门职责,研究执行中的疑难问题,各司其职把好各个关口,共同促进涉煤企业的债务清理、财产清算、资金监管和债权分配。

四是统筹办理原则。主要是指法院在执行此类案件时,要专人专办、统筹处理,以便集中掌握企业生产经营状况、债务负担情况、资产处置和债权分配细节等,确保集团案件集中处置，做到当事人债权不遗漏、被执行企业资产全部处理、历史问题不遗留。

五是依法执行原则。即法院在执行过程中要严格按照法律规定，严守法定程序，该追加的必须依法及时追加，该处罚的必须依法严肃处罚，确保申请人利益得以及时完全的实现。

（二）具体执行路径

1. 对正常经营类煤矿企业

一是要严格开展对被执行企业的财产调查，对有能力一次性完全履行的，要加强查封、扣押、冻结等财产控制性措施，善于运用拘留、罚款等处罚性措施，确保案件全部执行完毕。

二是对经调查证实企业经营确实存在短期困难，要积极组织双方和解，为企业留足继续生产经营的必要条件。但和解必须以申请人有主动意愿为前提，并严格审查和解内容，确保不损害申请人利益。

三是经调查证实企业经营确实存在短期困难，但企业有继续经营的强烈意愿，申请人又不愿意和解的，可在被执行企业主动申请并提出明确且合理的履行期限的情况下暂不对企业生产经营的必需设备、厂房等进行强制执行，对案件作暂缓执行处理。逾期不履行的强制执行。

2. 对长期停产类煤矿企业

一是实行案件集中办理机制，指定专门的执行员或执行小组集中清理此类案件，集中掌握情况，并集中落实对企业资产的查封、扣押、冻结等措施。

二是建立与政府相关部门的联系协调机制，积极协调开展对此类企业厂房、土地和证照权利的执行兑现，争取此类企业可优先进入关闭补偿程序，提升执行兑现的效率。

三是积极与双方当事人沟通，讲明企业现状，对双方当事人均有和解期待愿望的，可在明确可能的风险的情况下，组织双方和解，对无和解期待愿望的，必须及时开展强制执行措施。

3. 对已批准关闭停产类煤矿企业

一是实行案件集中办理机制，由专门的执行员或执行小组集中清理此类案件。

二是实行政府主导、法院监督的机制。即补偿款的分配发放由政府负责，但其债务必须经过司法程序，有争议的通过法院判决或调解，无争议的可通过人民调解委员会达成和解后再经司法确认有效，政府部门的最终详细分配方案也须交法院存档，以便明确案件标的履行状况。

三是对关闭补偿后仍未完全履行的案件，要集中开展对企业剩余资产的清理处置，如对设施设备、厂房、证照权利的评估、拍卖，暂无法处置或申请人均同意暂不处置的，可终结本次执行程序结案，待条件成熟时再恢复执行。

四、涉煤企业资产变价程序中的相关问题

法院通常对具有财产属性的不动产、动产或其他财产权以“变价”的方式依其程序上的先后顺序进行拍卖、变卖和以物抵债。① 法院在执行处置涉矿山企业案件中，此类企业资产结构中相对有较高价值者当属矿业权。矿业权非属不动产或动产而为一种特殊财产权，其权利变动模式亦有别于一般物权。因此，对矿业权进行处置时应充分注意和尊重此种特殊性。因本文研究的重点在于煤矿企业的资产处置，因此下述行文中所称的矿业权均指煤矿企业矿业权。

（一）矿业权强制拍卖问题

1. 矿业权强制拍卖的程序要件分析

根据我国《民事诉讼法》第 247 条之规定，法院拍卖被执行人的财产应符合以下构成要件：(1)被执行人的财产已被查封或扣押；(2)未有不适于拍卖或双方当事人不同意拍卖的情形。就前述构成要件第 2 款未有不适于拍卖之情形，有观点认为采矿权只能由地质矿产主管部门拍卖，②法院只可裁决企业破产但无权拍卖矿业权。其原因一是从法规规范的调整对象上讲矿业权拍卖不受我国《拍卖法》调整，在我国《矿产资源法》及其配套法规、《行政许可法》中都明确规定，矿业权拍卖主体是矿产资源行政管理机关；二是从司法权与行政权之间的关系上说，司法权高于行政权，但司法权应当尊重行政权，司法部门应依法将矿业权处置事务交由国土资源管理部门。③ 本文认为前述观点有待商榷，其一，矿业权符合我国《拍卖法》第二章关于拍卖标的的相关情形，一是矿业权非属禁止买卖物(权利)或流通物(权利)，二是矿业权的拍卖程序要件符合该法第 8 条第 1 款依法办理审批手续的规定。因此，矿业权

---

① 参见我国《民事诉讼法》第 247 条、最高人民法院《关于适用〈中华人民共和国民事诉讼法〉的解释》第 488 条至第 492 条。

② 参见陈战杰：《法院无权拍卖矿业权》，载《地质勘查导报》2007 年 8 月 23 日，第 5 版。

③ 同上。

应属拍卖法的调整范围，法院当然可拍卖被查封的矿业权。其二，就司法权与行政权的关系而言，两者本身就应是相互制衡、监督的关系而非司法权高于行政权，而且其文中司法权应“尊重”行政权，“尊重”一词模棱两可，显然不能纳入法律规范的解释范畴。另外，法院强制拍卖程序是执行过程中对有财产可供执行案件的执行标的进行公开的强制变价处置的一种方式，其兼具公法处分与私法买卖的双重性质。[①]而地质矿产主管部门在法院强制拍卖中的行政审批内容表现在于三个方面：一是对采矿权人和竞买人的资格审查；二是对法院查明采矿权属负有协助义务；三是对拍卖后买受人的物权登记申请负有登记义务。[②] 从以上观之，法院强制拍卖与地质矿产主管部门行政审批之间难谓有冲突，而我们更应注意的问题是两者之间的程序衔接问题。

2. 矿业权强制拍卖与地质矿产主管部门行政审批的程序衔接问题

解决“执行难”是构建诚信社会体系的“最后一公里”，但此项工程并非法院一家之事，需要政府、司法、社会各界的多方助力。为执行规范化计，若法院需要与某部门或团体协作执行时，通常就是与其达成具有公法性质的“执行联动机制合作协议”。笔者认为，为了彻底解决此某一类型的执行案件，可以将法院强制拍卖与地质矿产主管部门行政审批的程序衔接问题纳入执行联动机制的框架概念之下，并在此基础上厘清各方职责、形成长期协作关系，最后形成规范性文件，共同遵守。法院的审查义务表现在：(1)能否启动强制拍卖、拍卖成交后的物权变动。(2)地质矿产主管部门的审查限于资格审查。

3. 矿业权强制拍卖与矿山企业强制关停、整合之间的冲突与出路

第一种情形为被强制执行的煤矿企业所有的矿业权在被强制拍卖前，该企业已被关闭、关停，那么应按前述“关停程序”处理。

第二种情形为被强制执行的煤矿企业所有的矿业权在被强制拍卖过程中(如处于评估阶段)，该企业被当地政府通知关停，那么法院是否应中止或撤回拍卖？笔者认为，除非关停资金显著低于法院关于该矿业权的评估价值(可以定位于50%[③])，那么原则上法院在发现前述情形后，应中止或撤回委托，然后与政府协调处理，即按前述“关停程序”处理。缘何如此？其一，虽然现行实证法中并未有前述情形之规

---

① 参见孙莉：《关于法院拍卖采矿权的思考》，载《政法学刊》2009年第10期。

② 同上。

③ 同上。

定,但是最高人民法院《关于人民法院民事执行中拍卖、变卖财产的规定》第 20 条第 7 项——其他应当撤回拍卖委托的情形却提供可“法律”解释的空间,该法第 21 条也同样如此。其二,从立法目的上讲,强制执行除应考虑执行公平外,执行效率也是非常重要的原则。按“关停程序”统一由法院处理,执行效率应该能得到保障。

(二)矿业权变卖、以物抵债问题

第一个是关于矿业权流标后,法院变卖的程序问题。根据我国《民事诉讼法》第 247 条之规定,变卖程序既可以由法院自行变卖还可以委托有关单位变卖,但是本文中关于煤矿矿业权的变卖主体是谁,仍应认真研究。笔者认为,根据我国《矿业权出让转让管理暂行规定》第 4 条规定:“矿业权的出让由县级以上人民政府地质矿产主管部门根据《矿产资源勘查区块登记管理办法》、《矿产资源开采登记管理办法》及省、自治区、直辖市人民代表大会常务委员会制定的管理办法规定的权限,采取批准申请、招标、拍卖等方式进行。”从前述该部规章及相应条文来看,法院委托地质主管部门进行矿业权的变卖更符合矿业权的本身的属性。

第二个问题是法院能否直接作出变卖成交和以物抵债的裁定?前已述及强制拍卖的程序,此处应予以借鉴。法院在评估、变卖之前应已明确了权属关系,而且在此过程中也需要地质矿产主管部门对交易双方的主体资格进行审查。因此,在权属关系明确,买受人、以物抵债人主体适格的情况下,笔者认为法院可以直接裁定以物抵债,矿业主管部门有相应的变更登记协助义务。

公司法人人格否认与执行实务问题研究

王森霖[*]　刘　威[**]

一、法人的定义和特征

我国《民法通则》第36条规定：法人是具有民事权利能力和民事行为能力，依法独立享有民事权利和承担民事义务的组织。法人的民事权利能力和民事行为能力，从法人成立时产生，到法人终止时消灭。

法人就是依法设立，拥有独立的财产，并以其独立的财产承担责任的特殊组织形式。股东出资设立公司，负责公司的经营管理，并分取公司盈利，同时以投资的金额对外承担责任，不会涉及股东的个人及家庭财产。公司法人的这种"集合"存在是数人出于共同目的而形成的一个整体，是一个意志体，但绝不是各股东意志的简单相加。其存在、生存、运行除了要符合相关法律制度的规定外，其作出的决议还应该是按照相关特定程序作出的民主决议。但是公司的运作始终依赖其背后的自然人，公司人格虽然独立于股东，但是并未完全割裂二者的关系，股东仍然享有股权派生的一系列权利。人具有逐利性，股东为了个人利益的最大化，可能产生人格混同、脱离法人制度宗旨的情况，这会给公司、股东以及公司债权人的利益带来极大损害。随着我国进入改革的

---

* 重庆市南川区人民法院执行局法官助理。

** 重庆市南川区人民法院法警大队副支队长。

“深水区”,经济发展速度变缓。公司法的法人制度也产生了一些问题,这些问题主要集中在法人的债务清偿方面,而重灾区则是司法执行上。现在法院逐渐出现的很多涉及法人企业的案件判决生效后往往得不到完美的执行,严重损害了债权人的利益。

二、涉及法人问题“执行难”的原因

近几年来由于我国经济的发展速度变缓,经济变得不景气,大环境的变化导致我国法院层面的执行案件变得越加困难。涉及公司法人的案件也是如此,而且在一定程度上来说,涉及公司法人的执行案件往往在难度上比自然人执行案件更加具有难度和考验。综合来看,涉及法院“执行难”的原因主要有以下几点:

1. 法律本来就承认的市场风险

我国《公司法》第 3 条第 2 款规定:有限责任公司的股东以其认缴的出资额为限对公司承担责任;股份有限公司的股东以其认购的股份为限对公司承担责任。

公司法人人格的确立相当于在法人股东和法人债权人之间树立起了一道法律屏障,债权人无法直接越过公司法人而向公司股东进行追偿。公司法人以其全部财产来承担责任,但是往往会出现公司法人承担责任的能力范围上小于其债务范围的情况。而公司债权人仍然不能请求公司法人的股东来偿还债务。法律的规定承认了市场风险。在这种情况下,我们如何正确区分公司因正常经营亏损而陷入履约不能、偿债不能和股东利用公司独立人格逃避合同义务、损害债权人或股东利益就显得很有必要。对于公司正常经营亏损的债务,如果出现偿债不能的情况,应该按照我国《破产法》等相关法律法规规定的程序使其进入破产、和解或者重整程序,从而对其进行清算。如果是公司股东瑕疵出资、虚假出资或者滥用其公司独立地位,侵害股东、公司及其债权人利益的情况,那么就应由公司对外承担责任,由滥权股东对公司承担责任。参考法条如下:

(1)最高人民法院《关于适用〈中华人民共和国公司法〉若干问题的规定(三)》第 13 条规定:公司债权人请求未履行或者未全面履行出资义务的股东在未出资本息范围内对公司债务不能清偿的部分承担补充赔偿责任的,人民法院应予支持;未履行或者未全面履行出资义务的股东已经承担上述责任,其他债权人提出相同请求的,人民法院不予支持。

(2)最高人民法院《关于适用〈中华人民共和国公司法〉若干问题的规定(二)》

第22条规定:公司解散时,股东尚未缴纳的出资均应作为清算财产。股东尚未缴纳的出资,包括到期应缴未缴的出资,以及依照公司法第26条和第80条的规定分期缴纳尚未届满缴纳期限的出资。

(3)我国《公司法》第20条规定:公司股东滥用股东权利给公司或者其他股东造成损失的,应当依法承担赔偿责任。公司股东滥用公司法人独立地位和股东有限责任,逃避债务,严重损害公司债权人利益的,应当对公司债务承担连带责任。

(4)我国《公司法》第150条规定:董事、监事、高级管理人员执行公司职务时违反法律、行政法规或者公司章程的规定,给公司造成损失的,应当承担赔偿责任。

2. 注册资本认缴制下导致的法人资本不充实

2014年3月1日起施行的最高人民法院《关于修改关于适用〈中华人民共和国公司法〉若干问题的规定的决定》明确规定,我国公司实行注册资本认缴登记制度。由公司股东对公司资本进行认缴,并对其认缴出资数额、出资方式、出资期限等事项进行约定,不再将公司实收资本作为工商登记事项。公司登记时,也无须提交验资报告。公司成立后,由公司通过市场主体信用信息公示系统向社会公示其出资情况,由股东对公司股东缴纳出资情况的真实性、合法性负责。

我国《公司法》的这一修改降低了创办公司的创业门槛,激发了市场活力。这样的规定是为了鼓励更多的人创立公司,活跃市场,但是注册资本认缴制提高了注册资本虚假的可能性,许多本来是没有创立公司资格的人也成立了公司,但这样无疑是增加了债权人和市场的经济风险,容易造成公司法人监管失控的局面。这种制度在前几年刺激了市场,给我国经济的发展带来了良好的效益,但是近几年由于国内经济的不景气,导致很多公司法人的认缴资本在缴纳期限到期后仍然无法得到充实。对于公司资本不完整的公司,流通资金的缺失意味着交易机会的减少和偿债能力的低下,很容易因为外因导致公司法人的覆灭。而财产的缺失使其无法清偿其全部债务,也就意味这个案件很难得到全部执行。①

3. 自然人财产和法人财产的区别

法院审执分离,在审判过程中只需解决案件中的争议焦点即可宣判,但是执行却不一样,即使法律文书生效,案件最后的情况也仍然可能是无法执行到位,因为公

---

① 参见王宇:《评我国公司资本制度改革的意义——兼论〈公司法〉相关条款的规定》,载《经济研究导刊》2007年第1期。

司法人财产和自然人财产有着根本区别。法人一般有其独立的银行账户，其收支和出纳都由专门的银行账户来进行，也就是公司法人的基本账户。这个账户被工商系统严格把控、监视，同时也是我国对其收税的依据之一。但是公司股东不一样，公司股东虽然有其自己的银行账户，但是其存款也可能是在其他人名下的银行账户中，这种账户在执行过程中无法冻结和执行。即使知道了这之间存在的关联，但是法律没有明文规定。无法律依据，法院无法执行。二者相比较，自然人的银行账户和存款更加隐蔽，不像公司法人的资产那样暴露在监管部门监督之下。因此，即使应该是由公司股东来承担责任的情形下，案件或许也无法得到执行。这就是执行中最难的部分，同时也是现阶段涉及公司法人的执行案件无法执行到股东财产的最普遍问题。

三、解决公司法人"执行难"问题——刺破公司法人面纱

只要是公司法人企业，那么在一定情况下是无法跨过法人人格这道屏障和法人股东直接对话的。只有在极少数情况下法人股东才会承担责任：(1)法人股东出资不足、出资瑕疵、抽逃出资，其他法人股东承担连带责任，股东对公司承担责任；(2)法人股东执行公司职务时违反法律、行政法规或者公司章程的规定，给公司造成损失的，应承担赔偿责任。不难看出，仍然还是公司对外承担责任，而由股东对公司承担赔偿责任。这本是为了适应市场的发展，大力发展经济，为更大的资合性经济组织出现作铺垫。但是到了现阶段，法律的滞后性和经济市场的不可预测性弊端逐渐显现出来，案件经过法院公平公正的审理却无法得到执行，严重背离了当初的立法初衷。现在，在很多涉及公司法人的执行案件中，法人的财产都是资不抵债，但是在执行中又无法执行法人背后的股东，这导致很多案件都无法执行，债权人的利益无法得到保障，最后不得不以终结本次执行的方式来进行结案。这种结案方式不仅违背了执行申请人的意愿，而且还会打击众多办案人员的积极性。另外，众多执行案件无法执行，当事人的权利无法得到保障，对于法院的权威也会造成不利的影响。因此，在执行的过程中法院应该攻坚克难，突破以往执行的局限，在新环境下以新的合乎法律的手段进行执行，让诉讼是老百姓最后的屏障不再是妄谈。①

对于公司法人正常经营亏损而导致履行不能或偿债不能的情形，应该按照法律

---

① 参见王欣新：《公司法》，中国人民大学出版社2012年版，第33～34页。

规定的相关破产程序对其进行清算和债权分配。而对于法人股东滥用公司法人独立地位，损害债权人利益的，应该承担责任的情形，鉴于自然人和法人的特殊性，笔者认为应该采取新的方式来进行执行。

我国《合同法》第73条规定："因债务人怠于行使其到期债权，对债权人造成损害的，债权人可以向人民法院请求以自己的名义代位行使债务人的债权，但该债权专属于债务人自身的除外。代位权的行使范围以债权人的债权为限，债权人行使代位权的必要费用，由债务人负担。"在执行过程中，公司对外承担赔偿责任，股东对公司承担责任，那么我们是否可以使用类似于代位求偿权的法律原则直接让承担责任的法人股东和债权人进行对话。

最高人民法院《关于民事执行中变更、追加当事人若干问题的规定》第17条规定："作为被执行人的企业法人，财产不足以清偿生效法律文书确定的债务，申请执行人申请变更、追加未缴纳或未足额缴纳出资的股东、出资人或依公司法规定对该出资承担连带责任的发起人为被执行人，在尚未缴纳出资的范围内依法承担责任的，人民法院应予支持。"该规定第18条规定："作为被执行人的企业法人，财产不足以清偿生效法律文书确定的债务，申请执行人申请变更、追加抽逃出资的股东、出资人为被执行人，在抽逃出资的范围内承担责任的，人民法院应予支持。"该规定第19条规定："作为被执行人的公司，财产不足以清偿生效法律文书确定的债务，其股东未依法履行出资义务即转让股权，申请执行人申请变更、追加该原股东或依公司法规定对该出资承担连带责任的发起人为被执行人，在未依法出资的范围内承担责任的，人民法院应予支持。"

在这种情况下，我们就应该直接刺破法人面纱，执行法人股东的财产。这样不仅可以达到保护申请人利益的目的，同时还可以节省成本和时间，减少当事人的诉累。

四、如何进行具体操作

在执行过程中虽然直接刺破法人面纱可以解决许多案件"执行难"的情况，但是仍然有很多反对的声音，导致现在虽然有很多涉及法人企业无法执行的案件，却没有法院敢于做第一个吃螃蟹的人，这个情况也从另外一个方面反映了这其中还有很多值得细细推敲的地方。下面就对可能遇到的问题进行详细的释明：

1. 要求申请执行人提供担保

在执行过程中法院只进行形式审查，而无法对事实进行审查。在未经过事实审查，没有执行依据的情况下如果像处理其他执行案件一样对其进行执行就很容易执行错误。因此，为了避免这种情况的发生法院可以要求申请执行人提供担保，而且法院对其担保物的价值、权属进行严格的审查，这样即使是执行错误，那么仍然可以保障被申请执行人的权利，使其权利得到救济。

2. 引入听证、复议程序

听证、复议程序本来是行政法的法律概念，但是在法院对当事人财产进行强制执行时，这二者之间其实存在很多类似之处。因此，对于此类涉及法人企业的执行案件，同样可以引入听证、复议程序，这样就可以对当事人申请的事项进行审查，避免听信申请人的一面之词而造成执行错误的情形，而且这样也保证了当事人的诉讼权利。虽然对于该事项没有进行实质上的诉讼、上诉、法庭辩论，但是听证和复议其实是当事人诉讼权的变相行使，不会导致当事人诉讼权利的缺位。

3. 被执行人申请复议，并提起执行异议之诉

这个就是在当事人申请执行后，被申请执行的股东如果认为法院作出的决定有错误，可以向法院相关部门申请复议，在申请复议的时候不停止执行，但是同时可以提起执行异议之诉对权利进行救济。如果执行异议之诉后发现确实执行错误，那么进行执行回转以保障当事人的权利义务。

随着全面推进依法治国，国家法治的土壤将会越来越好。但是现阶段由于国家经济发展变缓，社会上出现的问题将会在一定期间内增多，涉及公司法人清偿债务的只是其中的一个小类。而法律的成熟往往要经过漫长的时间，其中的细节往往也需要无数的论证才能确定，这就要求我们司法人员在办案时灵活运用法律，保障当事人最大的利益。

我国工资优先权问题研究

——从强制执行的角度

蒋　睿[*]　姚　洪[**]

一、从案例引出问题

近几年经济下行，不少企业生产经营陷入困境，除了拖欠工资，还拖欠货款、贷款、租金等，成为法院案件的被执行人。这些案件，有的申请执行人只有普通债权人，有的申请执行人既有工人申请执行工资或工伤待遇等，又有普通债权人。这类企业，拖欠的工资往往并非只涉及少数几个人，而是动辄数十人，甚至数百人。法院在执行过程中，不得不着重考虑劳动者工资这一问题。

案例一：A公司因经营不善，资金链断裂，法定代表人外出躲债，企业停产、工人解散，仅有少数人留守看管厂房和机器设备，实际上已处于倒闭状态。公司的厂房和机器设备已被多家法院查封。C银行B支行向J法院申请实现抵押权。J法院裁定拍卖A公司厂房，拍卖价款由B银行优先受偿。J法院执行法官去A公司查看厂房时受到工人阻拦，称公司拖欠工资，必须优先保障他们的权益，否则不准法官看现场。J法院经调查，查明A公司尚欠236名工人的工资、经济补偿金、工伤赔偿款，共计260多万元。执行法官综合考虑案

* 重庆市江津区人民法院执行局执行监督科副科长、法官。
** 重庆市两江新区人民法院执行局法官。

情,认为涉及民生,社会影响大,宜优先保障工人的权益。执行法官与C银行沟通,银行表示同意法院的意见。J法院将厂房委托评估、拍卖,拍卖价款优先支付工人工资、经济补偿金、工伤赔偿款及留守看管人员的工资。

案例二:M公司申请执行L公司标的28万元的合同债权;同一时期,13名工人也申请执行L公司共计24万元的工资债权。L公司经营困难,J法院经执行,初步执行到位10万元。执行法官给当事人做工作,14名申请执行人与L公司达成执行和解协议,约定已到位的10万元,2万元支付M公司,8万元支付工人工资,由13名工人按工资债权数额比例分配。后J法院继续督促L公司履行和解协议,工人工资已执行完毕。

上述两个案例的共同点在于:被执行公司既有工资债务,又有其他债务,且财产不足以清偿所有债务。根据现行法律规定,法人不能清偿所有债务,又没有破产的,其财产除优先权、担保权外,按照保全或执行中查封、冻结、扣押的先后顺序受偿。工资债权此时并不是优先权,工人无权优先受偿。但《公司法》实践中,法院出于保障民生,维护社会稳定等方面的考虑,往往会优先保障工资债权,正如上述案例一样。这种做法虽然能产生较好的社会效果,在法院的宣传语境中也属正面宣传,但显然是与法律规定相冲突的。当一种与法律冲突的行为成为常态,且还能获得社会认可,那么就应该思考,是不是法律本身的规定有不妥之处?另外,上述案例,案件办理取得不错的效果,工人工资得到保障,很大程度上是普通债权人接受法官的意见,让渡了一部分自己的权利。如果普通债权人无论法官如何做工作,就是不让渡自己的权利,法院还能理直气壮地优先保障工人工资吗?这个问题,实际上是我国工资优先权制度不完善造成的,应当研究并加以解决。

二、工资优先权的概念及性质

优先权制度起源于古罗马法。古罗马法中有大量关于优先权的规定,例如,质权人或抵押权人就标的物出卖的价金有优先受偿的权利,国库关于赋税而取得法定抵押权,妻就夫的财产所取得的法定抵押权,优于担保物权或保全担保物而发生的债权等。[①] 工资优先权是优先权的下位概念,属于一般优先权。一般认为,工资优先权是指依据法律的规定,劳动者就其劳动报酬,对债务人的财产享有优先受偿的权

---

① 参见谢邦宇:《罗马法》,北京大学出版社1990年版,第233页。

利。工资优先权是国家为推行社会政策和实现社会公平而对劳动者的工资债权给予的优先受偿的保护，目的在于打破债权平等原则使工资债权获得优先受偿，保障劳动者的合法权益。①

关于工资优先权的性质，目前学界主流意见有担保物权说、特殊效力说、清偿顺序说。担保物权说把工资优先权理解为雇主以一定财产（动产或不动产）来担保雇员的工资，这种形式本身就类似于抵押权。《法国民法典》为了使工资优先权优先于抵押权这一立法设计在法理上更能为人们接受，在法理上创造了物权优于债权的法理学说。② 特殊效力说认为，工资优先权是基于工资债权的一种特殊效力——优先受偿的效力，是法律基于公益或者社会政策的需要而规定工资债权优先于其他债权。清偿顺序说也认为工资优先权不是一项独立的权利，而是对债权之间的一种清偿顺序安排。笔者赞成特殊效力说。劳动者出卖自己的劳动力从事生产经营活动，获得工资。劳动力不是物，劳动者的产出也未必是物（如服务）。工资债权本质上是一种债权，依附于工资债权的工资优先权并不是物权，也没有必要往物权上靠。工资优先权本质就是法律基于特殊社会政策和公共利益的需要而设定的一项特殊权利制度，其本身的产生、存续、消灭皆基于法律的规定而产生。清偿顺序说与特殊效力说没有本质区别，但没有点明工资优先权的法理基础，没有很好地揭示出其本质特征。

赋予工资债权以优先权性质的公共政策原因有以下四点：第一，我国劳动力市场总体仍处于供大于求的状况，随着生产技术的发展，中低端劳动力市场供大于求状况不会改变，劳动者在劳动合同谈判中依然处于被动地位。第二，工资拖欠的客观可能性及相应风险防范手段的先天性缺失。③ 第三，工作转换需要付出成本，新工作与原工作差异越大，付出的成本越高。这使很多劳动者不会轻易变换工作，而是固守在原企业，对企业形成“人身依附”，从而使遭受拖欠工资的可能性增大。第四，劳动者对工资风险的承受能力相对薄弱，工资越低，承受能力越弱，一旦被拖欠工资可能意味着陷入生存困境，而低收入劳动者被拖欠工资的概率往往更大。

---

① 参见何政金：《工资优先权的立法保护及完善》，载《经营管理者》2010 年第 16 期。
② 参见张茂林：《企业破产工资优先权主体范围研究》，载《中国劳动》2014 年第 5 期。
③ 参见周贤日：《论工资优先权救济制度》，载《探求》2012 年第 1 期。

三、确立工资优先权的意义

工资优先权制度的设立打破了债权平等保护原则，赋予工资债权优先受偿的效力具有重大意义。

（一）工资优先权是我国《宪法》的精神在工资支付领域的体现

我国《宪法》规定，我国是工人阶级领导的、以工农联盟为基础的人民民主专政的社会主义国家。我国的国家性质决定了广大劳动者才是国家的主人。保护广大劳动者的基本权利是我国政府需要落实的一项基本任务，而工资优先权制度能很好地将二者统一。在工资支付领域建立、贯彻工资优先权，体现了我国《宪法》的精神。

（二）工资优先权是保障基本人权的需要

工资权是一项基本人权。劳动者付出自身的劳动是为了获得工资这种物质利益，用以满足自身生存与生活的需要。工资首先是劳动者生存资料的来源，一旦受到剥夺，就必然损害其最基本的生存利益。现代社会已达成共识，基本人权必须优先保障，工资优先权制度正是体现了优先保障生存权这一基本人权的原则。

（三）工资优先权是以人为本社会政策的组成部分

工资权不仅是生存权，也是发展权。马克思指出："工人除了维护自己生活所必需的一定量生活资料以外，还需要有一定量的生活资料来养育子女，因为他们将在劳动力市场上代替他，并还要延续工人的种族。此外，还需要花费一定量的价值，是工人能够发展自己的劳动力和获得一定的技能。"①以人为本，主张人是发展的根本目的。劳动者只有获得工资，才有一定的经济能力，能够进一步学习，获取知识、培训技能、提升自我，以获得更好的工作，更多的工资。所以，一个以人为本的社会，必须优先保障劳动者的工资。

（四）工资优先权制度有利于维护社会稳定

劳动者的工资支付问题不仅在表面上是劳动者个人的问题，更是一个社会问题。对于多数劳动者来说，工资是其本人及家庭成员生存的主要经济来源。如果解决不好工资支付问题，不仅会侵害劳动者的生存权，也会影响其家庭成员的生存，进而危及整个社会的和谐发展。现实生活中，不时发生劳动者拿不到工资而采取过激手段维护自身权利的事件。截断交通要道、围堵当地政府等事件多次出现在媒体报

---

① 《马克思恩格斯选集》（第2卷），人民出版社1972年版，第181页。

道中。此类事件一旦发生，容易引起社会大众关注，可能造成社会秩序混乱，甚至被效仿而引发更多的群体性事件，不利于社会稳定。所以，确保工人工资发放，维护当地社会稳定是地方政府的一大重要责任。

（五）工资优先权制度能使社会整体利益提升

企业购买劳动者的劳动力，使之作用于生产资料，进而生产出形形色色的产品、服务进行销售。在这个过程中企业获取了劳动者的剩余价值，而劳动者工资是企业获取劳动者劳动力的对价。企业的利润源于劳动者不断地提供劳动力，提供生产效率。在为企业贡献利润的同时，劳动者通过领取工资得到了合理对价，保证了自身生存的物质需求，同时在此过程中也收获了劳动的尊荣感和满足感。企业和劳动者的这种相互信赖、相互依存的关系，有利于劳动者找到归属感，从而自发地激发自身劳动积极性，提高生产效率，使企业获得更多的利润，同时也使自身的工资不断得到提升。劳动者与企业之间一系列的良性互动最终促使社会整体利益得以提升。

四、我国工资优先权保护的立法现状及不足

（一）我国工资优先权保护的立法现状

目前，我国没有一部基本法律对工资优先权进行统一规定。关于工资优先权的一些规定散见于几部法律、规章之中。一是我国《企业破产法》第 113 条规定："破产财产在优先清偿破产费用和共益债务后，依照下列顺序清偿：（一）破产人所欠职工的工资和医疗、伤残补助、抚恤费用，所欠应划入职工个人账户的基本养老保险、基本医疗保险费用，以及法律、行政法规规定应当支付给职工的补偿金……"二是我国《海商法》第 22 条规定："下列各项海事请求具有船舶优先权：（一）船长、船员和在船上工作的其他在编人员根据劳动法律、行政法规或者劳动合同所产生的工资、其他劳动报酬、船员遣返费用和社会保险费用的给付请求……"三是我国《合同法》第 286 条规定："发包人未按照约定支付价款的，承包人可以催告发包人在合理期限内支付价款。发包人逾期不支付的，除按照建设工程的性质不宜折价、拍卖的以外，承包人可以与发包人协议将该工程折价，也可以申请人民法院将该工程依法拍卖。建设工程的价款就该工程折价或者拍卖的价款优先受偿。"该条所规定的优先权被称为建设工程合同优先权，因其中往往涉及建筑工人工资，故予列出。四是我国《建设领域农民工工资支付管理暂行办法》第 11 条规定："企业因被拖欠工程款导致拖欠农民工工资的，企业追回的被拖欠工程款，应优先用于支付拖欠的农

民工工资。”

通过对上述法律法规的梳理可以看出,只有海船上的劳动者和建设工程领域的劳动者行使工资优先权不需要以企业破产为前提。除此之外,其他类型企业的劳动者工资的优先权必须在企业进入破产程序后方能获得。

(二)我国工资优先权保护的不足

工资优先权制度并未在我国法律体系中形成系统的立法规定,且现有规定并未进一步细化,缺乏具体可操作性,甚至存在法律漏洞,司法人员在适用过程中难免产生各种疑惑。

1. 原则上要进入破产程序才能适用工资优先权

根据我国现行法律,除海商法领域和建设工程领域,劳动者工资要优先受偿必须先申请企业破产。这意味着,在绝大多数行业,企业必须破产清算,劳动者才能享受工资优先权。但现实是,企业破产制度在我国并未完全落地生根,申请破产往往面临许多障碍。一是社会观念对破产包容度低,企业对申请破产有顾虑;二是从利益方面考虑,债权人和债务人都缺乏申请破产的动力;三是法院破产审判力量不足,缺乏相关机制。自2007年我国《企业破产法》施行以来,全国法院的破产案件数量一直很少,虽然近两年的破产案件数增幅较大,但总体数量仍然很少。司法实践中,劳动争议案件往往单笔金额较小,人数较多,而破产程序复杂冗长,通过引导劳动者申请企业破产的方式来处理劳动者工资案件费时费力,基本上得不到劳动者的理解和支持。这些案件很多最终会进入法院的强制执行程序,相当一部分案件依然得终结本次执行程序。此外,就算拖欠工资的企业进入破产程序,但在进入破产清算前还可能存在重整的情形。在这过程中债权人委员会还可以投票表决,允许企业通过其他手段和方式寻求资金支持。如通过优先偿还部分债务或以企业财产设定担保获得资金,企业的这些做法固然是为了企业生存发展需要,但客观上却加剧了劳动者工资债权清偿的风险。因此,劳动者工资优先权的实现依然存在一系列不确定的因素,其保障力还有待加强。

2. 享有工资优先权的劳动者范围狭窄

我国关于工资优先权的规定主要体现在《企业破产法》中,《企业破产法》只适用于性质为企业法人的用人单位。然而除企业法人之外,我国还存在大量非企业法人形式的市场主体,如非法人企业、自然人合伙、个体工商户、自然人直接雇用工人等。这些用人单位所聘用的人员一般称为雇工。这些市场主体不受我国《企业破产法》的调整，故其雇用的人员工资无法主张工资优先权。因此，在我国并非所有的劳动者的工资都能得到优先保护，未受保护的这些劳动者占相当比例。这些劳动者被拖欠工资的可能性并不小于企业法人的劳动者。

3. 法律对工资外延未作出明确界定

我国法律规定了工资优先受偿，原劳动部的部门规章又明确规定工资只能以货币形式支付，但工资的外延为何没有一部法律、行政法规、部门规章作出明确界定。一般认为，工资可包括基本工资（底薪）、绩效（资金）、津补贴等，但当今社会，就业形式多样，劳动报酬的支付名目也呈现出多样化、复杂化，如果一概在个案中认定工资的范围，受法官观念、经历等因素影响，难免出现"同案不同判"的情况。并且，我国《海商法》第22条将工资与其他劳动报酬并列，说明工资只是劳动报酬的一部分，更需要法律对工资外延作出界定。

4. 未明确规定工资优先权优先于担保物权

我国《海商法》规定的船舶优先权将工资优先权置于第一顺位，并且明确规定优于船舶抵押权受偿，这是唯一明确规定工资优先权优于担保物权受偿的法律。我国《企业破产法》对这一问题并未作出如此规定，相反，该法第109条规定："对破产人的特定财产享有担保权的权利人，对该特定财产享有优先受偿的权利。"该法第132条规定："本法施行后，破产人在本法公布之日前所欠职工的工资和医疗、伤残补助、抚恤费用，所欠的应当划入职工个人账户的基本养老保险、基本医疗保险费用，以及法律、行政法规规定应当支付给职工的补偿金，依照本法第一百一十三条的规定清偿后不足以清偿的部分，以本法第一百零九条规定的特定财产优先于对该特定财产享有担保权的权利人受偿。"对此条反向理解，可以得出一个结论，在破产程序中，担保债权优先于工资债权受偿。只有在我国《企业破产法》公布之日前的债权，工资债权才享有先于担保债权的绝对优先权。我国《企业破产法》已实施10年之久，工资债权优先于担保债权的情形基本上不存在了。实践中，大多数法院在面对人数众多的劳动者时，一方面基于生存权高于债权的原则，另一方面迫于"维稳"压力，多数时候倾向于工资债权优先于担保物权。至于所依据的法律基础则是五花八门，有宪法精神、劳动合同法原则、建设工程优先权等，法院多会以各种方式让担保权人同意如此分配。出现上述现象的根源在于我国法律未统一规定工资债权优先于担保物权。

5. 未明确工资优先权与建设工程优先权受偿先后顺序

我国《合同法》第286条明确规定了建设工程优先权。最高人民法院《关于建设工程价款优先受偿权问题的批复》对这一问题作出了进一步释明,明确建设工程价款优先于抵押权及一般债权受偿。这样规定一方面是为了防止大量烂尾工程的出现,保护施工方的权利;另一方面是基于建设工程价款中包含了建筑工人的工资。然而法律和司法解释未进一步规定当建设单位资不抵债时,这两种法定优先权之间谁更优先的问题。建设单位的工人需要发放工资,施工单位的工程款中也包含了工人工资,两种优先权都涉及对工人基本生存权利的考虑,当两种法定优先权出现在同一破产企业中时,并没有现成的法律规则予以调节。

五、我国工资优先权制度的完善

(一)总体思路

工资是劳动者维持自身和家庭成员生存的物质基础,事关人权保障和社会稳定。我国现行工资优先权制度适用范围窄,一些规定不明确,应该加以完善。笔者提出以下6点思路。

1. 形成工资优先权法律体系

改变工资优先权分散规定的现状,在我国《劳动法》中统一对工资优先权作出原则性规定,其他相关法律针对不同的情况作出具体规定,这样形成完整的工资优先权法律体系。

2. 扩大工资优先权主体范围

我国工资优先权保护主体过窄。在法国,不但受雇人员,而且学徒也享有工资优先权。这里的"受雇人员"范围比我国《企业破产法》中的企业职工范围广。在意大利,工资优先权主体有雇员、自由职业者和其他任何从事智力创造的人、代理人,《意大利民法典》还对农业生产的必要供给和劳动的债权等也规定了优先权。① 我国应该扩大工资优先权主体范围,将所有受雇用的劳动者(无论雇佣者是何种性质)都纳入其中。

3. 突破破产程序的限制

前已论述,我国只有极少数企业进入破产程序,绝大多数拖欠工资的企业未进入破产程序,劳动者在法律上就不享有工资优先权。笔者认为,我国工资优先权的适用不应局限于企业破产后,在执行程序中,只要企业拖欠工资,就可以适用工资优

① 参见周贤日:《论工资优先权救济制度》,载《探求》2012年第1期。

先权。笔者认为，在破产程序中，工资优先权应当完全保障，但执行程序中，因为被执行人主体还将继续存在，可能继续生产经营，应当对劳动者与其他债权人进行利益平衡，故工资优先权的保障与破产程序相比，应当有所区别。

4. 弥补法律漏洞

一是明确工资外延，并且明确哪些货币支付不属于工资范畴。因为工资名目的多样性，列举式规定无法涵盖所有外延，因此还需要规定判断方法，以确保法律适用统一。需注意，这一界定要与我国《海商法》第22条相协调。二是明确在企业破产时，建设工程优先权和企业职工工资债权的受偿顺位。

5. 明确工资优先权优先于担保物权

现阶段我国国情决定，应适用工资优先权优先于担保物权的顺位，一是为缓解社会矛盾，保护多数人的基本权利；二是有担保的债权人相对于劳动者来说更有能力控制与承担风险；[①]三是作为担保权人在设定担保时就应评估雇主是否已经拖欠工资，这反过来又督促雇主为了获取信贷，采取措施不拖欠工资。[②] 现实中可能出现处置部分担保物，工资优先权即可实现的情况，因为担保物权随担保物灭失而消灭，所以为了不损害个别担保人的利益，寻求利益平衡，需要法律作出特别规定。

6. 建立全国性的工资支付保证金制度

工资支付保证金制度是工资优先权制度的重要补充，法国、德国、英国、西班牙、日本等国都建立了该制度或类似制度，但我国尚未建立起全国性的工资支付保证金制度，深圳、上海等地建立了地方性基本制度，并取得了很好的经验，但由于缺乏上位法支撑，有些规定引发了争议。现实中，有些企业的财产还不够偿付拖欠的全部工资，因此，我国应该加快这一制度的建立。

（二）执行程序中对工资优先权的保障

许多法院在强制执行程序中已经在适用工资优先权了，但因为缺乏法律规定，做法各有不同。如果法律修改，明确工资优先权可在执行程序中被保护，应就工资优先权在受偿范围、受偿方式和受偿程序上予以完善。对此，笔者提出以下三点建议：

1. 原则上须有生效的法律文书予以确认

企业破产程序中，有破产管理人作为主体对申报的债权予以登记、核实、公示，

---

① 参见肖梦璺：《比较法视野下劳动者工资权的法律保障》，载《华中师范大学研究生学报》2014年第2期。

② 参见周贤日：《论工资优先权救济制度》，载《探求》2012年第1期。

故未起诉的债权可以直接进入破产程序。而在执行程序中，拥有生效法律文书是启动执行程序的前提条件。故此时工资债权要想优先受偿必须先得到生效法律文书的确认并申请法院强制执行。考虑到现阶段，许多劳动者法律意识依然不强，如其确有证据证明雇主欠薪，法院应责令其在一定期限（如1个月）内申请劳动仲裁或起诉。这一期间内执行到位的案款在劳动争议标的范围内予以提存，暂不支付，待劳动者取得生效法律文书后再行支付。①

2. 须在申请执行时效内

法律不保护怠于行使权利的人。超过执行申请时效，被执行人可以提出抗辩，法院将裁定不予执行。所以，如果劳动者取得生效法律文书，但未在时效内申请执行，即使被执行人不提出抗辩，也应作为普通债权，不受工资优先权保护。

3. 工资优先权总额应当有一定限制

对拖欠的工资，每个人享受优先权的总额应当有一定限制，超出部分视为一般债权。一是为防止工资债权过高，损害其他债权人的权利；二是为防止一些雇主伪造应付工资款项，逃避执行。参考我国《劳动争议调解仲裁法》规定的仲裁申请时效，如果生效法律文书确认的工资债权未超过一年的，以确认的为准；如果超过一年的，以最后一年的为准，作为工资优先权的总额。但是，有些企业的高管工资可能很高，对于超出保护劳动者必要生存资料的范围，应作为一般债权。我国《企业破产法》第113条第3款规定"按照该企业职工的平均工资计算"，因执行程序中不可能对雇主拖欠工资进行全面调查，可将针对同一雇主的需执行的生效法律文书确定的工资的平均数计算最后一年，所得数作为工资优先权。如果在执行过程中，被执行企业破产，则转而适用我国《企业破产法》予以清偿。

不同的国家对工资优先权的保护范围、保护力度各不相同，这是立法基于利益权衡的必然结果。我国工资优先权制度必须立足于我国的国家性质和社会现实，综合考量，更好地保护劳动者的权益。

---

① 当被执行人既拖欠工资又尚欠其他债务的情况下，法院在执行时往往需要处置其财产，需耗费一定时间，可能长达数月。这段时间内，多数劳动者足以取得生效法律文书。

论特定物的执行

——以特定物毁损灭失为切入点

马登科[*]　黄学欣[**]

一、问题的提出

对物之交付请求权的执行，根据交付物品是否为特定物，可分为对特定物的执行和对种类物的执行。对物之交付请求权之执行，虽必然要求具备一定的交付行为，但其执行之本质“目的在于物的移转占有，行为不是执行标的”，[①]因而在对物之交付请求权的执行中，尤其在对特定物的执行中，执行标的物之存在与否至关重要。在执行特定物中，以原物执行为首要原则。而当特定物发生毁损或者灭失时应当作何处理，一直是执行中的难点和关注点。最高人民法院《关于适用〈中华人民共和国民事诉讼法〉的解释》（以下简称《民诉司法解释》）第494条指出，当特定物发生毁损或者灭失时，可由当事人协议折价赔偿，未能达成一致的，申请执行人可另行起诉。但有观点指出，由于特定物之独特性，因而当其发生毁损灭失时，申请执行人之执行请求已无实现之可能，此时若要求当事人另行起诉，乃是将已解决争议推倒重来，不符合我国《民事诉讼法》纠纷一次性解决之原则。

---

* 西南政法大学法学院教授、博士研究生导师。

** 西南政法大学执行研究中心助理研究员，民事诉讼法专业研究生。

① 马登科主编：《民事执行的现代转型与制度创新——以威慑机制和人权保障的冲突与融合为背景》，厦门大学出版社2014年版，第143页。

但若采用“本旨执行转化为赔偿执行”的方式,即当申请执行人无法依照原生效裁判文书获得原定给付的,则“应当裁定折价赔偿或按标的物的价值强制执行被执行人的其他财产”,①此既能合理解决特定物发生毁损或者灭失导致的申请执行人权益受损的问题,又能有效维护生效裁判的稳定性。但在 2018 年 5 月 28 日出台的最高人民法院《关于人民法院立案、审判与执行工作协调运行的意见》(以下简称《立审执意见》)中,其仅是对《民诉司法解释》的进一步细化,并未选择由执行机关主导解决特定物执行中发生的毁损或者灭失的问题。由此可见,我国最高人民法院仍然坚持以诉讼的方式解决特定物执行中发生的毁损或者灭失的问题。那么,执行机关赔偿执行的方式是否确不可行?如以诉讼的方式是否不符合纠纷一次性解决原则?诉讼的方式究竟是把已尘埃落定的争议再度翻炒,抑或是解决特定物毁损或者灭失问题的必经之路?

二、我国特定物执行模式的历史沿革

(一)第一阶段:1998 年以前

1984 年 8 月 30 日最高人民法院审判委员会第 203 次会议通过了最高人民法院《关于贯彻执行〈民事诉讼法(试行)〉若干问题的意见》[以下简称《民诉(试行)意见》,1992 年已失效],其中首次对特定物执行问题作出了明确规定。《民诉(试行)意见》第 68 条指出:“执行特定物,应执行原物。原物确已不存在的,可折价赔偿。”从此规定可见,当执行中发生特定物灭失的,申请执行人可要求进行折价赔偿以有效保障自身的合法权益。但此规定仍存有不足,其并未指出申请执行人提出折价赔偿后,后续程序该当如何,执行程序又是否继续?此外,虽然特定物仅遭毁损,但对申请执行人所致损失不亚于特定物灭失的情形下,是否也应赋予申请执行人提出折价赔偿的权利?如立法仅考量特定物灭失时当事人的救济问题,而忽略对特定物毁损时的应时救济,可能促使被申请执行人恶意破坏特定物致使其受损却不至于灭失的情形增多,导致法院之生效裁判文书无法完全落实,申请执行人的合法权益由此受损却求助无门,司法之公信力和权威性将遭遇冲击。1992 年 7 月 14 日最高人民法院《关于适用〈中华人民共和国民事诉讼法〉若干问题的意见》(以下简称《民诉意见》)出台,但《民诉意见》第 284 条仍然沿用《民诉(试行)意见》的规定,并未对特定

① 张卫平:《民事诉讼法》(第 3 版),法律出版社 2013 年版,第 493 页。

物执行规范进行细化。

(二)第二阶段:赔偿执行或替代执行模式

直至1998年最高人民法院《关于人民法院执行工作若干问题的规定(试行)》(以下简称1998年《执行规定》)出台,上述特定物执行问题才得到解答。在1998年《执行规定》第57条中规定,"……原物确已变质、损坏或灭失的,应当裁定折价赔偿或按标的物的价值强制执行被执行人的其他财产"。从本条规定可以看出:第一,"《民诉意见》第284条中的原物'确已不存在的'进一步明确为'确已变质、损坏或灭失的'",[①]"特定物毁损"的情形被纳入了考虑范围内。毕竟无论特定物发生毁损或是灭失的,均是对申请执行人合法权益的侵犯,其有权主张自身的权益损失,要求被申请执行人承担一定的赔偿责任;第二,被申请执行人承担责任的方式是,折价赔偿或者以其他财产替代执行,此表明我国采取了"本旨执行转化为替代执行或者赔偿执行"的模式;第三,执行机关应出具一定的法律文书,"本旨执行转化为赔偿执行或者替代执行"的方式才得以进行。由此可见,最高人民法院对于执行过程中发生特定物毁损或者灭失的,其选用了"本旨执行转化执行"的方式,以保障申请执行人之权益实现。其认为,执行中特定物发生毁损或者灭失的,虽客观阻碍了原生效裁判的实现,但却非对当事人双方之法律关系的否定,当事人双方并无实质性争议,执行程序应当继续进行。另外,特定物发生毁损或者灭失虽客观影响了申请执行人的权益实现,对其权益进行救济也存在必要性和紧迫性,但毕竟该毁损或灭失情形并未在原生效裁判主文的论断范围内,因而执行机关如欲继续采取执行措施的,则必须出具一定的法律文书以提供执行依据。而由于特定物本身具有特殊性,当其发生毁损或者灭失时,并无替代物可供继续执行,故仅能通过估算该特定物的价值,选择折价赔偿或者执行被申请执行人其他同等价值财产的方式来维护申请执行人的合法权益。

无疑,此种模式有利于保障申请执行人的合法权益,维护司法公信力和权威性。但其存在的问题是:首先,折价赔偿或者替代执行的方式是否在原执行依据的扩张范围内。其次,折价赔偿的方式虽为保护申请执行人的合法权益,但维护方式由执行机关主动采取是否合法,是否应尊重申请执行人的意思自由?如若申请执行人自

---

① 董少谋:《民事强制执行法论纲——理论与制度的深层分析》,厦门大学出版社2009年版,第288页。

愿放弃赔偿,执行机关是否仍需裁定折价赔偿或者执行被申请执行人的其他财产?再次,执行机关欲作出裁定文书,必然涉及特定物价值衡量和赔偿标准等问题,则此是否为实体问题,如若为实体问题,则由执行机关出具裁定还是否合适?最后,如若申请执行人和被申请执行人对执行机关所作裁定存在争议的,应当如何救济?是否可以就此引发的争议再行诉讼?2008 年最高人民法院对 1998 年《执行规定》进行了修正,并于同年 12 月 16 日出台了最高人民法院《关于人民法院执行工作若干问题的规定(试行)》(以下简称《执行规定》),但关于特定物执行过程中发生的毁损或者灭失问题应如何处理,修正后的《执行规定》仍保留了原有规定。

(三)第三阶段:协议赔偿或另行起诉

2014 年 12 月 18 日最高人民法院审判委员会第 1636 次会议通过了《民诉司法解释》。在特定物执行问题上,《民诉司法解释》第 494 条放弃了“本旨执行转化为赔偿执行或者替代执行”的方式,转向主张“协议赔偿或者另行起诉”的模式。《民诉司法解释》第 494 条规定:“执行标的物为特定物的,应当执行原物。原物确已毁损或者灭失的,经双方当事人同意,可以折价赔偿。双方当事人对折价赔偿不能协商一致的,人民法院应当终结执行程序。申请执行人可以另行起诉。”区别于《执行规定》,其认为:第一,从执行依据的角度,原生效裁判仅涉及特定物交付,但未对执行标的物发生毁损或灭失时应如何处置进行裁断,因而特定物发生毁损或者灭失时,执行机关应当终结执行程序;第二,从争议性质的角度,特定物毁损或者灭失时引发的赔偿争议,属于当事人之间的实体争议,执行机关并无实体裁断权,应当终结执行程序;①第三,特定物毁损或者灭失时,直接损坏的为申请执行人的合法权益,故而是否要求被申请执行人承担赔偿责任,应尊重申请执行人的意思自由,由其决定是否进行折价赔偿;第四,“执行中直接裁定折价赔偿,缺乏明确具体的标准,不易操作”。② 从本条规定可以看出,最高人民法院改变了原有的观点,其认为当特定物发生毁损或者灭失的,究竟被申请执行人是否承担赔偿责任,作为利益最相关者的申请执行人具有选择权。若当事人双方自愿达成赔偿协议的,“其性质属于执行和解”,③应当认可其法律效力。若未能达成赔偿协议的,则折价赔偿或者替代执行的

---

① 参见杨与龄编著:《强制执行法论》,中国政法大学出版社 2002 年版,第 10 页。

② 赵晋山、葛洪涛、乔宇:《民事诉讼法执行程序司法解释若干问题的理解与适用》,载《人民司法(应用)》2016 年第 16 期。

③ 谭秋桂:《民事执行法学》(第 3 版),北京大学出版社 2015 年版,第 246 页。

方式并不在原有执行依据的扩张范围内,且转化执行的过程中极有可能涉及实体法判断,执行机关过多介入并不妥当,由审判机关以诉讼的模式介入可能更加符合民事诉讼法法理,且亦不影响对申请执行人受损权益的救济,还能兼顾维护被申请执行人的正当程序权益。但此条规定存在的问题是:第一,另行起诉是否违反一事不再理原则,是否构成重复起诉?第二,另行起诉的前提是,特定物毁损或者灭失即可触动,抑或是在特定物毁损或者灭失之后,双方当事人均同意折价赔偿,但对赔偿数额未能达成一致的情况下,申请执行人方有权另行起诉?前者乃是因特定物出现新情形引发的实体争议,后者则非因特定物毁损或灭失引发的争议,而是因双方赔偿事宜引发的新诉。

2018 年 5 月 28 日最高人民法院通过了《立审执意见》,其中对特定物执行中发生的毁损或者灭失问题作了进一步的细化规定。在《立审执意见》第 14 条中规定到,"双方对折价赔偿不能协商一致的,按照下列方法处理:(1)原物毁损或者灭失发生在最后一次法庭辩论结束前的,执行机构应当告知当事人可通过审判监督程序救济;(2)原物毁损或者灭失发生在最后一次法庭辩论结束后的,执行机构应当终结执行程序并告知申请执行人可另行起诉。无法确定原物在最后一次法庭辩论结束前还是结束后毁损或者灭失的,按照前款第二项规定处理"。从《立审执意见》来看,其以特定物毁损或者灭失发生的时间区分当事人可采取的救济手段。如特定物毁损或者灭失乃是发生在最后一次法庭辩论终结前的,那么申请执行人据以申请强制执行的裁判文书存在错误,应当通过审判监督程序予以救济;如特定物毁损或者灭失发生于最后一次法庭辩论终结之后的,那么审判机关根据最后一次法庭辩论终结之前的事实状况所作裁断并无错误,当事人不可就其后出现的特定物毁损或者灭失问题提起审判监督程序。但此时当事人又客观受有损失,应当予以救济。因其损失衡量牵涉实体法裁断,应当采取诉讼的方式予以救济。在原诉讼已然终结的情形下,只能另行提起新诉以解决当事人之间的赔偿问题。可见,对于我国《民诉司法解释》第 494 条,最高人民法院的观点为,另行起诉并不违反一事不再理原则,且其乃基于特定物发生毁损或者灭失所致的新实体争议,而非因当事人之间就特定物毁损灭失之赔偿争议引发的新诉。但关于"最后一次法庭辩论终结前"此时间因素引入的理由、正当性和合理性,以及该条是否存在可改进的空间,需要我们进一步深入探讨。

总而言之,从特定物执行模式的历史演变上看,我国经历了"转化执行"的模式再到"另行起诉"的模式转变。虽然"转化执行"的方式有利于快速救济申请执行人的合法权益,但其损失判断牵涉实体法,容易引发争议,故而出现《民诉司法解释》转向寻求“另行起诉”的方式以解决特定物毁损或者灭失时的当事人救济问题。但是此种模式面临“纠纷一次性解决”“一事不再理”原则的诘问。而《立审执意见》引入的“最后一次法庭辩论终结前”的时间因素又能否有效解决上述问题,值得我们进行深入分析和思考。

三、特定物执行国内外分析

(一)国外典型国家特定物执行分析

1. 英国①

英美以“执行方法”为中心规定了不同的、相对独立的执行令状。在英美法中,其针对各类执行方法,区分规定了“诸如动产扣押令状、不动产占有令状、第三方债务令”②等令状。在对特定物的强制执行中,英国法规定申请执行人应向法院先行申请交付授权令状(warrants of delivery)中的特定交付令状。在申请执行人获得此种交付授权令状之后,方才有权向执行机关申请强制执行。

(1)特定物发生灭失的。在执行机关执行此种特定交付令状时,其仅能依照该令状的要求执行相应的物品,但“不得变更为扣押相当于判决货物估定价值的其他货物”,③即使发生该特定物灭失的情形。但是一般在其执行中,少有发生特定物灭失的情形,其主要原因在于申请执行人在申请“特定交付令状”时,应当向法院提交具体明确的财产线索,方能获得相对应的执行令状,如若此时特定物发生灭失的,则当事人无法向法院申请获得执行令状,此时自然无法进入执行程序中。而为了保障申请执行人能够有效获得被申请执行人的财产线索,以免申请执行人受被申请执行人的错误引导,误认为特定物已经灭失的情形发生,英美法系国家规定了财产披露制度,即申请执行人有权向法院申请要求被申请执行人到庭接受关于财产状况的询问。但若申请执行人在获得特定交付令状且启动执行程序后才发生特定物灭失的,由于执行机关无权执行被申请执行人其他同等价值的财产,因而只能终结本次执行

---

① 参见刘汉富主编:《国际强制执行法律汇编》,法律出版社2000年版,第283~288页。

② 百晓锋:《程序变革视角下的终结本次执行程序制度——以〈民诉法解释〉第519条为中心》,载《华东政法大学学报》2015年第6期。

③ 沈达明、冀宗儒编著:《1999年英国〈民事诉讼规则〉诠释》,对外经济贸易大学出版社2015年版,第263页。

程序。

(2)特定物发生毁损的。其一,申请令状前发生特定物毁损的情形。对于执行前发生特定物毁损情形的,由于其客观上并不影响特定交付令状的申请,故而债权人在获知相关财产线索后,仍然有权申请执行该受损特定物。另外,债权人在已知特定物受损的情形下,仍然申请颁发令状的,表明其接受当前特定物受损的情形。但为防当事人事后主张其在该时下并不知晓特定物毁损的情形,法院在颁发相应的令状前应向当事人进行释明。其二,申请令状后,执行程序启动前发生特定物毁损情形的。在此种情形下发生特定物毁损的,虽不在当事人的预料范围内,但是当申请执行人持特定物交付令状申请执行该受损特定物时,表明其接受该特定物受损事实,则执行机关仅需依照特定交付令状执行该受损特定物即可。其三,申请令状后,执行过程中发生特定物毁损情形的。执行过程中发生的特定物毁损情形,并非在当事人所能预料的客观范围内,应当容许当事人对其权益进行救济。但此时执行机关之执行权限被严格控制在执行令状的范围内,故而当发现特定物毁损时,执行机关仅能依照令状交付该受损特定物。对于当事人权益的救济问题并不在执行机关的职责范围内。

由此可见,在英国,其执行程序之启动仰赖生效裁判文书和执行令状,而执行令状的取得以申请执行人提供相应的财产线索为前提。在执行前特定物发生毁损或者灭失的,申请执行人仅能通过其他途径救济自身的合法权益。而对在执行中发生的致使特定交付令状客观无法落实的情形,则执行机关仅能选择终结本次执行程序,申请执行人仍然只能通过其他途径救济自身权益。由于英美法系国家“令状”制度的存在,债权实现与当事人履行线索提供义务直接挂钩,落实裁判权益的责任并非完全归于国家机关。因而,当特定物毁损或者灭失的,即使是在执行过程中,执行机关亦无权也无须对当事人之受损权益进行救济,执行程序之终结亦具有其正当性。

2. 德国

区别于英美的令状模式,德国、日本主要以“执行标的”为对象划分了不同的执行程序。根据执行标的之不同,德国主要分为对动产的执行、对不动产以及对债权和其他财产性权利的执行、对债务人的行为之执行三个大类。[①] 在德国,其对特定物的交付执行主要规定于德国《民事诉讼法》第 883 条,[②]其中规定了动产执行中所涉及的特定物交付问题。债权人在请求执行机关进行特定物的执行时,一般应向执行法院申请获得相应的执行文。执行机关根据申请执行人提供的生效裁判文书和执行文的内容执行相应的特定动产。

(1)特定物发生灭失的。其一,申请执行文前发生特定物灭失的。如果特定物在债权人获取执行文前灭失的,则由于债权人之权益已无实现之可能,故而一般无法申请获得执行文。而对于特定物发生灭失导致债权人权益受损的,其仅能通过其他途径予以救济。如若债权人未知特定物已然灭失,颁发执行文法院在知晓相关情形的前提下,应当行使释明权。在特定物已然灭失但债权人仍然申请并获得执行文的情况,执行债务人仅能向法院提出"反对发给执行条款与之诉"或者"执行文异议之诉"以救济其自身权利。[③] 其二,获得执行文后,执行程序启动前发生特定物灭失的。在此种情形下,由于"执行权源内容的执行可能性"[④]欠缺,因而债务人在收到执行机关的执行文后,可向执行文赋予机关提起"执行文异议之诉"。对于债权人执意启动执行程序的,其将面临终结本次执行的后果。其三,执行程序启动后发生特定灭失的。由于执行文无实现之可能,执行机关又无权选择执行债务人其他同等价值财产,债权人只能面临终结本次执行的结果。

(2)特定物发生毁损的。对于特定物发生毁损的情形,无论其是在执行程序前发生,抑或是在获取执行文后发生的,只要债权人仍然选择启动执行程序,则表明其接受特定物毁损的现实情况,执行机关仅需依法执行该受损特定物。对于执行过程中发生的特定物毁损,如申请执行人愿意接受该特定物的,则执行机关仅需遵照执

---

① 参见百晓锋:《程序变革视角下的终结本次执行程序制度——以〈民诉法解释〉第 519 条为中心》,载《华东政法大学学报》2015 年第 6 期。

② 参见《德国民事诉讼法》,丁启明译,载张卫平、齐树洁主编:《外国民事诉讼法译丛》,厦门大学出版社 2014 年版,第 215 页。德国《民事诉讼法》第 883 条规定:"(1)债务人应交付动产或一定数量的特定动产时,由执行员将物从债务人处取去并交与债权人。(2)应交付的物不在时,债务人依债权人的申请,应作出保证记人记录于代宣誓,保证他并未占有该物,也不知悉物之所在。第八百零二条之五规定的适格执行员传唤债务人并安排代宣誓保证。第四百七十八条至四百八十条、第四百八十三条、第八百零二条之六第四款、第八百零二条之七至第八百零二条之九、第八百零二条之十第一款和第二款的规定于此准用。(3)法院可以根据情况改变代宣誓的保证。"

③ 参见马登科主编:《民事执行的现代转型与制度创新——以威慑机制和人权保障的冲突与融合为背景》,厦门大学出版社 2014 年版,第 287 页。

④ [韩]姜大成:《韩国民事执行法》,朴宗根译,法律出版社 2010 年版,第 79 页。

行即可;如申请执行人不愿意接受,由于其涉及实体争议,执行机关无权进行处理,申请执行人如不具备暂停执行程序的理由,则执行机关只能遵照执行文的内容继续采取执行措施。

(3)特定物不存在的。在执行过程中,如发现特定物不存在的,则被申请强制执行人将被要求到庭进行代宣誓保证。被申请强制执行人应保证其并不知晓特定物之所在和对此不负责任。如被申请执行人进行代宣誓保证,嗣后被发现其对"特定物不存在"存有过错的,将承担不利后果。

综合前述,德国虽无英国的令状模式,但其却有类似令状作用的执行文制度。当特定物发生毁损时,由于其客观不影响执行文的执行,因而执行机关将遵照执行文的内容予以执行。而当特定物发生灭失的,由于其执行权源缺乏执行可能性,因而债权人一般无法获得执行文,即无法进入执行程序中。即使申请执行人已获取执行文的,也只能面临执行终结的结果。故对于特定物毁损或者灭失的当事人权益救济问题,只能由当事人通过其他途径予以救济,执行机关并无权介入。

(二)我国香港特别行政区和台湾地区特定物执行

1. 我国香港特别行政区

我国香港特别行政区民事诉讼方面的法律主要沿袭英国的普通法传统,其在执行程序上亦存有许多令状,其中规范特定物执行的主要是执行令状中的交付令状。"债权人在请求执行机关实施强制令之前,首先必须取得生效的法律文书,证明自己享有私权及该私权的范围,同时表明该文书具有可执行性。"①当债权人取得生效裁判文书后,其还需申请获取相应的执行令状,证明该执行文书具有执行性。如果特定物灭失发生在执行文取得前的,则生效法律文书已无实现之可能,债权人无法获得相应的执行文申请启动强制执行程序。但若特定物灭失发生于执行过程中的,由于执行机关仅能遵照执行文内容执行,因而执行机关只能选择终结执行程序。对于特定物发生毁损的问题,其本身并不影响执行文的获取和执行程序的启动,在申请执行人接受该毁损状况的情形下,其仍能获取相应的执行令状。执行机关遵照令状进行执行即可。但对于债权人权益受损的问题,则当事人仅能通过其他途径予以解决,执行机关无权干涉。

---

① 齐树洁主编:《台港澳民事诉讼制度》,厦门大学出版社2010年版,第337页。

2. 我国台湾地区

我国台湾地区关于特定物执行主要规定于台湾地区“强制执行法”第123条。但在特定物的内涵界定上，其与传统主张的“区别于种类物的独有物”有所不同，其特定之物意指要求“债务人交付一定之动产者，其执行之标的物须已特定或得特定”，[①]如执行标的不能特定者，则不具备执行条件，无法启动执行程序。当执行过程中发生特定物已不存在者，执行法院不能因债务人无该动产可供台湾地区“强制执行证”第123条之执行，径对债务人之其他财产之执行。[②] 因而当特定物不在时，执行程序只能走向终结，执行机关无权执行债务人其他同等价值财产。对于特定物毁损的，则客观无法阻却执行程序的继续进行。从台湾地区的有关规定可见，其所意指之特定物含义广于传统的特定物含义，其要求无论执行标的是为种类物或特定物，其均应先行特定化，执行程序方可启动进行。由此可见，虽然特定物的含义有所不同，但传统含义下的“特定物”仍然适用上述规定。因而，执行程序启动前发生特定物灭失的，由于特定已无可能，故而执行程序无法启动。对于执行程序启动后发生特定物灭失的，由于执行机关无权执行债务人其他价值财产，只能终结执行程序。对于其中申请执行人的权益受损问题，则只能通过其他途径予以解决。对于特定物发生毁损的，则其客观并不影响执行程序的启动和执行。

四、我国特定物执行规定的反思与建议

参照国内外的特定物执行规定，可以发现特定物灭失发生于执行程序启动前的，将因执行依据已无执行之可能性，而无法启动执行程序。对于执行过程中发生的特定物灭失的，执行机关无权执行其他可替代的同等价值财产，执行程序只能走向终结。对特定物发生毁损的，其原则上并不影响执行程序的启动。即使执行过程中特定物存有毁损的，执行程序也并不因此停止，甚至终结。但无论特定物是毁损、灭失或者不存在的，执行机关均不介入处理，债权人只能另谋途径主张自己的合法权益，此与我国选择“协议赔偿或者另行起诉”的路径不谋而合。但有所区别的是，我国法律规定上更加注重此时申请执行人的权益救济，而非对执行机关的权力进行法律规制，从《民诉司法解释》第494条“另行起诉”，再到《立审执意见》“审判监督

---

① 杨与龄编著：《强制执行法论》，中国政法大学出版社2002年版，第550页。

② 参见沈建兴：《强制执行法逐条释义》（下），台北，元照出版公司2014年版，第586页。

程序”“另行起诉”救济途径的区分规定上便可窥见一斑。

在我国的《立审执意见》中引入了“最后一次法庭辩论终结前”的时间因素，主要是注入既判力标准时的区分，使申请执行人另行提起的新诉不至于与前诉构成重诉。在特定物的审判中，审判机关已然明确特定物的归属，故而特定物毁损或者灭失，无论是在最后一次法庭辩论终结后发生的，抑或是在执行程序启动后发生的，申请执行人均有权就“最后一次法庭辩论终结”该时间点后所受损害另诉并要求赔偿，其不为前诉既判力所折断，此乃我国《立审执意见》的进步之处。但另一层面上，我国《立审执意见》仍有值得进一步完善的地方。其一，应当进一步区分特定物灭失时间。假使特定物灭失发生于执行程序启动前，则由于生效裁判文书已无执行之可能，债权人将无法满足执行程序的启动要件，无法进入执行程序中；如若特定物灭失发生于执行过程中的，执行机关无权替代执行债务人其他同等价值财产，只能选择终结执行程序。其二，排除特定物毁损导致执行程序终结的情形。特定物发生毁损，着实损害了申请执行人的合法权益，但其本身并不影响执行程序的启动和执行，也不构成执行程序终结的要件。因而，即使特定物发生毁损的，执行程序应当继续进行。

结　语

我国《立审执意见》的出台对于特定物执行，尤其特定物毁损或者灭失问题的处理提供了有益的思考路径。“最后一次法庭辩论终结前”的时间因素的加入合理划分了另行起诉的适用空间。但是综合国内外特定物执行的有益经验，我国关于特定物执行，尤其在特定物毁损、灭失方面的规定，仍然有值得思考和改进的地方。通过合理启动执行程序的“阀门”、控制流出执行程序的“闸口”，将为我国解决特定物执行方面的难题提供出路。

申请执行期限的合理定位与制度完善

——以执行时效的独立性为视角

梁觉元*

随着时代的进步和理论的发展,1982 年设立的申请执行期间制度逐渐呈现出各种理论上的弊端与现实的不适应性,因此,理论界与实务界掀起了对申请执行的期限属性的热烈争论。在众说纷纭的情况下,法律规定的内容也模棱两可,这并不利于制度的构建和民事执行工作中时效问题的解决,损害了债权人的利益。因此,找准申请执行的期限的定位,正确构建合理的执行时效制度显得尤为必要。

一、申请执行期限的立法沿革及问题归纳

综观我国关于申请执行的期限的立法演进过程,总结过去制度的特点与演变规律,结合目前社会的现实状况,指出目前关于申请执行期限的制度规定中存在的问题。

(一)立法沿革

申请执行期间制度,最早规定于我国 1982 年颁布的《民事诉讼法(试行)》第 169 条,成为法院受理执行申请是否超过执行申请期间的判断依据,标志着我国申请执行期间制度

---

* 西南政法大学执行研究中心助理研究人员,民事诉讼法专业博士研究生。

的设立。[①] 1982年我国《民事诉讼法(试行)》第169条规定:“申请执行的期限,双方或者一方当事人是个人的为一年;双方是企业事业单位、机关、团体的为六个月。”从法律条文来看,当时立法将对执行申请人的申请执行行为所设定的时间限制定义为申请执行的期限,且此期限是执行的法定不变期间,超过法定期间的,人民法院则不予执行,即视为申请执行权的丧失。此期限也被作为申请执行期间制度直接被规定于《民事诉讼法》中。

我国1991年《民事诉讼法》第219条规定:“申请执行的期限,双方或者一方当事人是公民的为一年,双方是法人或者其他组织的为六个月。”关于对申请执行行为的时间限制的规定,我国1991年《民事诉讼法》在本质上还是沿袭了1982年《民事诉讼法》的做法,该期限依旧是指民事程序法上的法定不变的期间。

1998年最高人民法院《关于人民法院执行工作若干问题的规定(试行)》中对申请执行人的执行申请所必须具备的条件作出了规定,其中的条件之一有:“……(3)申请执行人在法定期限内提出申请……”可见,我国1998年《民事执行规定》将对申请执行期限的遵守纳入民事执行立案的要件范围内,即对逾期申请执行的情况作不予立案的处理。1998年的规定还是继续承接了1991年的做法。

我国2007年《民事诉讼法》第215条第1款规定:“申请执行的期间为二年。申请执行时效的中止、中断,适用法律有关诉讼时效中止、中断的规定。”2007年的立法出现了新突破,其开始使用“申请执行时效”这一概念,用以表述之前的申请执行期限,并且规定了申请执行时效统一适用法律有关诉讼时效中止、中断的规定。但是,与此同时,除了引入“申请执行时效”以外,立法也把之前的“申请执行的期限”改为了“申请执行的期间”。

我国2012年《民事诉讼法》第239条规定:“申请执行的期间为二年。申请执行时效的中止、中断,适用法律有关诉讼时效中止、中断的规定。”2012年的立法沿袭了2007年关于申请执行时效的内容规定。

我国2017年《民事诉讼法》第239条规定,“申请执行的期间为二年。申请执行时效的中止、中断,适用法律有关诉讼时效中止、中断的规定。”现阶段,立法将诉讼时效的相关规定适用于申请执行的期限,明确规定申请执行的期限可以中止、中断。

(二)问题归纳

结合上述关于我国申请执行期限的立法进程可以看出,对申请执行的期限一开

---

① 参见江必新主编:《新民事诉讼法执行程序讲座》,法律出版社2012年版,第110页。

始适用的是申请执行期间制度,被视为民事程序法上的法定不变的期间。当事人逾期申请执行就会导致其强制执行请求权的失权,并且在法定期间内申请执行是执行案件的立案要件之一,即如若超期,人民法院则不予立案。后来,随着“申请执行时效”这一概念的使用,申请执行的期限的内容发生了变化,其开始从不变的法定期间转化为灵活适用的可变期间,其规定开始向时效制度靠拢,在申请执行的期限发生中止和中断的问题上统一借用了诉讼时效的规定,其试图通过对之前关于申请执行的期限规定的改造来实现执行时效与诉讼时效二者的合理对接。然而,现阶段仍处于改革的初始期,在申请执行的期限规定的改造上还存在一系列的问题。

首先,存在概念混乱的情况。从制度的演进过程来看,关于申请执行的期限,起初适用的是申请执行期间制度,自我国2007年《民事诉讼法》修改后,立法把申请执行的期限正式定义为“申请执行的期间”,但与此同时,其也开始引入“申请执行时效”这一概念,在内容规定上适用了诉讼时效的规定。因此,在申请执行的期限规定中,就出现了“申请执行期间”“申请执行时效”等多种不相兼容的名称,由于多个概念名称的存在,申请执行期限的定位一直混淆不清,从而导致其内涵也无法确定下来。对于“申请执行的期间”“执行时效”“诉讼时效(消灭时效)”,这三者的内涵与外延以及它们之间的关系,在我国的理论界和实务界中目前还没有予以清晰且明确的界定,最终影响了对申请执行的期限的定位及其制度构建。

其次,存在规范体系的混乱问题。立法如果想试图以引入“申请执行时效”的方式来实现其与诉讼时效制度的合理对接,那么,关于申请执行时效的规定,就不应该规定于《民事诉讼法》中。并且,执行时效所作用的客体应当为执行依据所确定的实体请求权,而非当事人的强制执行请求权,故其内容应当置于民事实体法当中。

最后,对于申请执行时效,现阶段对其的规定只是停留在初步阶段,简单引入这一外壳并借用诉讼时效有关中止和中断的规定并不足以完全解决实践中申请执行的期限问题,也并不能有效地使执行时效与诉讼时效实现并列的关系。

另外,对于申请执行时效自身的制度构建,例如,申请执行时效的适用权利范围、具体期间的设置等也有待予以详尽规定。

二、申请执行期限的理论梳理

我国2007年《民事诉讼法》修改,开始将申请执行的期限命名为申请执行时效,并在申请执行时效的中止、中断问题上统一适用法律有关诉讼时效中止、中断的规定。然而,这些规定只是停留在浅表层面,关于申请执行的期限的统一定性、执行时效的性质与内涵等问题在理论界和实务界均没有进一步作出统一而全面的认定,这使申请执行的期限问题在实际操作中呈现出混乱的局面,要从根本上完成制度的构建,有必要首先找准申请执行的期限的定位属性。

(一)申请执行的期限的定位

自我国1982年《民事诉讼法(试行)》颁布以来,申请执行期间制度对督促权利人积极行使权利、义务人及时履行义务和稳定社会经济关系发挥了积极作用。然而,随着我国社会经济发展,司法程序及执行制度的日臻完善,初始的申请执行期间制度已逐渐无法适应现实的需要。因此,理论界与实务界掀起了对申请执行的期限属性的热烈争论,主要形成3种截然不同的观点:除斥期间说、法定期间说与诉讼时效(消灭时效)说。

1. 除斥期间说

除斥期间说认为申请执行的期限是除斥期间,逾期申请执行的,即视为申请执行请求权的失权。除斥期间是法律规定某种权利存在的时限,在法定时限内不行使权利,将导致权利的丧失。[①] 从立法上看来,我国1982年的《民事诉讼法(试行)》和1991年《民事诉讼法》采用的是申请执行期间制度,故那时将申请执行的期限视为除斥期间具有一定的合理性,但也有理论逻辑上不能自洽的地方。从本质上来讲,除斥期间的权利客体是实体法上的形成权,除斥期间届满形成权即消灭,其主要规范的是实体权利,而且是形成权。而申请执行期间属于程序法上的权利期限,申请执行期间届满丧失的只是强制执行请求权,其执行名义上所承载的实体权利并不受影响,再者,其也非实体形成权。并且,自我国2007年《民事诉讼法》修改以后,申请执行的期限还开始适用诉讼时效有关中止与中断的规定,而除斥期间不存在期间中止与中断的情况。随着立法的修改,申请执行的期限规定越来越偏离除斥期间的相关理论。基于此,把申请执行的期限理解为除斥期间的做法难以令人信服,故除斥期间说不成立。

2. 法定期间说

法定期间是法律直接规定的诉讼期间,如上诉期限、审理期限等,未在法定期间内实施或完成相应诉讼行为的,就要承担一定的法律后果。从设立目的上看,法定

---

① 参见宋汉林:《刍论我国民事执行时效制度之立法修正》,载《理论导刊》2017年第1期。

期间制度是为了防止拖延诉讼、提高诉讼效率,其只作用于诉讼阶段。但是,对于申请执行的期限,其作用点已在民事裁判程序以后,在发挥作用的时间点上,二者出现了时间上的错位。另外,就法定期间而言,其虽然可以顺延,但不存在中止、中断的情形。而对于2007年以后关于申请执行的期限的规定,其可以中止和中断,这就造成了理论的矛盾。因此,法定期间说也不合理。

3. 诉讼时效(消灭时效)说

诉讼时效,是指当权利人怠于行使其民事权利而导致期间届满,其即丧失法院对该民事权利的公法上的保护的法律制度。目前,申请执行期间的性质为消灭时效制度的观点已成为通论。① 诉讼时效说认为,民事诉讼法所限制的是债权人生效法律文书中的执行债权的实现时间,而不是对执行请求权的限制,因此,性质上应认定为执行时效。② 并且,有观点认为,应当合一规定诉讼时效和执行时效,否则二者的差异会违背处于不同阶段的债权的同质性。然而,尽管民事执行时效的本质是对权利判定程序所确定的执行名义所载的私法请求权以一定程序请求强制保护的时效,和诉讼时效一样,同属私法权利的保护时效。但是,就申请执行时效而言,其针对的实体权利是已经经过审判程序所确认的私法权利,若将诉讼时效的规定强行植入执行程序中,实际上是对诉讼时效与执行时效二者概念本身的一种误读。故诉讼时效说也不合理。

综上所述,通过对上述3种学说的分析,可见以上3种学说都不能合理地解决申请执行的期限的定位问题。笔者认为,申请执行的期限应当被界定为执行时效,其与诉讼时效并立,这样其不仅顺应了立法的趋势,还尊重了诉讼时效与执行时效本身的性质和应当作用的领域。该学说的合理性分析通过下文并结合申请执行时效的再认识进行进一步论述。

(二)申请执行时效的再认识

关于申请执行期限的属性定位,应当被界定为执行时效,其并非除斥期间、法定期间以及诉讼时效,而是一种独立并与诉讼时效并存的另一种时效制度,其有自己独立的限制客体以及具体规定,并与诉讼时效制度共同构成消灭时效制度。

首先,从立法进程和理论发展来看,不应再执着于我国2012年《民事诉讼法》第

① 参见江必新主编:《新民事诉讼法执行程序讲座》,法律出版社2012年版,第115页。

② 同上书,第111页。

239 条第 1 款的表达,将执行时效理解为对申请执行行为本身的时间限制,而是顺应理论潮流的趋向,应将其理解为可执行的实体债权的实现时间限制。也即对于该法第 239 条规定的申请执行的期限,如今有必要转变过去的观念。申请执行的期限,应当理解为执行依据所载的债权人请求权的消灭时效,而不再是强制执行请求权的存续期间。

一方面,就申请执行时效本身而言,也应当从过去模棱两可的态度中予以再次认识,重新作出清晰而明确的认定:如同上文引用部分,里面的“执行时效”并非实质意义上的执行时效制度,而是单纯指代字面上的“申请执行的期限”的表述。有的学者会把二者的概念同等互换使用,如申请执行期间,又称申请执行期限,也称执行时效。① 但是,为了能够明确界定申请执行的期限的属性,正确适用执行时效制度,区分这些概念尤为重要,不应当混同使用。另一方面,就执行时效而言,其应当是指执行依据中所载请求权的消灭时效,即对该实体请求权予以强制执行保护的时效。② 执行时效制度作为一种时效制度的下位概念,应当属于私法上的制度。从本质上讲,执行时效应当是执行名义上所承载的私法上请求权的权利保护时限,是实体法上的问题。针对申请执行的时间限制的定位问题,其所可能涉及的作用有两个,一是强制执行请求权,二是执行名义上所承载的私法请求权。强制执行请求权,乃债权人基于执行名义,需请求执行机关行使强制执行权,以实现其执行名义所载请求权之权利,其性质为债权人对执行机关之公法上请求权。③ 基于执行名义而生之强制执行请求权为公法上之权利,并无消灭时效问题。④ 同时,对于执行程序的强制执行请求权,其与审判程序的裁判请求权一样,是我国《宪法》赋予公民的基本权利,不应当被限制与剥夺。并且,二者相互承接,分别起着确认私权和实现私权的作用,同样作为一种公法上的司法救济权的强制执行请求权,其应当被予以与不受期间限制的裁判请求权同等看待,故强制执行请求权也不应当被设置期间所限制。而执行名义所载债权人之请求权,乃债权人对债务人之私法上请求权(实体上请求权)。⑤ 执行名义所载债权人之债权仍有消灭时效规定之适用。⑥ 因此,允许被设定时间限制

---

① 参见江必新主编:《新民事诉讼法执行程序讲座》,法律出版社 2012 年版,第 108 页。

② 参见刘学在:《论执行时效制度之理解误区及其矫正》,载《北方法学》2014 年第 4 期。

③ 参见杨与龄编著:《强制执行法论》,中国政法大学出版社 2002 年版,第 5 页。

④ 同上书,第 102 页。

⑤ 同上书,第 5 页。

⑥ 同上。

的只可能是执行名义上所载的私法上的请求权,这属于实体法上的问题,进而可反推知适用执行时效制度最为适宜,申请执行的期限应当界定为执行时效。

其次,就实体债权本身而言,无论是否已经经过审判程序确认,权利人的实体债权行使都应当受到时效制度的约束,其不仅是对双方当事人之间利益的平衡,督促权利人积极行使权利,避免债务人日后受到陈年债务的意外干扰,而且是为了维护社会和法律的安定性以及法律安全。

再次,既然实体债权的实现应当受到时间的限制,那么,如果我国民事实体法中的诉讼时效只调整尚不可执行债权的时间限制,而民事程序法中的执行时效正好调整可执行债权现实执行的时间限制,那么执行时效的体系必要性即可得以证成,即执行时效可以和诉讼时效一道,共同构成债权实现完整的时间限制。[①] 在实体权利的实现过程中,赋予其强制执行力的审判程序与事后付诸实际行动的执行程序,是司法保护两个缺一不可的阶段,为了避免债权人"躺在权利上睡觉",法律规定了诉讼时效制度,但是如果只是单边限制强制执行力的获取,而不限制事后强制执行力的启动时间,那么债权人依然可以在执行阶段继续"躺在权利上睡觉"。如此一来,诉讼时效的功能也被大幅削减,达不到督促权利人积极行使权利的效果,由于执行时效制度的缺失甚至可能导致前面诉讼活动的前功尽弃,无法达到债权实现设定时间限制的立法目的。执行时效的适用,弥补了司法保护本身的不周延。

最后,诉讼时效制度作用的客体是还没有经过审判的实体权利,目的之一是防止证据收集可能会因为时间太久而变得困难的情况发生。反之,执行程序中的债权已经获得了法定程序的确认,通常情况下不存在举证困难的问题,且会存在部分债务人在短期内无偿还能力等情况。因此,在制度构建上应当设置较长时间的执行时效期限。如此,二者的具体时间设置不一致,这使诉讼时效的制度难以覆盖执行时效的规定。

综上所述,笔者认为,申请执行的期限应当被界定为与诉讼时效并存且独立的执行时效,二者共同构成消灭时效制度。并且,申请执行时效,已被赋予执行时效制度自身全新且独有的内涵,不再等同于字面上的"申请执行期间"和"申请执行期限"。这样不仅彰显了其体系地位,同时也较合理地回应了现实的需要。

---

① 参见金印:《执行时效的体系地位及其规制方式——民法典编撰背景下执行时效制度的未来》,载《法律科学(西北政法大学学报)》2017年第5期。

三、申请执行期限的规定调整和制度完善

通过前文的阐述，在厘清申请执行的期间、执行时效与诉讼时效三者的关系后，在将申请执行的期限定位为执行时效的前提下，针对前文所指出的问题，即关于申请执行的期限制度的未来走向，对申请执行时效制度的完善提出以下建议，以回应目前存在的问题，使该制度更好地解决实践中存在的时效问题。

（一）执行时效与诉讼时效并立于实体法中

如前所述，申请执行的期限应当被界定为执行时效。根据执行时效的性质以及其所作用的客体，再反观我国《民事诉讼法》第239条有关民事执行时效的规定，其制度设计的错误逐渐呈现出来，应加以修正。

从执行时效的性质可知，民事执行时效是执行名义上所承载的私法上请求权的权利保护时限，其与规制一般私法请求权的诉讼时效具有同质性，二者调整的利益结构基本一致，同是对实体法上请求权的实现进行时间上的规制，诉讼时效制度被规定在了民事实体法当中；同理，执行时效也应当被规定在民事实体法当中，并且，执行时效制度应当独立于诉讼时效制度。

对此观点，有学者提出了反对意见，认为设定独立的执行时效制度的做法损害了民法上诉讼时效制度适用的完整性。这种观点认为，生效法律判决所确定的权利无论其性质如何，均为实体法上的请求权，故民事实体法中以请求权为规制对象的诉讼时效制度在民事执行程序中也应有适用的余地。① 然而，经过判决前后的两种债权，尽管都是实体法上的请求权，但这并不足以决定诉讼时效制度可以在民事执行程序中加以适用。理由如下：第一，就二者本身的根本性差异而言，存有争议的债权与已经过确认的债权，债权的确认与债权的实现，这些都使要对二者分别设置不同时长限制显得尤为必要。既然要给予两种债权不同的制度限制，与其将诉讼时效的规定强行用于执行程序中，不如独立设定另一种专门用于执行程序的时效制度。第二，就我国的诉讼时效制度而言，从字面表述的角度来看，“诉讼时效”这一名词因其中含有“诉讼”二字，使其很难囊括发生在诉讼以后经生效法律文书等执行依据所确认的实体请求权的执行保护时限问题，“诉讼时效”本身难以覆盖“执行时效”的

---

① 参见占善刚：《对我国民事申请执行期间的初步检讨——以〈民事诉讼法〉第219条的修改为对象的分析》，载《南京师大学报》（社会科学版）2011年第1期。

内涵和外延，故应当保留“执行时效”这一概念。从实质内容的角度来看，我国的诉讼时效只能适用于民事审判程序。由此可见，由于我国的诉讼时效制度的“射程”止于审判程序，不应违背其本身的内涵再强行适用于执行程序。所以，设立独立的并作用于执行程序的执行时效不但不会损害诉讼时效的完整适用，而且还与诉讼时效共同构成了实体法上债权实现时间限制的完整保护，填补了对实体债权时间限制规定的体系性漏洞。

从国际立法来看，大陆法系对于执行名义上所承载的实体债权与诉讼程序中主张的实体债权进行了一体化处理，认为二者都是实体法上的请求权，普遍统一适用消灭时效制度，如德国、日本都把法律文书确定的债权视为一般意义上的权利，原债权的消灭时效多长，执行时效就为多长。[①] 根据德国《民法典》的规定，普通消灭时效期间为30年，而该法典第218条第1款也明确规定：“确定确认的请求权，经30年时效消灭，即使其本身受较短时间限制，也不例外。”同时，根据2002年1月1日生效的德国《债法现代化法典》的规定，其普通消灭时效缩短为3年，但执行时效仍然维持于30年。[②] 也就是说，从具体规定来看，执行债权的消灭时效期限远远长于诉讼中的债权，无论普通债权的消灭时效是3年还是30年，其执行债权的消灭时效都是30年。由此可见，即使德国没有规定执行时效，在债权申请执行的时候统一适用《民法典》有关消灭时效的规定。但是，从根源上来讲，德国《民法典》还是采用了迂回的手法以诉讼中的债权与执行债权二者为载体，对是否已经经过法定程序确认的债权的消灭时效的时长规定进行了区别处理，执行时效的期限与诉讼时效的期限的时长设置仍不一致，且执行时效远远长于诉讼时效。根据瑞士《债法典》第137条第2款，对于原本适用短期时效期间的争议债权，其相应的生效法律文书确认债权的时效期间亦统一延长至10年。[③] 因此，虽然从表面上看大陆法系对执行债权和诉讼中的债权进行了一体看待，但是，基于执行债权的消灭时效本身独有的特性，实际上有些国家还是对其作出了相应不同的规定，表面上统一规制，但本质上却区别对待。

因此，对于申请执行的期限，应当重新明确为执行时效，与诉讼时效制度并立，并统一构成消灭时效制度规定于民事实体法中。同时，从制度的合理性和统一性的

---

① 参见谭秋桂：《民事执行法学》，北京大学出版社2010年版，第169页。

② 参见江必新主编：《新民事诉讼法执行程序讲座》，法律出版社2012年版，第109页。

③ 参见金印：《执行时效的体系地位及其规制方式——民法典编撰背景下执行时效制度的未来》，载《法律科学》（西北政法大学学报）2017年第5期。

角度出发,原本规定在我国《民事诉讼法》当中的申请执行期限的制度应当删除,统一规定在民事实体法当中,以保证规范体系的完整性。

另外,在我国2007年《民事诉讼法》修改以前,申请执行的期限在理论界和实务界中普遍将其视为公法上的存续期间,而到了2007年《民事诉讼法》修改以后,立法开始引入"申请执行时效"这一概念,并开始参考适用法律有关诉讼时效中止、中断的规定,这表明执行理论态度开始发生转变,由过去法定不变的期间发展为与诉讼时效并立的时效制度。但是,在引入"申请执行时效"这一表述的同时,立法又加入了另一个名词——申请执行的期间,这就导致了申请执行期限的定位变得模糊不清,"申请执行的期间"这一表述容易使人把申请执行期限理解为公法上不变的存续期间,然而却又适用诉讼时效有关中止、中断的规定,这样模棱两可的规定容易使人产生误解,并造成对执行时效内涵的误读,最终使制度规定出现逻辑混乱。因此,在民事实体法中规定执行时效制度的同时,不应当再继续使用"申请执行期间"这样的词汇。

(二)执行时效的期限设置

诉讼时效与执行时效,二者分别作用于审判程序和执行程序,分别处于实体债权的确定和实现阶段,共同构成了对私法债权行使的时间限制,实现了对债权实现的时间限制的完整保护。

对于执行时效的时长规制,其应当独立于诉讼时效,并且应当赋予其较长的时效期限。首先,就诉讼时效而言,其设立的目的不仅在于督促当事人积极行使权利,还在于防止由于时间间隔太久而导致举证困难问题的发生,从而影响法院对案件事实的审查和认定。相较于诉讼时效,执行时效规制的客体是已经为执行依据所确认的执行债权,其基本上不会出现举证困难的问题,所以,对于执行时效的时间限制,其时长设置应比诉讼时效宽裕显得较为合理。其次,在债权得到确认以后,紧接着面临的是债权的实现问题。但是,对于债权的实现,其要考虑客观情况,要考虑债务人的实际履行能力,在现实过程中,常有债务人暂无清偿能力的现象发生。有时候,在短期内,甚至在较长的时间里,债务人都没有可执行的财产,但是,如果执行时效太短,为避免执行时效届满,执行债权人可能明知债务人无法偿还债务却还要不断地请求强制执行或实施其他中断时效的行为,这样不仅徒增执行债权人的执行成本,还会造成执行司法资源的紧张。再次,执行时效过短,容易导致债权人一不小心就失去实现债权的机会,此前耗费的时间与金钱获得的胜诉判决有可能变成一纸空文,使原本属于债权人的财产权利变成债权人的负担,不利于保护债权人的权益。最后,执行时效的目的在于督促当事人及时行使权利,尽早实现债权,但是如果执行时效过短,就会助长一些债务人超期逃债的侥幸心理,甚至为成就超期而实施不良行为,违背了立法初衷,不利于人们道德观的弘扬和对法律信仰的培养。因此,关于执行时效,应当赋予其较长的时效期限。

关于执行时效的具体时长的设计,很多国家都设立了不同的规定。例如,德国《民法典》给予了可执行债权 30 年的时效期间的优待,瑞士《债法典》则将可执行债权的时效期间统一为 10 年,英国的执行时效为 6 年。可见,每个国家或者地区都有不同的规定,从总体上讲,都给予了较长的时限。但是,倘若将执行时效期限设置太长,就会使执行时效制度形同虚设,达不到督促权利人的效果。因此,关于时限的设置,笔者认为应当遵循以下两点:第一,由于执行时效针对的是已经为执行依据所确认的债权,其与诉讼时效不一样,不再轻易受各种不同类型请求权本身特性的影响,为操作方便,应当统一规定为一个时限。第二,执行时效虽然不宜设置过长,但还是要保证赋予较长的期限,至少不应短于诉讼时效,根据我国诉讼时效的规定,除最长诉讼时效 20 年以外,普通的诉讼时效为 3 年,还有一些特殊的诉讼时效,例如,我国《合同法》第 129 条规定,因国际货物买卖合同和技术进出口合同争议的诉讼时效为 4 年。再如,我国《保险法》第 26 条规定,人寿保险的被保险人或者受益人向保险人请求给付保险金的诉讼时效期间为 5 年。借鉴其他国家或地区的立法经验,笔者认为,执行时效的时限可以在 5 ~ 10 年的区间内进行选择,根据我国社会经济的流转与人们交易互动习惯的实际情况来设置最为恰当的执行时效的时间期限。

另外,根据我国 2015 年最高人民法院《关于适用〈中华人民共和国民事诉讼法〉的解释》第 519 条规定,"依照前款规定终结执行后,申请执行人发现被执行人有可供执行财产的,可以再次申请执行。再次申请不受申请执行时效期间的限制"。从立法条文来看,该法条的内容与执行时效在适用上发生了冲突。执行时效制度规定第一次申请执行起到的是时效中断的效果,再次申请执行还是要受申请执行时效的限制。该法条与执行时效制度存在理论上的矛盾,使执行时效的适用无法实现最初的设立目的。因此,如果适用执行时效制度,应当将该法条以及相关内容予以删除,以保证规范体系的圆融性。

(三)执行时效适用的权利范围

关于消灭时效的客体,也称为消灭时效的适用权利范围。现阶段,根据最高人民法院对诉讼时效的规定,诉讼时效仅适用于债权请求权,支配权、形成权和抗辩权等都不适用诉讼时效。另外,我国主流学说认为,物权请求权不适用诉讼时效。① 同时,对于人格权上请求权、身体权上请求权和知识产权上请求权,若是涉及财产给付的,适用诉讼时效,若是不涉及财产给付的,则不适用诉讼时效。当然,前者被纳入债权请求权的范畴,后者则不是债权请求权。

诉讼时效制度并不是适用任何类型的权利,其有自己的适用权利范围。对于执行时效,其是指执行名义上所承载的私法上请求权的权利保护时限,而生效法律文书中所确定的实体权利并不仅限于债权请求权,还可能是如物权请求权等不适用诉讼时效的其他权利。面对这种现实情况,在构建执行时效体系时,应该如何选择其适用权利的范围?

笔者认为,在将申请执行的期限界定为执行时效的前提下,其适用权利范围应当与诉讼时效的适用权利范围同步,二者适用相同的权利范围。理由如下:第一,诉讼时效的制度价值是判断诉讼时效适用范围的一个重要参考标准。② 同理,执行时效也如此。执行时效制度与诉讼时效制度同为时效制度,发挥着相同的制度价值,二者有基本相同的设立目的,即督促当事人积极行使权利、维护社会公共秩序。既然二者有基本相同的设立目的,发挥着一样的制度价值,那么执行时效也应当与诉讼时效适用同样的权利范围更适宜。第二,执行时效制度与诉讼时效制度共同构成消灭时效制度,均属消灭时效的下位概念,如果对执行时效的适用权利范围作出与诉讼时效的权利适用范围不同的界定,这将会呈现出一种执行时效与诉讼时效二者"貌合神离"的状态,导致消灭时效制度在审判程序与执行程序中出现分裂,违反了共同构建消灭时效的初衷。第三,从立法态度来看,如果生效法律文书中所确定的债权请求权不在诉讼时效的规制范围内,即表明该请求权不受诉讼时效的约束,审判者不能运用诉讼时效的规定来判定其是否时效届满从而决定是否给予该权利公法上的保护。在不适用诉讼时效规定且赋予了该债权强制执行力的情况下,该债权进入了强制执行阶段,但此时法院却又在执行时效的问题上判定该债权的执行时效已届满,这在审判程序与执行程序中对同一债权的时效问题分别采用了两种截然相反的处理方式,使当事人的同一债权在这权利确认与权利实现的一整套流程中受到

① 参见尹田:《论诉讼时效的适用范围》,载《法学杂志》2011 年第 3 期。
② 参见李丹:《浅谈诉讼时效的适用范围》,载《法制博览》2016 年第 2 期。

了公法层面上完全相反的保护态度,从而形成了理论不可调和的逻辑矛盾。因此,笔者认为,被界定为执行时效的申请执行期限,其适用权利范围应当与诉讼时效一致。

结 语

随着时代的进步与社会的发展,民事执行理论也正朝着健康先进的方向努力发展,从前保留的一些法律制度的弊端也逐渐浮现出来,越来越不能适应社会现状的发展要求。初始的申请执行期间制度确实在某段时期发挥着积极的作用,但如今,申请执行的期限应当被界定为执行时效,其规制的不再是执行债权人的公法性强制执行请求权,而是执行名义上所承载的实体债权。与此同时,执行时效制度应当与诉讼时效制度并立,并共同规定在民事实体法当中,二者有独立的时限区间、起算方式、审查程序以及适用权利范围等规定。设立独立的执行时效制度,不仅弥补了司法保护的不周延性和维护了时效制度体系的完整性,还均衡了当事人之间合法权益的保护,体现了法律的公平正义。

执行改革

执行需要“航空母舰”

——以“查得到、冻得住、划得走、抓得回”为目标

谢长江 *

当前,从上到下发出誓言必须打赢“基本解决执行难”的“硬仗”,既然是“打仗”,除打赢战争需要一支高素质善打硬仗的执行队伍外,执行工作还必须具有先进精良的武器装备,“小米加步枪”时代已经过去,在社会经济发生了深刻变革条件下,人民法院执行装备的现代化升级改革,显得尤为紧迫。

一、执行队伍的武器装备供需矛盾日益突出

人民法院执行中,执行装备很重要。这些装备包括保障执行员人身安全的装备,更需要功能强大的寻找被执行人财产的武器装备。20 世纪 80 年代,人民法院的执行装备就是“发给执行员一支笔和一份生效判决”。那时案件较少,通过这种原始生产方式,执行工作能够运转。时至今日,每个执行员每年承办案件少则四五十件,多则数百件,甚至上千件,落后的执行装备显然已经不适应现时代执行工作发展的需要。

(一)网络查、冻、扣威力渐显但仍处于初级阶段

随着时代背景发生翻天覆地的变化,人民法院在查控被

---

* 重庆市第四中级人民法院执行局法官助理。

执行人财产方面的能力已经不同往日，如1000多家银行的总对总查询、11家银行的总对总网上扣划，对被执行人持有股票情况进行查询，对互联网金融（如支付宝、微信支付、QQ钱包）的查询，对车辆、船舶等进行查询等。这些网络查询，极大地改善了执行员寻找被执行人财产的大海捞针式的辛劳状态，节省了执行劳动力。

通过本人执行实践统计，如果临柜到银行，查询一单平均耗时0.5小时，冻结、扣划一单平均耗时1小时（尤以中、农、工、交、建行为首的国有银行采用同步上传审批制耗时较多）。以本人承办的一个案件为例，被执行人共12个（其中公司4个、自然人8个），通过总对总查询，返回可供执行的账户78宗，对该78宗返回结果予以线上冻结耗时0.5小时（15日异议期后），对其中能网络扣划的18宗线上扣划耗时0.5小时，合计1小时。如果采用临柜查询、冻结和扣划，耗时大约为156小时［78×(0.5+0.5+1)=156小时］，折算成工作日为20日，算上在途时间，仅仅完成该78宗查询、冻结、扣划，将至少耗时1月有余。总对总查扣对比临柜，执行效率提高至少250倍以上。这显然是执行生产力的跨越式提高，网络执行的效率与肩挑背扛的效率不可同日而语。

（二）“查得到、冻得住、划得走、抓得回”目标远未完成

一是网上扣划功能急需全部开通。目前线上查冻扣银行存款，还处于不完善的初级阶段，大框架有了，但是很多功能没有开通，如只有11家银行开通了线上扣划功能，开通比例不到1%。网络实现了“查得到、冻得住”，但是还没有实现“划得走”功能。以上面的执行案件为例，如果笔者要对剩余60宗冻结临柜扣划，不计在途时间，以平均每个工作日扣划6宗计算，预计将耗时2周以上时间。

二是全国联网查询不动产急需补缺。房地产的价值近年不断上涨，尤其是城市房地产和旅游景点房地产价值不菲，对人民法院执行工作意义重大。国务院自从2014年底公布《不动产登记暂行条例》实施到2018年已经过去3年多，人民法院无论是临柜还是网络查询不动产都仍然无法实现全国联网查询，导致部分“老赖”异地购房和景区购房逃脱人民法院强制执行。上面的执行案例，如果执行员到被执行人所在地不动产登记中心查询12个被执行人的不动产登记情况，算上在途时间，没有15个工作日是无法完成的。

三是线上无法查控被执行人恶意逃避行为。目前线上无法查询、控制被执行人行踪，对需要启动拘留和追刑的被执行人完全没有控制手段，基本上仍处于需要人力跟踪的阶段，以致成为令人头疼的“短板”。如笔者承办的执行案件中，被执行人游某长期躲避执行，其主要财产在判决生效前已经全部转移给妻子并办理了离婚登记。为了调查游某的情况，执行员带队五赴遵义，在函请公安机关和当地法院协助的努力下，通过多日蹲守，将长期居住在其前妻别墅旁星级宾馆里的游某抓获，并予以司法拘留。在拟对游某追刑的过程中，游某亲属主动兑现250万元并提供担保。鉴于游某积极认错的情况，法院提前解除对其拘留并暂停了追刑程序。哪知游某一被放出，立即消失不见，执行担保人也拒不还款。我们将担保人朱某追加为被执行人，对游某和朱某通过总对总对二人的银行账户全部予以冻结，并纳入失信名单。但据反映，该二人通过其好友继续在新疆、四川、贵州的多个项目工地投资施工，其坐不了飞机高铁就开车去，但是要固定其证据比较困难。特别困难的是，总对总对一些民营银行、基金、招投标项目、开办企业（股权）无法综合查询，需要承办人一家一家去临柜查询。在启动再次拘留和追刑过程中，鉴于上次被拘留的经验，游某和朱某十分狡猾和谨慎，躲避经验更加丰富，实施拘留十分困难，导致案件久拖未决。

四是无法查控被执行人动产和投资权益。由于执行没有侦查权（仅有调查权），缺少找寻被执行人动产（如车辆、投资权益）的技术手段，技术上受制于人，对价值较大的标的物，需要以个案协调交通警察部门或公安机关其他部门协助，耗时费力，是执行中的“软肋”。以上案例中，游某和朱某名下有豪华宝马、奥迪各2辆共4辆，价值超过200万元，都由本案予以“软查封”。但是苦于与被执行人“玩失踪”一样，查找不到车辆的具体行踪，定位跟踪不到具体车辆，无法执行被执行人较为巨大的责任财产。

以上的“短板”，总结起来就是“查不了、冻不住、划不走、抓不回”。四大“短板”是制约执行工作质量效率的关键。

（三）四大“短板”是制约执行生产力的主要障碍

四大“短板”，按照目前的线上查冻扣为辅、临柜查冻扣为主的实际窘况，以个案为例，网络查冻扣后再临柜找寻执行人财产，单个案件将耗费一个执行团队1个月以上的工作时间，算上后期的评估拍卖财产，单个案件将耗时1.5月以上，即一个执行团队年均最大负荷为办理8件执行案件。按照每年251个工作日推算，承办人所在中级法院执行员满负荷时年均办理执行实施类案件40件，平均单案耗时6个工作日；辖区基层法院执行员满负荷时年均办理执行实施类案件150件，平均单案耗时1.5个工作日。可以由此测算出，单案在中级人民法院只能完成$6/(20.9\times1.5)\approx20\%$的查冻扣任务即必须结案，基层法院只能完成$1.5/(20.9\times1.5)\approx5\%$的查冻扣任务即必须结案,否则案件就办不出去。

现时各级法院执行员普遍满负荷工作,没有闲暇时间。笔者在查阅个别基层法院办案情况时发现,个别执行员全年承办执行实施案件600件以上,这样的数字,即使阅卷也不见得能阅完,何谈执行质量和效率。“执行难”(执行质量和效率)之困境,就是如此产生的。

二、执行队伍对“航空母舰”的迫切需求

总结上文两个案例办理中急需解决的问题,一是急需对被执行人的金钱财产(包括银行账户、理财产品、互联网金融产品、保险产品等)实现线上查冻扣,以解决执行的效率问题;二是需要对被执行人的大宗财产如不动产、车辆、船舶等价值巨大的财产实现全国范围的在线查询、查封,以解决被执行人在全国范围的财产责任承担问题;三是对动产如车辆和被执行人的控制,需要建立一个一劳永逸的协作机制,而不是个案点对点协调,以提高协同执行的效率;四是对被执行人的社会活动、投资与消费,应采集所有的大数据供分析研判,提供执行。这样一个全面的执行武器集成平台系统,可以称为执行的“航空母舰”。

(一)“航空母舰”是执行团队小型化的强大支撑系统

执行“航空母舰”是提供给执行员的强大的火力支持系统,好比美军血战钢锯岭时呼叫数千公里外的太平洋航空母舰上予以强有力的火力支持。分析现代战争的成功范例,可以看出,战斗队伍日益小型化,以排或班为作战团队甚至两三人的小分队作战,成为战斗队伍主流,与我们的执行小型化团队十分相近。

不同的是,我们的执行团队,出门在外,所有的执行线索和执行路径,都要凭借执行员的全部智慧和勇气去独立完成,缺少在火力不足时呼叫“航空母舰”远程支援的强大后盾。执行“航空母舰”的需求,成为解决“执行难”的急迫需求。

(二)执行“航空母舰”是提高执行生产力主要途径

人民法院解决“执行难”(或者说案多人少)的问题,快捷高效的路径就是升级改造执行工具(执行装备)。根据马克思生产力理论,生产工具决定生产力的高低,要提高执行生产力,最好途径就是改善执行工作的生产工具。必须适应新时代的发展要求,对执行工作的生产工具予以大力改革。

(三)执行“航空母舰”是打赢执行攻坚战的重要装备

在现今社会经济发生深刻变革、经济全国流通加速的大背景下,任何拘束于一

地、一个行业的执行行为,无疑都是刻舟求剑、缘木求鱼式的执行狭路,无法真正解决“执行难”。将执行的触角深入经济的每一个角落,让被执行人的财产在强大的数据收集、研判和线上控制、扣划能力面前无所遁形,能够解决案多人少的巨大矛盾,能够极大提高执行质量和效率,是事半功倍地解决“执行难”的主要途径。马云说过,当一件十分困难的事情需要通过增加人力解决的时候,一定要减少人力,这样能够迫使决策者采用科技手段,跨越式地提高生产力,才能真正解决这个困难问题。执行工作正是需要采用这样的技术性革命,才能真正解决“执行难”。通过执行“航空母舰”的强大力量支撑,执行员可以实现高质量与高效率的小团队作战甚至单兵作战,在每一个执行员负担着几十件甚至几百件巨大数量的执行案件的情况下,没有“航空母舰”强大火力支撑,仍然凭着执行员的透支“奉献”,也很难打赢“执行难”的“硬仗”。

(四)执行“航空母舰”是廉洁执行的保障措施

建设执行“航空母舰”也是廉洁执行的必然要求。这是由于执行“航空母舰”自身具有强大的记录功能,任何一项执行措施都可以长时间留痕和随时倒查,能够有效降低执行团队小型化带来的道德风险。

三、执行“航空母舰”的功能构想

执行“航空母舰”的功能,着眼于查找控制财产(线上查、冻、扣)、抓获移动目标(车辆、被执行人)、智能辅助办案、综合分析研判四大功能模块。

(一)线上查扣冻被执行人财产

一是要全部实现对银行的线上查冻扣。线上查、冻、扣被执行人财产,是有效应对执行案件大量增加、案多人少的现实矛盾,提高执行质量和效率的必由之路。线上查封、冻结包含被执行人银行存款、股票、理财产品、互联网金融、保险产品、土地、房屋、车辆、船舶、航空器、知识产权登记等有登记和业务办理单位的所有财产。人民法院对查询银行存款做了巨大努力,现有1000多家全国、地方、公立、私立银行大多数都已经进入了人民法院的查询范围,并在第一阶段实现了“冻得住”功能。如前所述,这虽然极大提高了人民法院执行能力,但是因为只有少数几家银行单位具有线上扣划功能,大量的扣划业务仍然需要执行员临柜。实现线上“冻得住、划得走”,将极大节省全国执行队伍的人力资源,也是对国家司法资源的极大节约,因此,必须加快实现其全部功能。

二是要实现对其他重要财产的线上查询查封。由于经济的全国快速流动、配置,被执行人异地、多地购房置办不动产,已经大量涌现。而这些财产由于价值巨大,查找到后予以执行,对解决“执行难”具有不容忽视的作用。而现有全国不动产统一登记进度仍不理想,三四年都尚未落地,人民法院需要顶层督促协调早日实现一个统一的接口查询、查封。如对车辆、船舶、航空器等财产,现有系统有时能够查询到结果,有时又无法查询到结果。也就是说,运行情况尚不稳定,更不用说实现线上查封。如对专利的查封,需要各地法院奔赴北京,由国家知识产权局协助登记。这样的奔波在“互联网+”时代是可以借助于网络协助远程实现的。应当实现执行员足不出户的查询、查封。

三是要实现智能化查、冻、扣。冻结、扣划功能在现有系统的基础上,应当实现更加高度的智能化,即简单的问答式生成、发送、即存式储存、即时归档,比如,在执行案件立案进入执行后,系统询问是否查询被执行人银行存款,执行员只需要点击是,经确认不是误操作,即系统自动生成准确的法律文书并自动发送各银行单位,开始查询,并将查询结果及时呈现,系统自动分析研判遴选出哪些银行账户可供冻结,询问执行员是否冻结,经执行员点击确定冻结名单后,经确认发送各银行冻结,其后的扣划,也照此办理,所有环节全部自动排序存档,不需要执行员手动填卷,也不需要执行员或书记员录入执行节点,因为系统已经准确记录各个执行节点,以节省执行员的办案时间。

人民法院对被执行人全部类型财产的线上查、冻、扣,好比航空母舰的全方位侦察、打击能力,建立这样的系统是人民法院类似于建立“大型航母”的独一无二、一劳永逸的硬实力,对解决“执行难”具有举足轻重的重大意义。

(二)线上实时追踪被拘留人和扣押车辆行踪

拘留被执行人和扣押车辆,是执行中最耗费办案资源的两件大事。对一些执行标的不大的案件,拘留到被执行人并迫使其立即兑现全部案款的比例极高,或者执行到一辆车也基本上能解决大部分执行案件。这两件大事因为都是人民法院自身事务,无法完全交由其他职能部门如公安机关、交通管理部门办理,只能请求相关职能部门协助。以往的点对点联系协调拘人、扣车事务,有些地方与相关职能部门协调合作很好,效率较高,但是大部分地方协调配合不尽如人意,开始时顺畅,其后就流于敷衍推脱,以致实际拘留到位的比例偏低,对车辆采取“软查封”意义不大。

公安机关对抓人和抓车具有强大的专业优势,主要是凭借其专业情报分析能力。而根据我国《宪法》的职能安排，侦查权由公安机关、检察机关、监察委专项行使，不可能授予人民法院侦查权限，人民法院根本不可能自行建立一套对抓人、抓车的情报分析系统。要解决这一突出困难，应当依靠人民法院与公安机关互相配合、互相制约的宪法安排，由顶层协调，建立人民法院有条件、有限度地授权使用公安机关的情报分析系统的制度。具体的设想是，人民法院正在办理的执行案件，作出了拘留决定书，无法查找到被执行人(或车辆)，经执行员提请院领导审签后，进入公安机关专用接口，经公安机关情报系统匹配案件和被执行人的身份信息成功后，开放该被执行人(或车辆)情报，并由接口双方记录情报情况供倒查。这样的顶层制度安排，原理上与人民法院查询被执行人银行存款情况类似，其安全性和效率性已经经过充分论证和实践检验。

(三)智能辅助办案

一是执行应自动接驳审判资源信息。对数据的重复、广泛、深层次利用，是数据时代能够深刻变革生产力的重要原因。现有人民法院执行，在执行的时候另行立案，原审判环节的所有数字存储内容与执行系统完全分离，审判信息无法在执行环节中使用，案号、当事人信息、裁判结果、财产信息都需要在执行立案环节再次人工输入，造成审判执行人力资源的重复，对审判环节当事人争辩和透露出来的财产信息，执行员需要重新向当事人调查、核实，造成当事人和执行员的重复诉累。构想的情况是，执行立案不需要执行案号，审判案号就是执行案号。对生效裁判通过国家强制力予以执行，是法治的当然含义，因而不应当为同样的诉讼事项产生对数据的重复司法统计，从而避免人为放大案件数量。将全国审判案件纳入统一的智能辅助系统，申请人申请对生效裁判予以执行，只需要在书面申请中提供裁判案号和诉求即可，执行立案时系统自动对应审判系统，将本案的全部审判信息自动关联到执行案件中，以供执行员分析研判。对未导入人民法院审判执行系统的仲裁、劳动人事仲裁、公证债权文书等可供执行的生效法律文书，能够接驳导入人民法院审判执行系统的，应当全部接驳导入；暂时无法接驳导入的，应通过扫描、人工录入等方式全部导入。

二是所有执行环节全部实现智能化。比如，向被执行人发出执行通知书、报告财产令、纳入失信名单、限制消费令等，全部通过执行智能辅助办理，即系统自动向执行员发出执行节点询问，经执行员点击确认无误后，系统自动准确生成法律文书，提供打印。案件办理完毕，智能辅助系统自动提示是否打印案卷和刻录光盘，执行员经点击确认后，系统自动打印案卷和刻录光盘后实物卷归档。

（四）综合分析研判功能

一是系统研判采取何种执行措施。系统通过对被执行人的财产查询，可以优先采取何种执行措施，以降低执行员的道德风险，避免选择性执行。如银行存款足够执行标的时，系统研判可以优先扣划后结案；如银行存款不足执行标的时，则系统自动转向寻找被执行人的不动产，研判是否启动对不动产采取查封措施、启动评估拍卖程序。

二是研判被执行人的拒执可能性。当其他可能的存款、动产、不动产等财产都不足以清偿债务时，系统启动研判近年来被执行人银行存款流水情况、进入执行后银行存款递减情况、被执行人网络购物情况、银行电子交易情况、手机通话时长和金额情况、乘坐飞机高铁等交通工具情况、车辆行驶收费公路情况、酒店宾馆住宿情况等。

三是研判被执行人社会活动情况。通过搜集网络报道，综合分析研判被执行人参与社会活动情况，通过图片自动甄别其出入社交场合地点，一方面可以据此启动拘留程序（或扣押到其车辆等），另一方面为追究被执行人拒不执行判决、裁定罪搜集到初步证据以供公安机关参考。

以上四大功能模块，当然并不排除传统查冻扣手段的行使，在设计时应当留出相应模块，供手动添加传统查、冻、扣情况。但是传统查、扣、冻手段只是辅助手段，不应当成为新时期执行工作办案的主要手段，否则提高执行质量和效率的目标将遥遥无期。

四、以“航空母舰”为中心的现代化执行战争

执行的四大功能模块，集成为强大的执行“航空母舰”，依托执行“航空母舰”的查冻扣功能，以及找人找车和分析研判的功能，执行员在路途不断奔走的艰辛过程将逐渐成为历史，执行将向“一支笔、一份判决”就能解决事情方向回归。现有的对执行员、执行法院烦琐的考核节点和数据，也将成为历史。因为每一个案件一旦进入执行系统，就必须完成一套标准化的执行过程，能够杜绝选择执行、随意执行、违法执行等弊端，绝大部分执行工作都可以通过点击鼠标完成，基本上能够实现执行工作的无纸化办案，极大节约办案成本、提高办案效率。

一是具有强大运算能力的中心控制。案件立案进行执行后，自动生成全国执行

数据库中的执行案件,其查找财产范围面对全国,被执行人即使将财产转移到天涯海角,也无法逃避执行。这个控制中心应当具有强大的储存能力和运算功能,接口标准和传输制式能够统一,参考公安系统情报系统,操作使用简单便捷,避免重复劳动、烦琐的文字输入和多层级审核等降耗效率的设计。每一个法院的现有执行指挥中心纳入数据库,通过异地备份和冗余运算能力调配,提高系统的运算速度和安全性能。

二是数据深度关联融合的落地端。每一个法院的执行人员的办公PC,应当安全接入全国执行数据库,对每一个执行员所办案件,随时可以生成,随时进行统计,随时能够监督。这样强大的功能,必然伴随海量的数据传送,这些数据能够成为大数据深度利用的宝贵资源,供人民法院今后审判执行工作中反复利用,而不是将其束之高阁。对生效裁判文书的深度关联和利用,也应如此。在案件执行中,对当事人关联的案件,通过分析研判,此案件中属于申请人,彼案件中属于被执行人的,应通过系统自动提示关联并处理,以免当事人恶意转移执行到位财产;对同一被执行人涉及较多执行案件,应合并处理。

三是自动生成全国法院执行协作任务。执行数据库的建立,使全国法院的协作办案成为可能,避免现时的网上委托的烦琐程序。比如,甲地法院的执行案件,通过财产查找发现被执行人在乙地具有价值不菲的房产,经系统查封后,系统自动向执行员询问是否委托乙地法院对该房产予以司法评估拍卖,执行员可以在点击是并确认无误后,呈交领导审批后通过,系统自动提交到乙地法院,由一地法院予以司法评估拍卖,系统会同步生成准确的相应法律文书,供乙地法院下载打印,作为处置的对外出示凭据。系统会自动记录委托处置的数据和质量效率,以便极大节约甲地法院到乙地处置房产的司法成本。

四是建立执行员外出移动PC任务。执行员工作辛苦,常年奔波在外,警车和宾馆就是执行员的家,因而对在办公室里工作PC上的案件往往来不及处理,经常有执行员白天出差、晚上回办公室录数据的情况,严重透支执行员的身体健康。竭泽而渔是非应鼓励的行为。因而应当将执行员的移动PC通过安全的数字加密技术手段接入执行数据库,执行员在办案途中就能够将数据、音像资料传输进执行数据库中并保存,也能够随时在办案途中调用执行数据库中的资源,方便执行。更重要的是,移动PC就是一个执行团队外出执行任务的呼叫器、联络所、影像记录仪。按照现代技术,一台移动PC就能解决以前一台移动执行指挥车的全部功能。最高人民法院曾经配发的每台耗资近万元的单兵设备(DS－6102HL 手持视频终端),经执行实践检验并不实用,唯一长处是具有实时影音传输功能,但因其笨重、不便于携带隐藏、续航时间短、操作程序复杂等弊端,遭到大部分执行员的弃用。因而在定制移动 PC 时,应紧跟电子设备轻便、小巧、待机时间长、操作简单的发展步伐,精心选择实用的移动 PC。在面对外出抓人、扣车等移动目标任务时,不可避免可能出现执行力量不够的问题,通过移动 PC,执行员可以即时将任务的紧急性予以设定,数据库应自动指挥就近的执行法院立即进行适配的执行力量增援,并将现场实时影像传输回执行法院指挥中心,这种应急处置应作为系统自动记录的考核指标。

可以相信,以执行“航空母舰”为依托的现代化执行战争,其体系建设完成之时,就是解决“执行难”之日。那时候,已经不会有结案考核率、数据造假等弊端,也不会有终本案件。由于案件数据在系统中所占空间微乎其微,所以不用也不必让未执行完毕的生效判决进入人民法院档案库中。在设定一个比较长的时间(假设经论证为20 年),数据库自动定期查询后依然无财产可供执行,案件终结执行,执行案件退出执行,退出机制生效。通过正当的法律程序,让一切应当担负的法律责任必须担负,让一切已无担负意义的法律责任归零。

对执行队伍而言,建成执行“航空母舰”的梦想是美好的。有梦想才有希望,没有梦想的队伍,看不到光明的前程。梦想不灭,奋斗不止,应为执行队伍的担当。

“执转破”之实践困境与对策研究

蒋　睿*

受多方面因素影响，我国企业退出市场机制并不畅通，司法中存在“破产难”，市场中存在大量“僵尸企业”。在经济新常态下，“僵尸企业”退出市场，市场才能保持足够的活力。在此大背景下，2015年2月施行的最高人民法院《关于适用〈中华人民共和国民事诉讼法〉的解释》（以下简称《民诉解释》）首次规定了执行转破产制度，但该制度施行3年多以来，效果并非如初衷。

一、“执转破”之实践与困境

“执转破”制度的建立，正式宣告企业法人在执行中不再适用参与分配制度。其实，参与分配制度建立伊始，原则上就只适用于自然人和其他组织。最高人民法院《关于人民法院执行工作若干问题的规定（试行）》规定，被执行人为企业法人，其财产不足以清偿全部债务的，可告知当事人申请其破产。但该规定第96条留了一道“后门”，导致参与分配制度被扩大适用，广泛用于企业法人执行，告知破产形同虚设。《民诉解释》规定不移送破产的，按照财产控制的先后顺序受偿，目的是倒逼申请保全、执行在后的债权人同意执行法院将被执行企业法人移送破产，以解决破产案件受理

* 重庆市江津区人民法院执行局执行监督科副科长，法官。

难问题,加快“僵尸企业”退出市场的速度,化解执行积案,推动“基本解决执行难”。

《民诉解释》刚施行时,多数当事人并不知道“执转破”制度,执行法院也往往不询问当事人。《“基本解决执行难”第三方评估指标体系》将“是否征求意见”作为三级指标,要求执行法院主动询问当事人是否同意破产。然而在实践中发现,很多当事人不同意移送破产,即使是查封、冻结、扣押在后的债权人,也很少同意移送。笔者所在法院直到 2017 年年底,尽管破产案件同比大幅增长,但无一件系“执转破”而来,直到 2018 年年初才有案件启动“执转破”程序。笔者曾参加高级人民法院组织的执行工作巡查组,发现辖区法院“执转破”数量极少并非个案。高级人民法院执行部门也一直未要求下级法院上报“执转破”数据和典型案件。笔者曾到东部地区部分基层法院考察,发现“执转破”制度在东部地区的适用也是“冷热不均”。

以上现象说明,“执转破”制度在司法实践中遇到了困境。一项期望值很高的制度在实践中却遇到困境,是制度本身不接地气,还是有的执行者不愿落实,抑或是其他因素影响效果发挥?原因值得分析。

二、“执转破”困境形成原因分析

“执转破”制度的运行主体为申请执行人(债权人)、被执行人(债务人)、执行法院。经分析发现,这三类主体对适用该制度均缺乏动力。此外,该制度在运行过程中受到其他因素影响,作用发挥受到制约。

(一)债权人启动“执转破”程序缺乏利益驱动

1. 破产程序对债权人没有吸引力

破产程序时间长、成本高,对债权人缺乏吸引力。我国《企业破产法》对破产程序规定了严格的审理流程,办理破产案件需耗费大量时间,特别是一些社会影响大、波及范围广的重大疑难复杂案件,法院还需协调各方利益关系和矛盾冲突,审理期限容易一延再延。我国《企业破产法》对破产财产清偿顺位作了明确规定,普通债权在破产成本费用(包括共益债务、破产费用、管理人报酬等)、职工债权、税收债权、优先权、担保债权之后,受偿率往往非常低,甚至为 0。企业进入破产程序后,其债务将被全面清查,许多原本未进入司法程序的债权将被纳入受偿,可能出现启动破产程序后,执行债权受偿率比不启动还低的情况。因此,作为理性经济人,债权人不愿意“为他人作嫁衣”,启动“执转破”程序,而是希望在执行程序中尽快、尽量受偿。

2. 债权人心存侥幸和幻想

一是受观念影响，债权人认为企业破产就是“死掉了”，债权将来再也没有受偿的机会了，企业没破产，就是“还活着”，将来有可能“咸鱼翻身”，有能力清偿债务。二是当前社会诚信度低，许多企业治理极不规范，故意违规违法，抽逃出资、隐匿财产、做假账、公款私存、账外走账的现象比比皆是。法院在执行过程中未查到企业财产，不代表企业真的没有财产，将来也许还能发现其财产，甚至将股东追加为被执行人。出于这两点考虑，债权人也不愿意启动“执转破”程序。

3. 债权人之间存在博弈

破产程序中，债权人的受偿顺位与执行程序不同。基本个体利益的考量，不同类别的债权人对“执转破”的态度存在区别。查封冻结在后的普通债权人也许愿意启动“执转破”，但享有优先受偿权或查封冻结在先的债权人宁愿通过执行程序迅速受偿，不愿主动启动“执转破”程序，甚至还会阻挠他人启动。

(二)债务人不愿启动“执转破”程序

1. 社会观念对企业破产缺乏包容

虽然我国《企业破产法》已施行多年，但社会观念对破产仍怀有偏见，认为破产就是逃债，缺乏对企业经营失败的包容，[①]企业经营者为少受道德上的责难，不愿主动选择企业破产。

2. 破产会暴露企业经营中的问题

破产需要厘清企业的资产负债情况，必然让企业的生产经营情况和各类账册彻底“曝光”。因很多企业经营极不规范，细查之下，企业及其股东、高管违规违法经营乃至犯罪行为都将暴露。根据法律规定，如果在破产过程中查出股东、高管未尽勤勉义务的，还可能追究个人责任。[②] 实践中，很多股东、高管经不起细查，不进入破产程序，这些问题往往能被掩盖。基于这样的考虑，被执行企业法人不会同意“执转破”。

3. 决策者同意“执转破”对自己没有好处

企业法人只是拟制人，其决策终究是由自然人作出，能决定企业申请(同意)破产的是股东。对于股东而言，同意企业破产对自己没有任何好处，因为达到破产界

---

① 参见韩蓉、徐阳光：《“执破衔接”之问题与对策研究》，载《法制与经济》2016 年第 7 期。

② 参见潍坊市中级人民法院课题组、姜树政、叶伶俐：《关于完善执行转破产程序的调研报告》，载《山东审判》2017 年第 1 期。

限的企业一般都是资不抵债，经过破产清算之后更不可能有剩余财产对股东进行分配。① 并且，破产程序中有股东出资提前到期制度。相反，股东对企业承担的是有限责任，即使不同意破产，对自己也没有坏处。

4. 企业在陷入困境时更有冒险冲动

公司法人制度通过有限责任保护股东从而刺激、鼓励交易，这种保护本身就会诱发投资者的冒险热情。对于经营已陷入困境的企业，可能会放大这种投机冒险的热情，其股东或经营者可能会产生继续经营的冲动。② 这种冲动类似于赌徒心态，暗示自己坚持走下去就会走出“泥潭”，在行为上常常表现为以民间借贷方式（有些是高利贷）融资，试图挽回败局，结果背上更加沉重的债务，将企业拖向更加糟糕的境地。

5. 企业经营者对企业存有感情

作为创业者的企业经营者对企业往往投入了大量心血，与企业建立了深厚的感情。一旦企业宣告破产，经营者在情感上可能一时难以接受。如果企业进入破产重整程序，股权将发生重大变化，经营者往往丧失对企业的控制权和话语权，心有不甘。

6. 企业经营者宁愿选择逃避执行

企业经营出现问题时，其融资也会面临困境，银行会减少或停止放贷，企业不得不转向民间借贷。无论是金融机构，还是民间借贷出借人，经常要求企业股东或法定代表人提供担保。为了获得贷款，维持企业运转，企业股东或法定代表人不得不接受这一条件。这样，即使企业宣告破产，担保人仍然得继续偿债。当企业法人和股东、法定代表人都成为被执行人，股东或法定代表人宁愿选择“跑路”，逃避执行，也不会考虑企业破产问题。

（三）法院适用“执转破”不够积极

1. 破产审判力量不足

我国绝大多数法院没有设立破产审判庭，破产案件一般由商事审判部门负责。近几年，随着经济下行，商事审判案件大幅增长，增幅远远超过审判力量的增长。与一般商事审判案件不同，破产审判耗时耗力，对程序和技术的要求高，涉及保全的解除，管理人的选任，企业生产所需的水电供应保障等各种协调事宜，现有的司法人力

---

① 参见李帅：《论执行案件中法院职权主义破产启动程序的构建》，载《法律适用》2015 年第 11 期。

② 参见刘旭东、陆晓燕：《效益法则框架下“执转破”之功能透视及其制度建构》，载《法律适用》2017 年第 11 期。

资源应对破产程序显得捉襟见肘。[①] 审判人员中,具有破产审判经验的人员所占比重过低,既有强制执行经验,又有破产经验的人员更是寥寥无几,影响了执破衔接的效果。

2. 法院内部部门存在博弈

执行部门向商事审判部门移送破产案件,即可中止执行或终结本次执行程序,这会降低执行部门的工作量。如果执行部门把"执转破"制度看作"丢包袱",那么,一年移送几十、几百件"执转破"案件都不是不可能。而审判部门应对现有当事人申请破产的案件都已经捉襟见肘,执行部门要是真移送那么多破产案件,审判部门必然不堪重负,甚至引发部门之间的矛盾。另外,许多法院的破产审判工作仍处于起步阶段,如果破产案件涉及各方面关系过于错综复杂,审判部门多缺乏应对能力。如果执行部门为了"丢包袱"将过于复杂的案件移送破产,则可能使"执行难"变为"破产难",无益于问题解决,也不利于债权人权利的保护。

3. 法院之间存在博弈

如果有数家法院同时执行某一企业法人,启动"执转破"的法院,中止执行的时间会早于其他法院。根据我国《企业破产法》和最高人民法院《关于执行案件移送破产审查若干问题的指导意见》规定的流程推算,从"执转破"的法院中止执行到通知其他法院中止执行,期间至少有半个月,如果是跨中院辖区移送破产案件,间隔时间会更长。这期间内,启动"执转破"的法院中止执行了,但其他法院并未中止执行。前者的案件无法兑现了,后者的案件还有可能兑现,这会让前者的执行案件质效受影响,让前者有"吃亏"的感觉。有的法院为避免"吃亏",宁愿不适用"执转破"程序。

4. 执行部门对适用"执转破"心存顾虑

首先,前已论述,企业进入破产程序后,执行债权受偿率可能降低,并且将来再无受偿可能,申请执行人可能将不满转嫁法院,执行人员不愿意面对这类胡搅蛮缠,宁愿不适用"执转破"。其次,如果当事人同意"执转破",执行人员需要准备相关材料移送。这是一项新制度,大家都没有经验,担心准备的材料被受理法院退回,白做无用功。所以执行人员出于"多一事不如少一事"的心态,宁愿引导当事人自己去有

---

① 参见刘现珍:《民事执行案件中职权主义强制破产程序的构建》,山东大学法学院2015年硕士学位论文,第10页。

管辖权的法院申请破产，而不适用“执转破”。最后，当前法院执行手段仍显不足，难以查明被执行人的真实财产状况。案件裁定终结本次执行程序，也不当然意味着被执行人确无财产。有些财产暂不能处置，也无法判断被执行人是否达到破产界限。例如，有些建筑公司几乎查不到存款，又承建着一些工程，还有工程款未结算，显然不能简单认为符合移送破产的情形。又如，有些运输公司名下什么财产都查不到，但挂靠了几十辆，甚至上百辆车，每年收的管理费以十万元计。其银行账户上一直没钱，显然存在公款私存的情形，但法院凭现有手段和精力难以查实究竟是存在何人账上，即使查明，如何采取措施，也缺乏法律明确规定。在这种情况下，法院即使终结本次执行程序，也不敢认定企业符合“执转破”条件。[①]

5.“执转破”化解的执行案件有限

建立“执转破”制度的初衷之一是化解法院大量终结本次执行程序的积案，使之彻底退出执行程序，减轻执行部门的负担。然而实践表明，这一想法“过于理想化”。[②] 当前有许多借款合同案件，企业与自然人同为被执行人。只把企业法人移送破产，还得继续执行其他被执行人，仍无法化解执行案件。“执转破”最有利于工资、工伤执行案件的化解，对于近几年“井喷式”增长的民间借贷案件，其化解功能有限。

（四）外部因素影响“执转破”发挥作用

1.制度供给不足

虽然“执转破”制度不断完善，但仍显不足。一是破产法院受理“执转破”随意性较大。如果执行法院和被执行人住所地法院不同，前者认为被执行人符合破产受理情形，而后者完全可能出于“不愿接包袱”的考虑，想方设法不予受理，或驳回申请。这是在滥用受理审查权，但却缺乏制约手段。二是破产程序“一刀切”。普通民商事案件有简易程序和小额诉讼程序，但所有企业破产案件都遵循同样的程序，这是商事审判部门对“执转破”积极性不高的原因之一。对于债权债务关系简单且已停产的企业，能否也规定一种简易程序？三是破产程序终结后出现“注销难”问题。破产程序终结后，管理人办理企业注销时，会遇到因债务人有子公司、分支机构而工商行政管理机关要求管理人完成注销子公司、分支机构并提供注销凭证，否则不予

---

① 部分申请执行人不同意移送破产，也是基于存在这样的情况。

② 课题组成员曾到江苏省某基层法院考察，与当地法院执行法官交流时，对方表达了这一观点。

注销债务人(母公司或总公司)的情形。[①] 要解决这一问题,又得花费额外成本,增加工作量,影响法院适用“执转破”的积极性。

2. 地方政府态度谨慎

地方政府对企业破产一向态度谨慎。从经济发展角度来讲,某地企业破产数量多,会给人造成一种当地“经济出了问题”的感觉,进一步恶化投资环境。对于当地政府来说,这并非一件光彩的事。少数地方政府盲目招商引资,缺乏必要警惕,只顾投资意愿,不顾投资实力和项目好坏。对于这些企业,破产意味着招商失败,政府不愿承担招商不力的责任,也不愿随意启动破产程序。[②] 企业破产必然带来职工安置问题。解决职工安置问题的司法保障限于职工债权优先受偿,职工再就业等后续保障有赖于政府公共职能予以支撑。然而,因缺乏长效协调机制以及明确的政策支持,法院往往只能通过个案协调推动职工安置,协调效果也因案而异。[③] 对于职工较多的企业,职工安置问题极易引发社会稳定问题,因此会被政府视为“烫手山芋”,不愿接手,而法院更不可能独自面对这一社会稳定问题,故不愿启动破产程序。

三、“执转破”困境引发的问题

“执转破”制度在司法实践中遭遇的困境,使我国《企业破产法》无法充分发挥市场调整作用,又无法满足经济“新常态”对市场机制的需求。这种困境会引发下列问题。

(一)加剧法院“执行难”

“执行难”是困扰我国司法工作的痼疾。作为被执行人的企业无可供执行财产,又没有破产,执行法院只能裁定终结本次执行程序。这只是一种程序性或者叫技术性结案,在司法统计中作为结案数但债权债务关系并未消灭,即所谓“案结事未了”。申请执行人将来还会申请恢复执行,使法院实际受理的执行案件数常年居高不下,大量恢复执行案件占用不少司法资源,影响首次申请执行案件的办理,也使法院存在大量执行积案,执行工作无法“轻装上阵”。案件长期不能执行完毕,许多申请执

① 参见徐孟君、侯茹玉:《浅谈执转破案件若干实务问题》,载《市场化破产高峰论坛论文集》(下卷),深圳,2017年11月,第178页。

② 参见潍坊市中级人民法院课题组、姜树政、叶伶俐:《关于完善执行转破产程序的调研报告》,载《山东审判》2017年第1期。

③ 同上。

行人会选择信访方式给法院施加压力，严重影响法院执行公信力。当前，全国法院正在开展“基本解决执行难”专项行动，大量案件终结本次执行程序，显然不利于“执行难”的解决，反而会加剧这一问题。

（二）可能导致受偿不公

根据《民诉解释》第516条的规定，被执行企业法人不进入破产程序的，普通债权只能按照财产保全和执行中查封、扣押、冻结财产的先后顺序受偿。这一规定体现了“法律不保护在权利上睡觉的人”这一法谚，虽然能激励债权人主动查找被执行人的财产，但随之带来了公平问题。这会让申请执行人陷入保全竞赛中，真正能在保全竞赛中胜出的，往往是那些资金实力、信息力、谈判力都处于优势地位的申请执行人。相对而言，处于弱势地位的申请执行人的债权更难以得到保障。这在执行清偿过程中形成了“马太效应”，形成了实质上的不平等。①

（三）参与分配制度被继续适用

“执转破”制度排斥参与分配制度适用于法人的强制执行，但实践中的情形比法律规定得复杂。如果某债权人向法院提供欠债企业法人的财产线索，法院采取控制性措施，该债权人对财产可优先受偿，这符合法律规定，也容易被其他债权人理解。但司法实践中有这样的情况，企业法人负债累累，案件陆续进入执行程序，法院反复依职权查询被执行人财产，在办理先进入执行程序的案件时未查到被执行人银行存款，在办理后进入执行程序的案件时查到并扣划。此时，如果让扣划存款的那件案件的申请执行人优先受偿该笔存款，明显不公。还有一种情况是，法院多件案件同时执行同一企业法人，法院依职权查到被执行人有少量财产，并案处理，以某一件案件的名义执行该财产。执行到位的标的款如果让该名义案件的申请执行人优先受偿，也会引发公平问题。执行法院为体现公平，减少矛盾，会倾向于适用参与分配制度，但这样一来，会与法律规定相冲突。

（四）诱发道德风险和信用风险

对于那些符合破产条件却未进入破产程序的企业，其主体资格依然存在。这样的企业仍可能继续从事明知不可能完成的交易活动，承担明知不可能履行的义务。这样的行为实为欺诈，由此诱发企业的道德风险。虽然最高人民法院建立了被执行人名单库和失信被执行人名单库，并在互联网公开。但在现实中，许多市场主体风

---

① 参见李帅：《论执行案件中法院职权主义破产启动程序的构建》，载《法律适用》2015年第11期。

险意识弱,在交易前不会查询交易对象是否在这两个名单库中,导致经济损失难以挽回。

道德风险的后果不仅是侵犯交易相对人的经济利益,也会损害社会信用体系。市场交易主体追求自身利益最大化是符合市场规律的,如果人们从不诚信行为得到的好处大于他为失信所付出的代价,他自然会放弃诚信。① “当破而不破”的企业甘冒道德风险的同时,也破坏了诚信,并引发了信用风险。

四、解决“执转破”困境的对策

(一)观念重塑

1. 构建破产文化

当事人不同意“执转破”很大程度上是受观念影响。观念属意识范畴,根据物质决定意识的原理,目前仍应大力发展市场经济,逐步构建“小政府,大社会”格局,通过高度发达的市场经济改变现有观念。加强内生性文化建设,引导舆论、加大宣传。一是增强风险意识。让公众意识到市场有风险,有赚就有赔。对于债权因市场风险无法受偿,要正确面对,不怨天尤人。二是提升对企业破产的包容度。企业只要合法、正常经营,经营失败乃至破产清算、退出市场,是市场经济运行中的正常现象,没有道德上的可非难性,恰恰能让市场经济更健康地发展。

2. 当事人转变观念

对于债权人来说,一是要正确认识破产制度的功能。某种程度上讲,破产程序是更彻底的执行程序。有些问题在执行程序中无法认定和解决,但在破产程序中就可以处理。二是要抛弃不切实际的幻想。现实中,多数中小企业经营陷入困境后,关门歇业,人去楼空,能维持惨淡经营的已属不易,债权人不要总是幻想债务人还能“咸鱼翻身”。对于债务人来说,一是要认识到,破产程序实质上是对诚信经营者的保护机制,其与我国《公司法》的股东有限责任理论一脉相承。② 企业只要守法经营,诚信交易,就不必担心道德上的可非难性。二是应当冷静分析,准确判断形势,不要总想着能“触底反弹”,而要当断则断,以免让自己陷入更加不利的境地。

---

① 参见佟凤英:《对构建社会信用经济体系的若干思考》,载《黑龙江社会科学》2004 年第 3 期。

② 参见余慧娟、程顺增:《执破衔接程序启动的障碍与对策探析——基于破解“执行难”与僵尸企业清理的双重考量》,第八届中国破产法论坛暨《企业破产法》实施十周年纪念研讨会论文,北京,2017 年 6 月,第 192 页。

（二）完善相关制度

1. 建立简易破产程序

2018 年 3 月发布的《全国法院破产审判工作会议纪要》明确建立破产案件审理的繁简分流机制，同时又规定每一步“不得突破法律规定的最低期限”。我国绝大多数企业法人属小微企业，这些企业债权债务关系多数比较简单，许多当事人也希望尽快核清企业的债权债务，处置资产，使各方早日脱身。而不突破法律规定的最低期限就意味着破产审理效率提升空间有限，故有必要建立简易破产程序。对此，实践中已有部分地方做了探索，但做法尚不统一，有必要进行顶层设计。

2. 简化执破衔接程序

执行案件移送破产审查，以中级人民法院管辖为原则，基层人民法院管辖为例外。多数时候，被执行人的住所地就在启动“执转破”程序的基层执行法院的辖区。中级人民法院只是审查破产案件是否应当受理，受理后又交回基层人民法院审理，这对中级人民法院的破产审判专业化建设并无多大帮助，反而使“执转破”移送程序变得复杂，降低了效率。笔者认为，应简化“执转破”移送程序，将破产立案审查管辖权下放基层法院。当执行法院与破产法院系同一法院时，无须移送中级人民法院审查，只需在法院内部，从执行部门移送立案部门审查即可。如果跨基层人民法院移送破产，为防止乱移送，仍应由中级人民法院审查是否符合破产受理条件。

3. 探索建立依职权破产制度

目前的“执转破”制度本质上还是依申请破产，无论有没有“执转破”制度，债权人和债务人都缺乏申请破产的动力。为解决单一破产制下我国《企业破产法》适用不足的问题，一些研究者提出了依职权“执转破”的构想，并对主体、管辖、程序、审查、救济、保障等方面进行了制度设计。① 笔者认为，该制度的实施，将使破产案件大幅增长，且需以解决企业财务规范问题，建立简易破产程序，实现破产审理队伍专业化为前提，宜作为长远目标，先做好理论准备，再缓慢试点推进，待时机成熟后再全面施行。

4. 规定企业只能通过自身基本账户纳税

实践中发现，一些企业账户里没有资金往来，但却正常纳税，一方面说明企业正

---

① 参见李帅：《论执行案件中法院职权主义破产启动程序的构建》，载《法律适用》2015 年第 11 期；刘现珍：《民事执行中职权主义强制破产程序的构建》，山东大学法学院 2015 年硕士学位论文，第 21～26 页。

常经营，但财务方面有违规违法行为，另一方面说明企业使用其他账户纳税，甚至由他人代为缴纳税款。这完全是规避执行的行为，但法院不掌握企业真实地址与资金流向，很难采取相应措施。笔者建议，明确规定企业只能通过其基本账户缴纳税款，不允许通过其他账户缴纳，不允许现金缴纳，即使他人代为缴纳，也必须将钱存入该企业的基本账户。此方法可对一些被执行企业起到“釜底抽薪”的效果。法院一旦冻结企业基本账户，企业无法完成纳税，可倒逼其主动履行义务，即使不能一次性履行全部义务，也可与申请执行人达成执行和解协议，并遵照履行。

（三）加强破产审判队伍建设

破产程序的复杂性对内体现在涉及多个部门法，对法官专业素养要求高，对外体现在与政府相关部门、各方当事人、破产管理人等的沟通协商需要耗费大量精力，对法官综合能力要求高。因此，应加强破产队伍的建设，调配优秀法官，组建专业化的破产审判队伍。案件数量多的中基层法院一般应组建破产审理团队（合议庭），有条件的中基层法院可成立专门的破产审判庭。对破产审判团队的考核方式也应当有别于普通审判团队。

（四）深化外部协作

1. 对企业法人财务乱象加大处罚力度

笔者认为，企业财务不规范，隐匿财产是申请执行人和被执行人都不同意“执转破”，法院慎用“执转破”的主要原因。公款私存、账外走账是违法行为，却鲜闻有企业因此受到行政处罚的。这一问题不解决，“执转破”就无法从根本上推进。只有行政机关加强对企业法人财务的监管，激活相关法律条款，加大处罚力度，才能遏制企业财务违规的冲动，才便于法院查明企业法人的真实财产状况，便于债权人了解这一信息，从而更好地推动“执转破”制度的落实。

2. 与当地政府建立长效协作机制

法院在破产工作方面应取得当地党委、政府的支持。法院要积极与政府沟通，扭转其对破产采取的回避与谨慎态度，使其直面破产问题。在此基础上，法院与当地政府建立企业破产长效协作机制，统一认识、制定目标，打破各自为政局面，明确各单位分工，落实维稳责任，以确保破产案件顺利推进。

当下“执转破”的司法实践困境是在发展过程中出现的，也将在发展过程中解决。笔者谨在此抛砖引玉，希望大家继续探讨，也期待各地法院勇于创新，真正激活这一制度。

拒不执行自诉追刑程序的完善路径

——基于中国裁判文书网案例的实证

谢长江*

最高人民法院《关于审理拒不执行判决、裁定刑事案件适用法律若干问题的解释》(以下简称《拒执罪司法解释》,拒不执行判决、裁定罪以下简称拒执罪)从2015年7月22日开始施行,①效果如何,是否达到设置该自诉类型的目的?这是"基本解决执行难"具有现实针对性的课题之一。

一、自诉类拒执罪案件运行困境的实证分析

笔者通过中国裁判文书网,以全文检索方式检索关键词,抽取2015年7月22日之后人民法院不予受理、撤诉、驳回起诉共95件自诉类拒执罪案,分类统计裁判理由(见表1),按占比大小为主要顺序找寻症结。

---

* 重庆市第四中级人民法院法官助理。

① 《拒执罪司法解释》第9条规定:"申请执行人有证据证明同时具有下列情形,人民法院认为符合刑事诉讼法第二百零四条第三项规定的,以自诉案件立案审理……(二)申请执行人曾经提出控告,而公安机关或者人民检察院对负有执行义务的人不予追究刑事责任的。"

表 1　自诉类拒执罪案件不予受理、驳回申请、撤诉原因统计

序号	裁判理由分类	件数(件)	占比(%)
1	未提供犯罪证据或罪证不足	42	44.21
2	无证据证明曾经提出控告而公安机关或检察院不予追责	27	28.42
3	已与被告人和解	9	9.47
4	不属法院直接受理的自诉范围或单位不是拒执罪主体	7	7.37
5	没有执行依据	7	7.37
6	未说明理由	7	7.37
7	不属于该院管辖	5	5.26
8	被告人下落不明	5	5.26
9	自诉人拒不到庭	2	2.11
10	被告人不适格	1	1.05
11	自诉人不适格	1	1.05
12	公安机关正在侦查	1	1.05
合计		114	119.99①

可以看出,人民法院不予受理、撤诉、驳回起诉的自诉类拒执罪案件中,自诉人举证能力弱小,前置程序产生明显的拦阻,两者占比共超过 70%(72.63%)。其他如刑事法官对法律规定把握失当、法官放弃裁判文书指引功能等,也有不小的占比。

(一)自诉人举证能力弱小

证据不足未能追究拒执罪案件达 42 件占比 44.21%,表明自诉人的举证能力成为"木桶效应"中的短板。

【例一】(2016)鲁 01 刑终 25 号:上诉人称,原审被告人在济南做大生意,7 年来故意转移财产,有能力执行而拒不执行。二审法院认为缺乏相关罪证,上诉理由不能成立。

自诉人提供的证据数量少。自诉人普遍不关注证据搜集,无法完成核心证据的搜集任务。笔者抽取公诉与自诉类拒执罪案件各 10 件,统计列举的证据数量:公诉类拒执罪案件证据数量均值为 15.6 份,自诉类拒执罪案件证据数量均值为 5.4 份,自诉类证据数量只为公诉类证据数量的 30%(见图 1)。

---

① 由于一个案件中可能有 2 个以上的裁判理由,总数高于 95 件和 100% 基数。

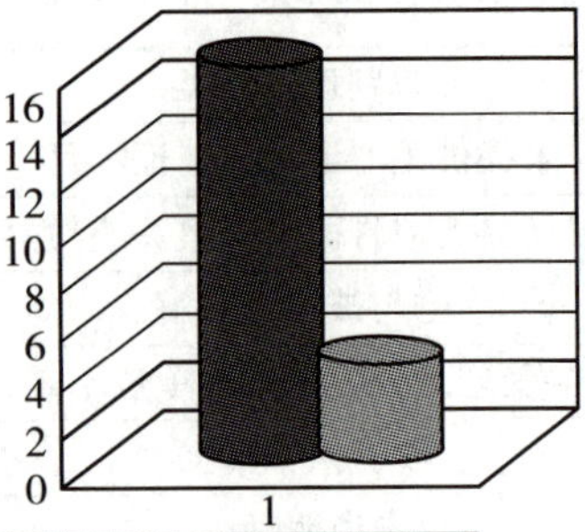

公诉类拒执罪案件	15.6份
自诉类拒执罪案件	5.4份

图1　拒执罪案件证数量抽样对比

自诉人提供的证据质量差。自诉类拒执罪案件一般是公诉类的落选产品，即除非执行法官怠于引入公诉程序，或者公安机关、检察院职能缺位，才会出现自诉。被害人受法律素养和取证能力的限制，难以获得自诉案件立案标准证据，即使立了案也往往由于举证不能而导致无法胜诉。自诉类拒执案件抽样的10件案件中，只有2件提供了初步证据，其中1件是执行卷中的证据；抽样的10件公诉类拒执案件，有9件在证据上达到定案标准，实现精确打击。

自诉人欠缺收集证据的能力。案例中自诉人收集固定被执行人“做大生意”的证据，需要亲赴外地取证，需要考虑人身安全及费用开支，而且可能因为信息不准确导致劳而无功，有些证据机关或企事业组织一般不向自诉人提供。自诉人出于机会主义思维，向法院提出粗略线索，希望侥幸能被认定，或者希望法院调取证据。自诉人举证能力弱小，揭示了我国公民社会还未完全成熟的事实，自诉人不具备收集证据的手段和能力。

（二）前置程序产生拦阻效应

【例二】（2016）浙07刑终52号：自诉人虽曾提出控告，但未提供证明公安机关或检察院对负有执行义务的人不予追究刑事责任的证据材料，一审法院书面告知补正，自诉人提交的补正材料不符合要求。二审裁定驳回上诉，维持原不予受理裁定。

自诉类拒执罪前置程序是自诉人曾经提出控告而公安机关或检察院不予追究刑事责任。法官审查时，认为必须具有明确的不予立案的文书。前置程序的拦阻过滤效应明显，样本中27件（占比28.42%）自诉案件被阻挡，其中自诉人表明已向公安机关提出控告而不被处理且未出具书面材料的有10件。法官如果能够耐心调查,其他证据形式如公安机关出具的《来访告知函》《不属管辖通知书》,以及报案邮件回执等,可能因为实质审查而得以采信,放行相当比例案件进入法院。

(三)刑事法官对法律规定把握失当

【例三】(2015)绍诸刑受初字第4号:在审查过程中,自诉人自愿撤回自诉。本院认为,自诉人撤回自诉属真实意思表示,且未违反法律规定,应予准许。

自诉类拒执案件撤诉的20件案件中,法官没有对任何一件案件是否存在"被强迫、威吓等并非出于自愿"情形予以审查,揭示了法官对待刑事自诉案件等同于民事案件撤诉的宽容态度。"对于被害人有证据证明的轻微犯罪案件,如完全放任自诉人进行自愿撤诉或和解行为,可能导致司法实践中对某些犯罪行为打击不力。"①部分法官不了解《拒执罪司法解释》《刑法修正案(九)》规定单位可以成为拒执罪犯罪主体的规定,未能学习研究新颁司法解释和立法内容,认为拒执罪不属于刑事自诉范围或单位不是拒执罪犯罪主体的裁判理由,有7件(占7.37%)。

(四)法官放弃裁判文书指引功能

笔者随机抽取公诉类与自诉类拒执罪案件裁判文书各10件,统计文书字数,公诉类文书平均2212字,自诉类文书平均1283字(见图2)。显示法官在未追究刑责案件裁判中怠于进行事实列举和说理论证,证明法官存在"重者恒重,轻者恒轻"的思维。"对于绝大多数中国法官来说,他们的论证事实上受到了心目中的预期受众的影响。"②法官在自诉类拒执罪案件中放弃指引功能,无法引导自诉人在条件具备时再行起诉。

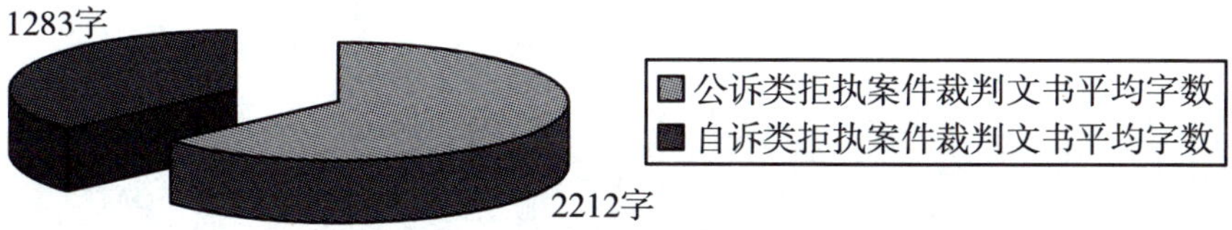

图2 拒执罪案件裁判文书字数抽样对比

---

① 宋高初:《我国刑事自诉负效益分析》,载《法学评论》2005年第6期。
② 苏力:《判决书的背后》,载《法学研究》2001年第3期。

二、拒执犯罪的比较法学简论

(一)域外关于拒执类犯罪的规范

执行人有能力履行生效裁判而拒不履行追究刑事责任,多数国家如美国和英国一般以藐视法庭罪处罚,指“一切容易阻碍、干扰或妨害对某一特定案件或一般案件的审判管理的行为”。[①] 加拿大《刑法典》规定了“违背法院裁定的犯罪”,[②]德国《刑法典》规定了“对抗国家权力罪”,日本《刑法典》规定了“妨害执行公务罪”,俄罗斯《刑法典》规定了“拒不执行以及妨碍执行已经生效的法院判决的民事义务”犯罪,意大利《刑法典》规定了“故意不执行法官的决定”犯罪。[③] 作为对国家发动追究拒执犯罪的重要补充,多数国家赋予自诉人发动权,如德国的“代替检察官提起刑事控告”,日本的“告发人准起诉”,法国的“民事原告人制度”。[④]

(二)我国关于拒执罪法律解释的规定

全国人大常委会、最高人民法院、最高人民检察院、公安部在1998年、2002年、2007年、2015年作出立法解释或司法解释共4件,内容共24项,内容大致重复的占19项,罗列可得13项解释内容(见表2)。从表2中可以看出,除2015年《拒执罪司法解释》稍好以外,其余项目之间统一性、衔接性、补充性和可操作性都不强。

---

① [英]鲁伯特·克罗斯、菲特普·A.琼斯:《英国刑法导论》,赵秉志等译,中国人民大学出版社1991年版,第294页。

② 参见《加拿大刑法典》,卞建林等译,中国政法大学出版社1999年版,第99页。

③ 参见胡云腾、崔亚东主编:《拒不执行判决、裁定罪审判实务与典型案例》,法律出版社2015年版,第19~20页。

④ 参见沈德咏、江显和:《公诉转自诉程序之检讨》,载《人民司法》2005年第5期。

表 2　拒执罪立法解释和司法解释汇总

序号	最高人民法院《关于审理拒不执行判决、裁定案件具体应用法律若干问题的解释》(法释〔1998〕6 号)第 3 条规定	全国人大常委会《关于〈中华人民共和国刑法〉第三百一十三条的解释》(2002 年)	最高人民法院、最高人民检察院、公安部《关于依法严肃查处拒不执行判决裁定和暴力抗拒法院执行犯罪行为有关问题的通知》(法发〔2007〕29 号)第 1 条规定	最高人民法院《关于审理拒不执行判决、裁定刑事案件适用法律若干问题的解释》(法释〔2015〕16 号)第 2 条规定
1	(一)在人民法院发出执行通知以后,隐藏、转移、变卖、毁损已被依法查封、扣押或者已被清点并责令其保管的财产,转移已被冻结的财产	(一)被执行人隐藏、转移、故意毁损财产或者无偿转让财产、以明显不合理的低价转让财产	(一)被执行人隐藏、转移、故意毁损财产或者无偿转让财产、以明显不合理的低价转让财产	—
2	—	—	—	(一)具有拒绝报告或者虚假报告财产情况、违反人民法院限制高消费及有关消费令等拒不执行行为,经采取罚款或者拘留等强制措施后仍拒不执行的
3	(二)隐藏、转移、变卖、毁损在执行中向人民法院提供担保的财产	(二)担保人或者被执行人隐藏、转移、故意毁损或者转让已向人民法院提供担保的财产	(二)担保人或者被执行人隐藏、转移、故意毁损或者转让已向人民法院提供担保的财产	—

续表

序号	最高人民法院《关于审理拒不执行判决、裁定案件具体应用法律若干问题的解释》(法释〔1998〕6号)第3条规定	全国人大常委会《关于〈中华人民共和国刑法〉第三百一十三条的解释》(2002年)	最高人民法院、最高人民检察院、公安部《关于依法严肃查处拒不执行判决裁定和暴力抗拒法院执行犯罪行为有关问题的通知》(法发〔2007〕29号)第1条规定	最高人民法院《关于审理拒不执行判决、裁定刑事案件适用法律若干问题的解释》(法释〔2015〕16号)第2条规定
4	—	—	—	(二)伪造、毁灭有关被执行人履行能力的重要证据,以暴力、威胁、贿买方法阻止他人作证或者指使、贿买、胁迫他人作伪证,妨碍人民法院查明被执行人财产情况
5	—	(三)协助执行义务人或第三人接到人民法院协助执行通知书后,拒不协助执行	(三)协助执行义务人接到人民法院协助执行通知书后,拒不协助执行	—
6	—	—	—	(三)拒不交付法律文书指定交付的财物、票证或者拒不迁出房屋、退出土地

续表

序号	最高人民法院《关于审理拒不执行判决、裁定案件具体应用法律若干问题的解释》(法释〔1998〕6号)第3条规定	全国人大常委会《关于〈中华人民共和国刑法〉第三百一十三条的解释》(2002年)	最高人民法院、最高人民检察院、公安部《关于依法严肃查处拒不执行判决裁定和暴力抗拒法院执行犯罪行为有关问题的通知》(法发〔2007〕29号)第1条规定	最高人民法院《关于审理拒不执行判决、裁定刑事案件适用法律若干问题的解释》(法释〔2015〕16号)第2条规定
7	—	(四)被执行人、担保人、协助执行义务人与国家机关工作人员通谋,利用国家机关工作人员的职权妨害执行的	(四)被执行人、担保人、协助执行义务人与国家机关工作人员通谋,利用国家机关工作人员的职权妨害执行	—
8	—	—	—	(四)与他人串通,通过虚假诉讼、虚假仲裁、虚假和解等方式妨害执行
9	(三)以暴力、威胁方法妨害或者抗拒执行	—	—	(五)以暴力、威胁方法阻碍执行人员进入执行现场或者聚众哄闹、冲击执行现场,致使执行工作无法进行的
10	(四)聚众哄闹、冲击执行现场,围困、扣押、殴打执行人员	—	—	(六)对执行人员进行侮辱、围攻、扣押、殴打,致使执行工作无法进行的

续表

序号	最高人民法院《关于审理拒不执行判决、裁定案件具体应用法律若干问题的解释》(法释〔1998〕6号)第3条规定	全国人大常委会《关于〈中华人民共和国刑法〉第三百一十三条的解释》(2002年)	最高人民法院、最高人民检察院、公安部《关于依法严肃查处拒不执行判决裁定和暴力抗拒法院执行犯罪行为有关问题的通知》(法发〔2007〕29号)第1条规定	最高人民法院《关于审理拒不执行判决、裁定刑事案件适用法律若干问题的解释》(法释〔2015〕16号)第2条规定
11	(五)毁损、抢夺执行案件材料、执行公务车辆和其他执行器械、执行人员服装以及执行公务证件,造成严重后果的	—	—	(七)毁损、抢夺执行案件材料、执行公务车辆和其他执行器械、执行人员服装以及执行公务证件,致使执行工作无法进行的
12	—	—	—	(八)拒不执行法院判决、裁定,致使债权人遭受重大损失的
13	(六)其他妨害或者抗拒执行造成严重后果的	(五)其他有能力执行而拒不执行的情形	(五)其他有能力执行而拒不执行,情节严重的情形	—

三、自诉类拒执犯罪行为类型的重构

我国对拒执罪开通自诉模式,得来不易,运行效果不尽如人意,亟待通过法理研究探索破解之道。我国《刑法》规定拒执罪入罪须同时具备三个要件(有能力执行、拒不执行、情节严重),研究法官在生效裁判中如何理解与适用三个要件,是解决拒执罪追究难的抓手。

(一)自诉类拒执罪的行为类型

有研究者将拒不执行行为归纳为暴力型、赖账型、隐藏性、逃债型、挥霍型等类型,[①]也有人认为“情节严重要从手段的恶劣性、影响的深远性、后果的严重性”考

① 参见肖文昌:《拒不执行人民法院判决裁定罪的若干问题探析》,载《法商研究(中南政法学院学报)》1995年第1期。

察,①有人认为“拒执行为性质有拒不履行、拒不协助执行和妨害执行,形式有作为、不作为、公开行为、隐蔽行为、暴力行为、非暴力行为、单人行为、共同行为、数行为、一行为等多种形式,内容有拒不执行财产义务和拒不执行行为义务”。② 这些归纳都正确,但分类繁杂且可操作性不强。

“法律是一门实践性很强的社会科学,对法律的解释应符合实践性品格,否则会把法律适用带入虚无缥缈的玄学境地。”③笔者以公布的追究自诉类拒执有罪案件11件(中国裁判文书网公布的追究拒执罪案件8件,加上最高人法院发布的拒执罪自诉案件典型案例6件,④其中重合3件)为样本,分析法官对拒执罪认定的行为类型(见表3)。

表3　公布的11件自诉类拒执罪案件的行为类型

重构类型	案号	拒执行为	处刑
被执行人积极地反向作为	(2014)商睢刑初字第00194号典型案例之一	被拘留后仍将财产转移	有期徒刑2年6个月
	(2015)新刑自初字第1号典型案例之三	将住房、宝马车、奔驰车转移到他人名下,其奥迪轿车内查获“九五至尊”香烟10条,LV皮包1个,茶叶6盒	有期徒刑6个月缓刑1年
	典型案例之四	为儿子婚宴花费2万多元,在执行期间建造两层新房并装修	袁某有期徒刑1年6个月缓刑2年,杨某有期徒刑6个月缓刑1年
	(2016)豫03刑终83号	在强制执行期间续建住房	有期徒刑8个月
	(2015)柳城刑初字第308号	将被冻结账户中的16余万元取出,并花费20余万元建造一栋三层楼房	有期徒刑1年缓刑2年
	(2015)瓮刑初字第174号	将查封的房屋转让给他人	有期徒刑8个月、6个月,缓刑1年

① 关俊:《拒不执行判决、裁定罪中执行能力和情节严重的判断标准》,载《人民司法》2013年第20期。

② 张复友、张宏:《试论拒不执行判决、裁定罪适用难的原因及对策》,载《南京大学法律评论》2006年第1期。

③ 谭金生:《国家侵权精神损害赔偿问题研究——对〈国家赔偿法〉第三十五条的解读》,载《湖北行政学院学报》2013年第4期。

④ 载最高人民法院网站:http://www.court.gov.cn/zixun-xiangqing-16691.html,最后访问日期:2016年6月26日。

续表

重构类型	案号	拒执行为	处刑
被执行人消极地拖延逃避	(2015)原刑初字第225号(典型案例之二)	领取保险赔款10万元后不如实申报,不按照书面保证用保险赔款履行判决	拘役6个月缓刑1年
	典型案例之五	名下有轿车,有4间店面出租每月租金2600元,获补贴1.584万元	免予刑事处罚
	(2014)瓮刑初字第158号	外出逃避执行、下落不明,有存款15万元	拘役6个月缓刑1年
	(2015)袁刑自初字第9号	既不申报财产也不将执行中承诺的柴油车载泵一台退回以抵货款或变卖付款	有期徒刑6个月缓刑1年
抗拒已经采取的执行措施	典型案例之六	拒不交付被查封的奥德赛轿车并继续使用	准予撤诉

通过11件自诉类拒执罪案件行为类型的归纳,笔者发现其具有"积极地反向作为""消极地拖延逃避""抗拒已经采取的执行措施"3种拒执犯罪行为类型,在此基础上提出拒执罪认定的行为类型的立法重构建议。拒执罪立法重构的3种类型,指向行为特征明确、可操作性更强、能够概括拒执犯罪的全部行为方式,且与4个解释的内容之间存在全部对应关系,可以作为拒执罪的参考判断依据(见表4)。

表4　拒执罪行为类型与法律解释的对应关系

类型及对应项	对应(法释〔1998〕6号)	对应全国人大常委会2002年立法解释	对应(法发〔2007〕29号)	对应(法释〔2015〕16号)
积极地反向作为	第1项、第2项	第1项、第2项、第4项、第5项	第1项、第2项、第4项	第2项、第4项、第5项、第6项、第7项
消极地拖延逃避	第3项、第4项、第5项、第6项	第3项、第5项	第3项、第5项	第8项
抗拒已经采取的执行措施	—	—	—	第1项、第3项

（二）自诉与公诉类拒执罪构成要件的二元区分

通说认为，拒执犯罪侵犯了两个法益：司法权威及民事权益。① 公诉权作为国家发动的犯罪追究权，要遵守刑法的谦抑性。拒执罪在公诉时代按照我国《刑法》第313条和4个法律解释运行并无大碍，毕竟国家权力涵摄下的侦查能力和诉讼能力，远远高于普通民众。但自诉类拒执罪运行，与公诉保持相同的认定标准，难免让自诉类拒执罪运行捉襟见肘。

从生效案例可以证成，探究被告人是否有能力执行才是认定拒执罪的基础和核心要件，被告人（扣除一般生活保障之后的）能够履行全部和只能履行一部分都属于有执行能力。但"拒不执行""情节严重"在自诉中却无须证明：自诉人起诉行为已经证明被告人拒不执行，试想被告人如已履行，自诉人何必自诉；自诉人为权益受损而诉至法院，司法权威和民事权益同时受损，怎不属情节严重。以美国的立法例可证被告人"有能力执行"是拒执罪的核心要件："申请人如能提出相当证据被执行人有偿还债务的能力，即法院命令被执行人出庭，当场由申请人对被执行人的财产情况进行反询问，证明被执行人具有偿还能力，法官可命令被执行人分批偿还，被执行人仍不按照规定执行时，法官可宣布被执行人藐视法庭罪。"②

因此，应将自诉与公诉类拒执罪作立法上的二元区分，重构各自的构成要件：将自诉类拒执罪改造为"行为犯"，公诉类拒执罪保持原"情节犯"。也可以在自诉类拒执罪实务中，将"拒不执行""情节严重"构成要件作审查技术上的虚置，主要审查被告人"有能力执行"证据，以提高自诉成功率。

四、自诉类拒执罪案件运行的完善进路

"我国现实的刑事自诉制度在司法实践的运作效果并没有预想的那样好，也没有全面发挥保护当事人权利和监督检查权和侦查权的功能。"③自诉类拒执罪运行状况不佳，本质上是其自身机能和外部因素共同作用的结果。以拒执罪案件3个行为类型特征和"有能力执行"核心证据为两大抓手，可以为自诉类拒执罪案件运行提

---

① 参见李祖华：《拒不执行判决、裁定罪实证研究》，载《法治研究》2015年第3期；胡学相、尹晓闻：《对拒不执行判决、裁定罪立法的反思与建言兼评〈刑法修正案（九）〉对拒不执行判决裁定罪的修订》，载《法治研究》2015年第6期；张复友、张宏：《试论拒不执行判决、裁定罪适用难的原因及对策》，载《南京大学法律评论》2006年第25期。

② 肖宏开：《美国法院的判决执行制度及其启示》，载《法律适用》2005年第3期。

③ 陈唤忠：《刑事自诉调查研究》，载《法律适用》2012年第2期。

供更好进路。

(一)以认定拒执罪核心要件为主要目标

自诉类拒执罪案件的主要矛盾,是自诉人日益增长的权利意识同弱小的证据搜集能力之间的矛盾。法院是代表国家行使审判权的主体,具有惩罚犯罪职责,应当充分发挥证据收集优势。

一是发挥执行法官依职权搜集证据的优势。在案件执行中,拒执罪被比喻为“发生在法官眼皮底下的犯罪”,执行法官具有固定拒执犯罪证据的职业优势。当前问题在于案多人少的矛盾突出,导致执行法官固定证据可能是不经济行为,“调查显示,对拒执案件追究刑事责任,承办人要付出相当于办理3个执行案件甚至更多的时间和精力”。① 因而需要树立为民执行思想,保障办案时间,合理规划执行事务。二是发挥刑事法官依申请收集证据的职业敏锐性。要从司法权威受到侵犯的高度看待自诉类拒执犯罪。刑事审判法官对证据效力强度具有职业敏锐性,自诉人因客观原因无法调取的证据,刑事法官应当释明其可以申请人民法院调取,法官不得以工作繁忙为由不予调取。三是调动自诉人收集证据的积极性。“平等创造了司法和构成了司法。”②控辩式审判方式核心在于控辩双方平等武装。“证据调查权缺失,自诉案件呈现自诉方攻弱而被告方守强的一般态势。”③法官应当指引自诉人搜集证据,释明什么是拒执罪的核心要件,应当搜集哪三类行为类型的证据,避免自诉人“走弯路”。可以对自诉人进行证据“三性”的法律培训,赋予自诉人(含调查组织)一定的依法搜集证据的权力,必要时人民法院可向自诉人签发“调查令”,由申请人持调查令调查搜集。四是调动社会各种力量重点突破。应当调动社会力量积极参与对失信被执行人的“围剿战役”,主动衔接公安机关、检察院和其他单位,依托侦查机关的侦查权,利用大数据进行线索排查,补强申请人取证能力的不足。五是对拒执罪采高度盖然性证明标准。由于执行依据是基于高度盖然性证明标准产生的,拒执犯罪是被执行人违反法律依据的延续行为,因而应采用高度盖然性证明标准审理拒执罪。

(二)发挥裁判文书的指引功能

1. 拒执罪裁判文书显名上网。对自诉类拒执罪裁判文书,无论是否定罪,均应

---

① 童兆洪主编:《民事执行调查与分析》,人民法院出版社院2005年版,第373页。

② [法]皮埃尔·勒鲁:《论平等》,王允道译,商务印书馆1988年版,第21页。

③ 杨春:《浅析我国刑事自诉制度的立法完善》,载《淮阴工学院学报》2011年第6期。

在互联网显名公布。样本中被判处刑罚的8件9人全部被隐去姓名，极不合理。实名公布自诉类拒执罪案件的被告人，能够震慑犯罪、警示"老赖"、污点留痕，发挥法律的一般预防作用。

2. 裁判文书必须加强说理。"法官最好是将他们的工作理解为在每一个案件中努力获得特定境况中最合乎情理的结果。"①即使不予受理和驳回的裁判文书同样要以理服人，通过充分说理才能指引自诉人在获得新证据时再次提起自诉。

（三）明确前置程序的适用标准

对自诉人反映已经具备前置程序的，应予以有效性审查，反对机械地以不立案通知书作为标准。法官应主动核实，除非公安机关确已立案的，超过回复时限应当视为具备前置程序条件。从自诉类拒执罪案件运行情况看，前置程序并未发挥监督制约协作功能，在条件成熟时可以考虑取消自诉前置程序。

（四）由作出执行依据的法官审理拒执罪案件

由于被执行人的义务是经过法庭实质论争而确定的，作出执行依据的法官更了解被告人的财产状况，因而由刑事法官审理拒执罪案件并不经济。可以考虑借鉴美国藐视法庭罪的审判程序，由作出执行依据的法官对自诉类拒执罪予以审理。"在美国执行程序中宣布藐视法庭罪的人是法官，而且是本案的法官，即审理该民事案件的法官，无须移送其他庭立案，也无须交刑事审判庭的法官审理。"②

① [美]波斯纳：《法理学问题》，苏力译，中国政法大学出版社2002年版，第165页。

② 肖宏开：《美国法院的判决执行制度及其启示》，载《法律适用》2005年第3期。

建立法院执行局24小时值班备勤制度的效益分析

黄　新[*]　卢镜行[**]

一、法院"执行难"的背景及原因

造成"执行难"的原因很多,既有外部因素,也有内部因素;是各种因素相互交织、各种矛盾相互作用的结果。但总体来说,可以将"执行难"归纳为"四大难题":一是查人找物难,二是应对规避"执行难",三是财产变现难,四是有效管理难。

"执行难"是指由于执行人员的内在因素、执行环境的外在干预,以及被执行人的执行能力、法律素质等综合因素,所造成的执行案件在执行过程中的阻力。"执行难"问题,是随着国家经济体制和社会管理体制改革的逐步深入而出现的,不少纠纷难以在基层得到解决而逐渐进入司法领域,需要法院进行裁判和执行。受体制、制度等各种因素交错作用的影响,"执行难"的问题开始出现并日益突出,逐步演变为社会关注的焦点问题和群众关心的热点问题,也成为法院需要着力解决的难点问题。"执行难"问题,不仅困扰了法院自身的工作,也使社会各界对司法权威产生了疑虑。

---

* 重庆市南川区人民法院审管办主任、执行局负责人。

** 重庆市南川区人民法院执行局法官助理。

二、建立执行备勤制度的背景

(一)建立执行备勤制度的形势需要

党的十八届四中全会《中共中央关于全面推进依法治国若干重大问题的决定》提出,要切实解决“执行难”,依法保证胜诉当事人及时实现权益,“切实解决执行难”被列为全面依法治国的目标任务之一。最高人民法院提出“用两到三年时间基本解决执行难问题”,并提出推进执行体制、执行机制、执行模式改革。为破解查人找物难题,最高人民法院大力推进覆盖全国地域及主要财产形式的网络执行查控系统建设,通过信息化、网络化、自动化手段查控被执行人及其财产,极大提高了执行效率,实现了执行模式由传统向现代化的根本转变,让人民群众在每一个司法案件中感受到公平正义。为贯彻落实会议精神,满足形势需要,重庆市南川区人民法院进行执行机制改革,建立了执行备勤制度。

(二)建立执行备勤制度的客观需要

随着人民法制意识的加强,伴随人民运用法律来维护自己权利的同时,人民法院受理的诉讼案件日益增多,执行案件也随之激增,由此而产生了案多人少的客观问题。重庆市南川区人民法院2017年收到执行案件5000余件,但重庆市南川区人民法院执行局员额法官仅有5名,平均每位员额法官一年需承办案件1000余件,原有的执行方式已不能满足现在的客观需要。为解决执行案件激增所带来的案多人少的问题,重庆市南川区人民法院建立了执行备勤制度。

(三)建立执行备勤制度的主观需要

目前,案多人少问题客观存在,每个执行案件的办理时间不可避免的延长,法院对执行案件的办理效率达不到申请人的期望。申请人因法院办理执行案件的效率达不到期望,就认为法院在消极执行,从而采用信访、上访等形式希望加快法院执行的效率,进而产生了不良的社会效果。为维护申请人的合法权利,满足申请人对法院执行效率的期望,消除不良影响,重庆市南川区人民法院建立了执行备勤制度。

三、执行备勤制度的制度要求

2016年10月重庆市南川区人民法院建立“24小时全天候出警”执行备勤制度。通过将执行干警分为16个备勤小组,由1名局领导带班,每组配备执行员、执行助理、驾驶员、法警、公章管理员各1名轮流备勤值班,确保接警后3分钟内人车集合并出警。值班出警线索主要来源重庆市高级人民法院执行"临控"功能、与南川区公安局的执行联动警情通报和对外公布的备勤值班电话举报。建立执行备勤制度以来,经过一年多时间的实行以及摸索,执行备勤制度的实行方式正在逐步完善,现行的值班备勤制度要求:

1. 重庆市南川区人民法院执行指挥中心执行线索举报电话为"13638227127"。

2. 执行值班人员为执行员、书记员、司法警察和驾驶员各 1 名,并由执行局领导 1 名带班。

3. 实行 24 小时值班备勤制度,节假日无休。

4. 值班人员应严格坚守岗位,认真履行职责,按时交接班并履行交接手续。

5. 值班人员必须 24 小时保持通讯畅通,值班期间不得请假,如有特殊情况需要请假的,必须另行报值班领导批准。

6. 值班人员应严格执行案件登记制度,在备勤登记簿上对接警时间、线索来源、出警人员、出警结果等情况做好记录。

7. 值班人员在街道执行线索举报后,应对举报线索进行甄别和审查。如确需采取查控措施的,值班人员应当在 3 分钟之内集中并出发。

8. 执行指挥中心发现举报的被执行人或执行财产较远,无法及时采取查控措施并可能导致被执行人转移、隐匿、损毁财产以及被执行人逃逸的,可以通过电子邮件、传真或电话方式委托所在地法院进行查控,事后应及时办理相关材料的移交手续。

9. 执行线索举报电话应当严格执行保密制度,妥善保管举报登记材料,为举报人保密,严禁向外泄露。

10. 值班人员必须严格执行上诉规定,如值班人员擅离职守,被上级法院查处或导致被执行人逃逸及财产被转移、隐匿、损毁的,将视情节严重按照相关规定追究责任。

目前,执行备勤制度仍需完善,重庆市南川区人民法院正通过解决实行该制度所产生的问题逐步完善。

四、实行执行备勤制度的成果分析

(一)执行备勤制度对执行案件办理的成果分析

从 2016 年 10 月实施以来,重庆市南川区人民法院共计夜间出警 312 次,拘传

296人,经审查后拘留168人,执结案件193件,执行兑现金额2100余万元。此外,重庆市南川区人民法院还开展不定期夜间集中执行行动29次,拘传被执行人564人。由此可见实行执行备勤制度成果显著,是化解社会不稳定因素、加强强制执行对法律共同体建设、诚信社会构建的有效途径,是实现“基本解决执行难”的有效方法。

(二)执行备勤制度对法律共同体建设及社会认可的成果分析

“执行难”的一个重要因素就是被执行人躲避执行,使法院难以掌握其下落,造成文书送达难,使执行案件往往只有申请执行人和法院两方,加剧了申请执行人与法院的矛盾。通过实行执行备勤制度,一方面,申请执行人知道其提供被执行人线索法院就会出警执行,从而调动了申请执行人协助法院寻求被执行人线索的积极性;另一方面,申请执行人看到了法院对于执行案件正积极在行动,缓和了申请执行人与法院的矛盾。同时,通过与公安系统对接,第一时间掌握被执行人的行踪线索,也给被执行人造成了心理压力,促使其自动履行。

为加大对失信被执行人的震慑,同时争取社会公众对执行工作的理解和支持,客观对待、理性认识执行。重庆市南川区人民法院充分利用自身创办的刊物、网站、微博等媒介,宣传执行工作、曝光失信被执行人。2017年重庆市南川区人民法院分别联合辖区日报、电视台、电台等媒体开设“法院之窗”“以案说法”“一分钟法律资讯”等专题栏目,将执行中的故事、法律知识进行刊登播放,取得了良好的社会反响。

从实行制度以来,在短期内解决了很大一部分“人难找、物难寻”的“执行难”案件,执行效率显著提高,主要表现为被执行人自动履行率提升,当事人达成和解率提升、结案率提升等。并形成了良好的社会反响,全区范围内公众理解执行、支持执行的氛围进一步浓厚,实现了法律效果与社会效果的有机结合。

(三)党委政府及上级法院对执行备勤制度的肯定性分析

2017年6月重庆市南川区委、区政府联合印发《关于进一步加强人民法院执行工作的意见》,全方位支持推进“基本解决执行难”工作格局进一步完善。重庆市南川区委、区政府把全区各级各部门、各单位自觉履行、协助执行情况纳入党风廉政建设主体责任和监督责任范围。对拒不履行协助执行职责的,纪检监察机关接到人民法院移送材料或群众举报线索后,及时核查,并依纪依规追究党纪政纪责任;对党政机关工作人员特别是领导干部违法干预执行的,严格按规定追究违纪违法责任。对负有执行义务的部门和单位,有能力执行而规避执行、拖延执行、拒不执行、干扰执行或不协助执行的，将强化司法惩戒，由南川区人民法院依法对相关部门、单位及其主要负责人员等采取罚款或拘留措施、情节严重的，依法追究刑事责任。在重庆市南川区委、区政府的大力支持下，执行备勤制度取得了良好的效果，为“基本解决执行难”提供了有力的支撑。

重庆市高级人民法院、第三中级人民法院对南川区人民法院执行备勤制度取得的良好效果进行了肯定，并推送南川区人民法院实施执行备勤制度的典型案例，并获得《人民法院报》第 5 版《实务周刊》第 379 期专版宣传。①

(四)借鉴公安备勤制度，建立“执行 110”值班备勤制度的分析

公安机关建立的公安备勤制度对法院破解“执行难”工作有重要的借鉴意义。公安机关开通“110”报警电话，发动人民群众的力量，通过人民群众的举报来实现打击犯罪、维护社会稳定的目的。为实现基本解决“执行难”的目的，重庆市南川区人民法院开通了“执行 110”值班电话，通过人民群众提供线索举报，拘传被执行人到案履行。建立制度以来，取得了人民群众的大力支持，对被执行人形成了心理压力，促使其自动履行，执行效率显著提升，为实现“基本解决执行难”提供了有力保障。

五、执行备勤制度的完善

通过实行执行备勤制度一年多来的数据反映以及社会反响来看，执行备勤制度确实是实现“基本解决执行难”的有效方法，但是在实行过程中也面临着各种问题，执行备勤制度仍需要进一步完善。

(一)制度化建设需要上级协调建立

重庆市南川区人民法院建立的值班备勤制度是尝试性、区域性、临时性的，从取得的成果上看是显著的，但是要想发挥其最大的效果，需要上级法院协调建立确定的、跨区域的、稳定的值班备勤制度。通过上级法院协调，以实现信息共享、相互协调、快速行动的目的。

(二)执行备勤制度的后勤保障问题

实行执行备勤制度在取得显著成果的同时，也带来了后勤保障问题。目前，重

① 参见陈小康：《对外联动完善综治格局 对内优化加强资源配置》，载《人民法院报》2017 年 12 月 14 日，第 5 版。

庆市南川区人民法院执行局工作人员轮流值班，白天工作，晚上值班，带来了精神压力大，工作责任加重的问题，故应当加大人、财、物的支持，确保后勤保障不出问题。

（三）应当建立人性化管理

执行备勤制度的建立实施让执行人员可能面临了“有家不能回”等问题，容易产生家庭矛盾。故应当注重人性化管理，解决执行人员的后顾之忧，使其全身心投入“基本解决执行难”的战斗中。

六、结论与启示

党的十九大报告提出，科学立法、严格执法、公正司法、全民守法深入推进，法治国家、法治政府、法治社会建设相互促进。现任最高人民法院执行局局长孟祥认为，要加强监管，坚决纠正消极执行、选择性执行、乱执行等违规行为，依法保护当事人合法权益；努力提升执行到位率和到位金额，让人民群众有更多的获得感。

坚持改革创新，不断完善执行体制和工作机制是“基本解决执行难”的有效方式，坚持实行并完善执行备勤制度是“基本解决执行难”的有效途径。为实现“基本解决执行难”这一目标及要求，全体工作人员应当严格要求自身，规范执行行为，艰苦奋斗，提高执行的质量与效率，让人民群众在每一个司法案件中感受到公平正义；结合实际，积极探求解决“执行难”问题的途径，提高执行案件的结案率以及执行案款到案率，维护当事人的合法权益，加强执行对法律共同体建设、诚信社会构建的作用。

活用传统法制理念推进现代强制执行

潘远征*

近年来，由于全国经济大环境和法院立案登记制改革小环境的影响，执行案件总量大幅攀升，“执行难”问题突出。2016年3月28日最高人民法院审议并通过了《关于落实“用两到三年时间基本解决执行难问题”的工作纲要》，对破解“执行难”作出了全面部署，囊括了机制改革、队伍建设、信息化建设、理念转变、公信力提升等。其中，体制改革、信息化建设、队伍建设均有自上而下的部署安排，有规范化路径可循，公信力提升是最终目标，也是必然结果。唯有理念转变一条，其中有对工作作风的要求，也有指导思想与道德观念的碰撞，但仁者见仁、智者见智，因此标准多样。

笔者在实际工作中发现，社会上有两个“法”：一个是我们实施的成文法，遵循着现代法制理念；另一个是群众心中的法，就是根植于中华民族底子里的传统法制理念。而这两个“法”也常常打架，导致我们的工作得不到当事人的理解和支持，进而损害了司法公信力，也很大限度上阻碍了法治化进程。对此，笔者不禁经常思量，这两个“法”应当如何有效的结合？现代法制理念是否真正适应中国本土情况？有着5000多年发展演变历史的、结合本土实际的中华传统法制理念又有多少是精华而能够引入现代化法律实施中来？

---

* 重庆市南川区人民法院执行局裁决科副科长。

在此，谨以笔者所从事的执行工作而言，探究下如何运用传统法制理念推进现代强制执行。

一、现代强制执行的普遍理念及执行中存在的问题

现代强制执行经过几百年的发展和完善，已经形成了较为完整的法制理念，但这些理念与本土实际也存在冲突的地方。

（一）强制为先理念

在执行过程中，执行员必须及时采取强制措施，并规定了严格的时限要求。如我国《民事诉讼法》第226条规定，人民法院自收到申请执行书之日起超过6个月未执行的，申请执行人可以向上一级人民法院申请执行；最高人民法院《关于人民法院执行工作若干问题的规定（试行）》第24条规定，人民法院决定受理执行案件后，应当在3日内向被执行人发出执行通知书；等等。

但在实际执行中，笔者也发现一些问题。一是在案件量大幅攀升、执行体制未理顺的情况下，严格的时限造成执行员身心劳累，难有缜密的心思去仔细阅卷、研究案情、探讨方案，常常疲于应付工作。二是在信息不对称的情况下，部分当事人对于文书生效时间等无法准确掌握，本有自动履行的意愿，一味地强制执行难免对当事人征信、社会形象等造成不必要的影响。

（二）以法为准理念

一方面是内容法定，即强制执行的依据必须是生效法律文书，内容为生效法律文书所确定；另一方面是程序法定，即执行措施的采取必须于法有据，执行过程中法不容情。对于现代依法治国来说，这本是规定的组织架构和行为模式，无可厚非。但在实际执行中，也存在一些问题。一是由于地区发展的不均衡性，法律在制定过程中并不能完全考虑各地实际发展水平和地方风俗习惯，而地方行政法规、规章也由于经济社会的跨越式发展而跟不上社会思想层面的返璞归真，导致法律与风俗的"不合拍"。如对追加夫妻另一方为被执行人的否认与川渝地区"夫掌外、妻管内"的风俗习惯就严重不符。二是固守法定的执行期限和方式，导致当事人不理解执行方式方法，甚至有的当事人的抵触和反抗。如笔者所在法院的春节期间强制执行遭遇被执行人家属集体暴力抗法。

（三）禁止调解理念

我国《民事诉讼法》第230条规定了执行和解制度，其理念就是禁止执行员在强

制执行中主动开展调解。这是维护生效法律文书法律威严性的必然要求，应当在思想层面予以高度肯定。

但在实际施行中，也是问题重重。一是与执行的个人目的不相符合。生效法律文书是从法律层面而言保障申请人的应得权利，并未考虑被执行人的实际履行能力，笔者称之为“画饼充饥”“望梅止渴”。而强制执行主要应该考虑的是被执行人的实际履行能力，执行员经过调查后是比较清楚的，这就需要执行员主动提出方案来保障申请人的实然权利，这一过程必然是执行员主动斡旋调解。否则，仅凭双方当事人一方提条件，一方讲困难，最终既不能最大化保障申请人的权利，又造成了被执行人更大的损失（如被拘留、纳入失信名单等）。二是与执行的社会目的不相符合。缺乏执行员的主动调解，当事人双方矛盾必然会进一步扩大，滋生当事人对执行简单粗暴的片面看法，从而引起广泛的不理解、不配合、不支持执行，甚至是躲避和抗拒执行，“执行难”将长期存在。

二、传统法制理念的主要内容

中华文明5000多年的长足发展，也形成了独有的中华法制文明，其中有不少理念是比较契合执行工作的。

（一）以礼为重

中国古代法制深受儒家学说和伦理纲常的影响，其显著特征是把维护“三纲五常”为核心的礼教作为立法、司法的宗旨，要求法律“一准乎礼”，而礼的精神就是亲亲、尊尊，即维护“父子有亲、君臣有义、夫妇有别、长幼有序、朋友有信”的人伦关系。[①] 儒家礼教纲常对法律的影响主要表现在两个方面：一是法律充满了浓厚的伦理色彩。历代法制都把维护以“三纲五常”为核心的社会等级关系作为法律的首要任务，统治者把他们认为重要的道德规范都上升为法律，把他们认为违背伦常的行为都列为惩处对象，实现了礼与法的高度结合。二是在立法司法中贯彻了仁道、恕道和慎刑、恤刑精神。古代法制在维护礼教纲常、等级制度的同时，也体现了一些人道主义的积极精神。

（二）以民为本

中华古代法律的一个突出特点就是把法律视为人为的规范体系，奉行民本主

① 参见石雨祺编者：《中国古代法律》，中国商业出版社2015年版，第12～13页。

义,而不像其他法系那样把法律视为神的直接或间接旨意。先秦诸子对于法律起源的探讨大多是从人类生活本身寻找原因,并认为法律实际上是政治统治者的创造物。在中国传统文化特别是儒家哲学中,“仁”是其核心和出发点,而民本主义正是从儒家的“仁学”中衍生出来的。民本思想贯穿于古代法制的许多方面,主要表现为:一是法律上对老小、废疾、妇女等弱势群体给予适当优待。二是救济灾民,如对官吏坑害百姓和隐报灾情的行为予以严厉制裁。三是制定了不少便民诉讼的法律措施,如实行登闻鼓制度。

(三)以家为大

在中国古代,自给自足的农业经济占主导地位,组织和维持农业生产的基本单位是家庭,这是宗族组织和宗法意识形成的土壤。家族伦理与法律之间没有明确的界限,从而使法律带有浓厚的家族主义色彩。古代法制中家族主义的特色表现在:一是法律明确维护家族内部的伦理关系,如以父权、夫权为中心,以父父子子、长幼有序、男尊女卑为基本伦理规范,法律对人伦关系严加保护。二是在定罪量刑方面,法律区分亲与非亲的界限,对亲属间相犯作了许多特殊的规定。三是在科刑方面,因血缘关系的亲疏而量刑有轻重之别。四是家族伦理以宗为本,如规定犯死罪非常赦所不原者,若祖父母、父母年老得病需侔养而家无其他成丁者,可奏闻皇帝裁决;若犯徒、流罪者,可以赎罪,以存留养亲。

(四)以和为贵

中国古代和谐观念十分突出,主张法须与天道相和谐,与社会相和谐。汉代董仲舒说:“天有四时,王有四政;四政若四时通类也,天人所同有也。庆为春,赏为夏,罚为秋,刑为冬。”司法活动要与天道的运行相应,这体现了古人对天人和谐的追求。基于这一理念,无讼成为实现社会和谐的目标。注重调解就是中国传统法制的一大创造。现存的古代史籍和判例判牍中,刑事诉讼资料甚多,而民事诉讼资料较少,中国古代实行的由乡里组织调解以解决民事纠纷的制度,使民间发生的绝大多数纠纷得以解决,既有利于正确处理民间矛盾,创建和谐,也极大地减少了政府的负担。

三、以传统法制理念推进现代强制执行

根据以上分析,传统法制理念中也是有不少优秀的理念是可以运用到强制执行中来的,且在实际工作中我们也许已经在运用,笔者在此简单归纳和叙述。

(一)坚持生道执行

最高人民法院《关于人民法院民事执行中查封、扣押、冻结财产的规定》第5条、

第6条、第7条规定了保障被执行人基本生产生活条件的情形。2009年最高人民法院系统提出了生道执行的理念,即"在执行动机和目的上来说是让他生存下去,而不是想让他死亡"。[①] 这是贯彻传统法制理念中仁恕之道和以民为本思想与现代生活相结合而产生的新的执行理念。在这一理念的指导下,既维持了被执行人的长足发展,实现了放水养鱼,又保障了申请人利益的最终实现,而且还避免了对被执行人,特别是企业"杀鸡取卵"造成新的社会不和谐。

以笔者亲自办理的李某某申请执行某某煤矿工伤保险待遇纠纷一案为例:该案自2015年10月执行立案,申请执行标的近20万元,以其账户存款和资产设备变价是完全能够清偿该笔债务的。但基于煤矿价格低迷、煤企经营普遍惨淡的实际情况,且该煤矿每月除工资、水电费外仅余利润1万多元,又逢重大节假日停工停产,如果强制执行,该煤矿将缺乏必要的生产流动资金,正常生产经营肯定会受到影响,从而会引起新的劳动报酬纠纷、买卖合同纠纷等。经协商后双方自愿达成约期履行的和解协议,至2016年9月,煤炭价格大幅回升,该煤矿提前3个月支付了所有案款及迟延履行期间的债务利息,该案得以执行完毕。

(二)切实保护弱者

切实保护弱者是以民为本理念在执行中的深入贯彻。主要是对于申请执行人而言的,即把有限的司法资源集中运用到解决处于弱势的申请执行人的案件中来。具体可以体现在很多方面,如在执行时机的把握上要予以优先,优先立案受理,优先办理;在执行措施的力度上要予以加大,特别是对涉劳动报酬、赡养费等涉民生案件要加大对被执行人及其财产的查找和控制;在执行资源的保障上要予以加强,组织专门的力量集中开展突击;在执行案款分配上要予以保障,将涉劳动报酬等案件作为优先分配顺序,实在无法执结的予以司法救助。

以笔者亲自办理的陈某某等14人分别申请执行张某某劳动报酬纠纷系列案为例:该系列案自2015年7月7日陆续立案,案件标的虽不大,14案总共才涉及40,485元工资报酬,但因涉及14名贵州籍少数民族农民工,属于重大涉民生案件。收案后,笔者协同组建了10人参加的专项执行组,1天内对被执行人财产状况完全掌握,3天内拉网排查并成功将被执行人拘传到庭,执行到位后,因申请人路途遥远

---

① 《法院系统提出"生道执行"》,载北国网文献库:http://www.lnd.com.cn/htm/2009-03/08/content_578244.htm,最后访问日期:2018年11月9日。

(单边车程须9个多小时)且居住分散,来回额外花费较多,又分组送钱上门,最终这14个追索劳动报酬纠纷案历经14天全部执行完毕。

(三)尊重地方礼俗

我们在开展执行工作时要尽量尊重当地的民风民俗,避免破坏群众的朴素感情,取得群众的理解后是能促进执行工作的。笔者以自身经验总结出以下几条:找人时家有红白事不扰、亲友病重不扰、信徒重大宗教仪式不扰,卖房时尽量保留祖产(即便要卖也尽量先卖宗亲、再卖四邻,其他次之),处置资产时对遗物、信物、荣誉品等具有纪念意义的物品尽量不处置等。这都是以家为大理念在执行中的切实要求和具体体现。

(四)主动开展调解

执行应当以维护申请人利益为基础,以法律权威为保障,以社会和谐为最终目的。如果还是严守双方当事人自行和解的固有路径,不但解决不了矛盾,反而容易引起群众对法律的不信任。且在执行中,执行员是最能深入掌握双方当事人利益诉求和矛盾症结的,这就需要执行员在强制执行中主动调解、积极引导、多方协调,从而谋求各方利益契合的纠纷解决方案。这也是以和为贵思想的体现。

以鲜某某申请执行韦某某等42人排除妨碍纠纷案为例:2014年9月鲜某某驾驶自有奥迪牌小轿车在上班途中,被韦某某等42人阻挡,并扣留其车辆。鲜某某于2014年11月7日向法院申请执行。经了解,42名村民阻车行为另有缘由,起因在于村民与申请人鲜某某在青苗补偿费、土地复垦费等遗留问题解决上存在争议,村民以"留置"为由扣车,且村民阻车也不是首次,并多次上访要求政府出面解决。执行员先组织村民代表普及法律,再组织街道、居委会共同协调。最终,申请人鲜某某自愿承诺将本人在街道办事处的收入30万元由街道暂停支付,待其与村民的争议问题解决好后再行支付,而街道将积极协调双方通过正当途径解决争议问题,居委会将积极参与村民补偿款清算事宜。2014年11月20日村民主动放行车辆。历时13天,该案自动履行完毕。

(五)维护社会和谐

和谐是传统法制理念的精髓所在,更是所有执行工作的总体引领和根本目的。要求我们在具体执行中,一是要找准时机,协调各方,避免社会矛盾冲突,以上关于生道执行、保护弱者、尊重礼俗、主动调解均是其含义所在。二是要慎用强制措施,特别是对亲邻关系案件要避免采取强制措施,对弱势被执行人也要"留一手",如对创业人员经营不善欠款而暂无力偿还的不能一概纳入失信名单,对初入社会无经验的大学生欠款而暂无力偿还的不能贸然实施拘留而影响其今后就业;等等。对于执行案件,要坚持和谐为导向,但任何和解方案都要取得申请人的同意,不能超出法律的规定。

以笔者亲自办理的黄某某申请执行黄某赡养费纠纷案为例:申请人与被执行人系父子关系,之前感情很好,只因儿媳挑拨造成父子交流不畅引起该案。笔者收案后并未采取任何强制执行措施,而是多次找双方当事人面谈,最终黄某某在立案1个月后撤销执行申请,父子重归于好。

四、结语

总而言之,强制执行的目的并非在于执行案件本身,而在于通过执行能给当事人带来利益、能给法律增加威严、能给社会带来和谐。执行也并非是一成不变地应用法律,需要执行员在严守法律禁止性规定的同时,充分运用法制理念,特别是运用优秀的、符合中国特色的、适应地方风俗的传统法制理念来实施法律。

图书在版编目(CIP)数据

基本解决执行难理论探索与实务指引 / 杨临萍主编
. -- 北京 : 法律出版社, 2019
ISBN 978 - 7 - 5118 - 9621 - 6

Ⅰ. ①基… Ⅱ. ①杨… Ⅲ. ①法院 - 执行(法律) - 研究 - 中国 Ⅳ. ①D925.04

中国版本图书馆 CIP 数据核字(2019)第 012031 号

基本解决执行难理论探索与实务指引
JIBEN JIEJUE ZHIXINGNAN LILUN TANSUO YU SHIWU ZHIYIN

杨临萍 主编

策划编辑 沈小英 陈 妮
责任编辑 陈 妮 毛镜澄
装帧设计 李 瞻

出版 法律出版社
总发行 中国法律图书有限公司
经销 新华书店
印刷 中煤(北京)印务有限公司
责任校对 杨锦华
责任印制 吕亚莉

编辑统筹 法治与经济出版分社
开本 710 毫米 × 1000 毫米 1/16
印张 18.25
字数 300 千
版本 2019 年 5 月第 1 版
印次 2019 年 5 月第 1 次印刷

法律出版社/北京市丰台区莲花池西里 7 号(100073)
网址/www. lawpress. com. cn
投稿邮箱/info@ lawpress. com. cn
举报维权邮箱/jbwq@ lawpress. com. cn
销售热线/010 - 83938336
咨询电话/010 - 63939796

中国法律图书有限公司/北京市丰台区莲花池西里 7 号(100073)
全国各地中法图分、子公司销售电话:
统一销售客服/400 - 660 - 6393
第一法律书店/010 - 83938334/8335
西安分公司/029 - 85330678
重庆分公司/023 - 67453036
上海分公司/021 - 62071639/1636
深圳分公司/0755 - 83072995

书号:ISBN 978 - 7 - 5118 - 9621 - 6
定价:80.00 元
(如有缺页或倒装,中国法律图书有限公司负责退换)